Somos todas heroínas

Somos todas heroínas

*Descobrindo o poder
revolucionário da mulher
que existe em nós*

ELIZABETH CRONISE
McLAUGHLIN

TRADUÇÃO
CAROLINA CAIRES COELHO

TÍTULO ORIGINAL *Becoming heroines: unleashing our power for revolution and rebirth*

© 2021 by Elizabeth Cronise McLaughlin
Foreword copyright © by LaTosha Brown
© 2022 VR Editora S.A.

Latitude é o selo de aperfeiçoamento pessoal da VR Editora

DIREÇÃO EDITORIAL Marco Garcia
EDIÇÃO Marcia Alves
PREPARAÇÃO Luciane Gomide
REVISÃO Laila Guilherme
DESIGN DE CAPA Sarah Brody
IMAGEM DE CAPA Sarah C.B. Guthrie
DIAGRAMAÇÃO Pamella Destefi

Dados Internacionais de Catalogação na Publicação (CIP)
(Câmara Brasileira do Livro, SP, Brasil)

McLaughlin, Elizabeth Cronise
Somos todas heroínas: descobrindo o poder revolucionário da mulher que existe em nós / Elizabeth Cronise McLaughlin; tradução Carolina Caires Coelho. – Cotia, SP: Latitude, 2022.

Título original: Becoming heroines: unleashing our power for revolution and rebirth
ISBN 978-65-89275-19-0

1. Empoderamento 2. Feminismo 3. Identidade de gênero 4. Mulheres 5. Mulheres – Aspectos sociais I. Título.

21-94478   CDD-305.42

Índices para catálogo sistemático:
1. Mulheres: Aspectos sociais: Sociologia 305.42
Aline Graziele Benitez – Bibliotecária – CRB-1/3129

Todos os direitos desta edição reservados à
VR EDITORA S.A.
Via das Magnólias, 327 – Sala 01 | Jardim Colibri
CEP 06713-270 | Cotia | SP
Tel.| Fax: (+55 11) 4702-9148
vreditoras.com.br | editoras@vreditoras.com.br

Para Megan Baker,
que incorporou tudo
E para minha filha e meu filho,
que fizeram de mim uma heroína

SUMÁRIO

Prefácio	ix
Introdução: No vale da sombra da morte	xiii
A jornada da heroína e a heroína dentro de nós	xxiii
Como usar este livro	xxv
Algo a ser dito sobre as lentes deste livro	xxvii

Parte 1
Reconhecimento

1	DESPERTAR	3
2	O FÓSFORO RISCADO	21
3	LIMITES E PERDA	30
4	TALENTOS	49
5	SILENCIAR E ENCONTRAR SUA VOZ	59
6	COMEÇAR A FALAR A VERDADE PARA SE EMPODERAR	68

Parte 2
Reconciliação

7	TRAUMA	85
8	DIVERSIDADE, DIVISÃO E INTERSECCIONALIDADE	99
9	ATACAR TENDÊNCIAS INTERNALIZADAS	108
10	CONVERSAS DIFÍCEIS E ESCUTA ATIVA	118
11	REPARAÇÕES	126
12	SEGUINDO EM DIREÇÃO À IGUALDADE	132

Parte 3
Revolução

13	A CARTA E O CAMINHO	141
14	COLOCAR TUDO EM RISCO	145
15	REVOLUÇÃO ENGAJADA: REGRAS E POLÍTICA	161
16	REVOLUÇÃO ENGAJADA: COCONSPIRADORAS PELA JUSTIÇA	169
17	REVOLUÇÃO ENGAJADA: REVOLUÇÃO PARA SI	177

Parte 4
Renascimento

18	EM DIREÇÃO À LIBERTAÇÃO E À NOVA LIDERANÇA	189
19	EM DIREÇÃO À ALEGRIA	202
20	EM DIREÇÃO AO FUTURO	208
	EPÍLOGO	211
	Agradecimentos	214
	Índice remissivo	219

PREFÁCIO

As mulheres negras são heroínas. Durante gerações, lutamos por nossa sobrevivência, por nossas famílias e por um futuro melhor. Apesar dos inenarráveis prejuízos e perdas que histórica e rotineiramente foram impostos a nós até hoje, continuamos a assumir poder, a trabalhar pela justiça, a procurar viver na alegria e a seguir em frente. Este livro é um convite para que todas as mulheres façam a mesma coisa.

Conheci Elizabeth em 2018 em Washington, D.C., na Black Women's Roundtable, durante uma reunião no escritório do então senador Doug Jones sobre o trabalho que continua a ser feito na região do Black Belt, no Alabama. Nos dias que se seguiram, Elizabeth e eu falamos sobre colaborar para conseguir votos, impulsionando e construindo alianças na plataforma dela e na minha, além de esperança para o futuro. Desde então, nos tornamos amigas e aliadas no apoio mútuo dos direitos ao voto, do trabalho antirracismo, de organização e dos esforços mais amplos para criar mudança.

Já vi Elizabeth fazer o que prega em sua liderança, trabalhar sem parar para analisar suas próprias tendências e se concentrar no trabalho de mulheres negras, racializadas e indígenas, enquanto também mobiliza todas as mulheres a criar mudança. Sua própria liderança se transformou com o tempo, e ela inspirou incontáveis mulheres a usar sua voz para a mudança.

Este livro é o resultado do trabalho de Elizabeth para criar um novo modelo de liderança que define como medimos o sucesso com base no bem que fazemos em nossa vida e no mundo, que desafia as mulheres brancas em especial a investigar suas inclinações internalizadas e a abandonar as armadilhas do privilégio branco e da cumplicidade, e que anda de braços dados com todas as mulheres em direção à libertação coletiva.

No meu trabalho como cocriadora-fundadora do Black Voters Matter ("Eleitoras Negras Importam"), procuro mobilizar minha comunidade, lembrar a todas que estão sofrendo que elas têm poder e a liderar com amor. Este livro faz a mesma coisa. É um mapa profundo para como o mundo pode mudar, de como sistemas inteiros de opressão podem morrer, se escolhermos fazer o trabalho de entender como esses sistemas nos prejudicaram e se procurarmos transformá-los do zero. Este livro fala diretamente para o porquê de nós, como mulheres e em meio a muitas de nossas diversidades, precisarmos colaborar e nos organizar para fazer um futuro melhor juntas já que nenhuma de nós será livre enquanto todas nós não formos.

A libertação das mulheres negras, e de fato a libertação de todas as pessoas, não depende da aceitação dos brancos — e não pode depender. Os sistemas racistas e misóginos nos quais vivemos prejudicam a todos nós e, assim, devem ser desfeitos para que todas nós percebamos nosso potencial completo. Com este livro, espero que os leitores reconheçam que todas as mulheres têm heroínas dentro de si e que, para que todas se tornem heroínas de fato, devemos viver na liderança que exige igualdade e equidade para todos. Precisamos conspirar para desmantelar o ódio, a discriminação e a violência onde quer que os encontremos. Devemos reconhecer que o amor é o maior e mais importante chamado, e que o silêncio não é uma opção onde o prejuízo ainda ocorre.

Em outras palavras, precisamos nos tornar heroínas interiormente, para nós mesmas, para nossas ancestrais e para as gerações futuras.

Esta é uma busca espiritual, além de pessoal e política, e não é fácil.

Mas os riscos não poderiam ser maiores. Estamos todos ligados a um destino coletivo que depende de nosso sucesso, e não devemos parar. Como disse Ella Baker, "nós que acreditamos na liberdade não podemos descansar enquanto ela não chegar".

É uma grande bênção ser chamada a este trabalho. Que você aceite o convite oferecido neste livro e se torne a heroína de que o mundo precisa no momento, da maneira que puder.

Estou ansiosa para encontrar você na caminhada.

LaTosha Brown
Cofundadora do Black Voters Matter

INTRODUÇÃO

No vale da sombra da morte

Megan morreu em uma noite de quinta-feira em maio, dois meses e dois dias depois de meus filhos e eu começarmos nosso lockdown devido à covid. Durante mais de quatro anos ela foi meu braço direito, a líder da comunidade e de mídia social em minha empresa e uma amiga querida. Sua morte aconteceu de repente — em janeiro, ela foi diagnosticada com câncer e, em 14 de maio de 2020, ela se foi.

O início de maio foi uma bagunça de pesar consciente. Soube que Megan estava em estágio terminal em uma mensagem de texto dela, que revelou que, depois de quatro rodadas de quimioterapia, seu câncer havia voltado e não havia mais opções. Foi uma questão de dias até ela perder a consciência. Todas as mulheres de nossa comunidade que a conheciam e amavam ficaram sabendo. Passamos aqueles doze dias em comunicação com sua família no Colorado e umas com as outras em mensagens de texto, telefonemas diários, reuniões bizarramente consoladoras no Zoom, à espera de notícias, sabendo que o fim estava próximo.

Além de ser professora, orientadora e estrategista brilhante, Megan também era xamã. Ela passou três anos, no início de seus cinquenta anos, em um estudo xamânico com uma professora americana indígena, e tive o privilégio de ver os talentos de Megan nesse aspecto em primeira mão. Então, não foi surpreendente quando coisas estranhas e desconhecidas começaram a acontecer quando o véu entre a vida e a morte se abriu para Megan.

Nosso coletivo de mulheres em alerta começou a dizer que Megan estava aparecendo em seus sonhos com mensagens umas para as outras e para cada uma de nós. Eu tive um sonho incrivelmente cheio de detalhes de uma visita dela, no qual ela descrevia o que estava preparando para mim enquanto se mantinha no espaço liminar, que terminou com ela repetindo "a dívida está paga". Em outro, ela chegou para literalmente me ajudar a passar por um riacho caudaloso para chegar ao outro lado do trauma. Outras mulheres em nosso grupo receberam mensagens dela a respeito de filhos, parceiros ou propósito. Conforme circulávamos umas entre as outras, ouvindo-a enquanto ela andava entre os mundos, essas mensagens foram se tornando cada vez mais fortes.

O ano todo de 2020 foi estranho, mas essa janela de doze dias de maio esperando pela chegada da morte continuará a ser o acontecimento mais estranho por muito tempo. Todo dia, perto das 16 horas, eu me sentava na varanda de casa no sul da Califórnia e começava a mandar mensagens de texto à irmã de Megan pedindo notícias, e depois para o nosso círculo de mulheres que aguardavam. Eu prestava atenção à terra, aos pássaros que apareciam sobrevoando e ao movimento da brisa e ao clima. Todos os dias, era como passar por um portal para dentro de um espaço entre o aqui e o lá, com ela, com todos nós. Ela estava em uma ponte entre mundos, e começamos a atravessá-la com ela.

Um dia antes de ela falecer, eu estava sentada do lado de fora quando uma brisa forte bateu e, de repente, senti sua presença. Ouvi um sussurro no ouvido, e senti que ela estava de pé ao meu lado. Não tem como descrever o que aconteceu depois sem parecer que eu estava um pouco entre os dois mundos, mas me acompanhe: ouvi a voz dela.

"Traga a chuva", ela disse. "Diga a todas elas para fazerem isso. Mostre para mim que você pode fazer isso. Mostre que sabe como fazer. Mostre que sabe o que precisa saber."

INTRODUÇÃO

Foi o pedido mais esquisito. Eu não fazia ideia do que envolveria, mas sabia o que era: um pedido para que eu *provasse* a ela que sabíamos que nós, aquele círculo de mulheres, éramos capazes de mudar, que entendíamos nosso poder e que ela podia partir.

Avisei nosso círculo de mulheres. "Tragam a chuva", eu disse, e ninguém respondeu como se pensasse que eu estava louca. Esperei por um impulso para o que fazer em seguida.

Mesmo não sendo alguém a favor de ter grandes poderes, como controlar o clima, fui à varanda com meus filhos. Olhei para o céu e disse a eles: "Vamos trazer a chuva". Era um dia ensolarado. Meus filhos não olharam para mim como se eu fosse doida. Minha filha ficou ali comigo, totalmente acreditando que poderíamos fazer isso, e erguemos os braços em direção ao céu, olhamos para as nuvens a oeste, em direção ao oceano Pacífico, que estava ali mas não conseguíamos ver, e fizemos um gesto para puxar aquelas nuvens para nós, bem acima de nossa casa, pela força de vontade e pela força de acreditar que poderíamos.

Coincidência ou não, algo mudou. O vento começou a aumentar. Algo mudou no ar, e de repente a poeira do quintal passou a girar e a temperatura caiu. Como era de esperar, as nuvens passaram a se mover, e as coisas começaram a ficar esquisitas. Observei aquela massa de nuvens se acumular acima de minha casa. Fiquei ali, observando tudo. Deixei a presença do agora e notei que estava num espaço do que não podia ser explicado pelo pensamento racional. Curiosamente, nunca me senti tão poderosa e calma ao mesmo tempo, e também fora de meu próprio corpo, em toda a minha vida. Parecia que eu tinha entrado em ritual e espaço, algo antigo e moderno ao mesmo tempo, e encontrado habilidades que estavam enterradas em meu DNA que eu não sabia ter — habilidades que eram necessárias naquele momento, assim como eram necessárias milhares de anos antes, e serviriam a mim e ao coletivo para seguir em frente.

Conforme as nuvens se dispersavam, coloquei para tocar a música que estávamos tocando para Megan em todas as partes do mundo, aquela que a irmã dela tocaria para ela à noite. A música, de Sara Bareilles, se chama "Saint Honesty", e qual é a palavra presente no refrão? *Chuva*. Parei. Ouvi. Respirei fundo. Fechei os olhos.

Alguns minutos depois, minha filha correu para dentro de casa até onde eu estava. "Mamãe!", ela disse. "Conseguimos! Fizemos chover!" E como ela tinha dito, bem ali no quintal dos fundos, vimos gotas começarem a cair. Nós tínhamos conseguido, do nada. Em um dia de sol, do nada, tínhamos trazido a chuva.

E então, em um instante, meu telefone começou a se encher de mensagens de nosso círculo de mulheres. Chuva em Boston. Chuva em Nova York. Chuva no Havaí. Chuva no Meio-Oeste. Chuva *em todos os lugares*, não esperada, vinda de um céu antes aberto. Chuva. Chuva. Chuva.

Foi um momento impressionante de ação coletiva que abalou as estruturas do possível em uma circunstância de intenso pesar. Nós testemunhamos. Vimos. Era real.

Na noite seguinte, acordei e estava chovendo torrencialmente. Mais uma vez, as mensagens vieram de todo o país — tempestades em todos os pontos, perto de 22 horas do Colorado, onde Megan estava prestes a morrer. Na manhã seguinte soubemos que às 22h05 ela havia nos deixado.

A chuva e a tempestade estavam ali para recebê-la em casa. Pudemos testemunhar sua mágica e seu poder enquanto ela partia, e foi espetacular.

Relembro aquele momento com um conhecimento profundo do que Megan queria. Ela queria o círculo de mulheres no qual se aprofundava tão intimamente para saber que estávamos prontas para o que viria — que estávamos prontas para a batalha, para a mudança, com uma compreensão inerente do poder que já tínhamos e o poder que poderíamos criar. Ela queria que soubéssemos que éramos heroínas e estávamos caminhando com heroínas e éramos feitas de magia.

Ela queria essas coisas por um bom motivo.

INTRODUÇÃO

Até a noite da morte de Megan, 85.581 pessoas tinham morrido de covid nos Estados Unidos. George Floyd viveria por apenas mais onze dias. Ruth Bader Ginsburg morreria em quatro meses e quatro dias.

Megan sabia o que era caminhar no vale da sombra da morte, e ela sabia que estávamos todas caminhando com ela.

A morte consegue tirar o véu de tudo, desde as coisas mais pessoais até as mais públicas. A covid, claro, expôs tudo. Não existe aspecto de nossa cultura e nossa sociedade que permaneça imutável. Do trabalho aos cuidados com a saúde, da educação à criação dos filhos, da mudança climática à justiça criminal, do racismo sistêmico à política — tudo estava em chamas. Pudemos ver, finalmente, à luz do dia, todas as fissuras genocidas e racistas que sempre existiram na base de nossa nação, esperando destruir toda a estrutura.

Muito do que pensávamos ter garantido como americanos está agora revelado como parte de uma grande mentira. A segurança de nossas instituições, o mito do excepcionalismo americano, a ideia de que tínhamos ido além dos crimes à nossa raiz (sem nunca abordá-los de verdade) foram corretamente revelados em toda a sua fraqueza e falsidade. Em todos os lugares, finalmente, vemos a verdade, a *injustiça*, do que a América sempre foi, e parece que tudo está pegando fogo.

Algo nesse momento que incendiou a mitologia americana e a reduziu a cinzas, no entanto, é que as cinzas deixam o solo fértil. Apesar de sofrermos pelo que perdemos e pelas verdades que pensávamos saber que acabaram sendo mentiras, estamos ao mesmo tempo preparando o terreno para o que poderia, se assumirmos nosso poder, vir em seguida. De fato, nossas mitologias coletivas de heroínas refletem isso — da fênix ressurgindo das cinzas, ao mito hindu de Kali, a deusa da destruição, suja de cinzas e cobertas de sangue, *dançando* — dançando — em meio às chamas.

Por que, as pessoas costumam perguntar, ela dançaria quando está cercada por tanta tristeza e morte? Por que dançar quando tudo está perdido, queimado, se foi? Por que se sujar com os restos do que pensávamos saber e daqueles que amamos?

Dançamos no pesar, para celebrar que ainda estamos vivos.

Pisamos na terra, cobertos com cinzas como pintura de guerra do que perdemos, porque a história não terminou, porque as cinzas se transmutam em sementes de nosso futuro.

Dançamos porque os restos do que queimamos tornam-se o lugar a partir do qual renascemos.

Nos meses depois da morte de Megan, um mito de heroínas está entre nós o tempo todo. É a história pouco conhecida das Filhas de Danaus, também chamadas Danaids. Permita-me, por favor, recontar algo brevemente. É assim:

Danaus era filho de um rei e tinha cinquenta filhas. Seu irmão gêmeo, Egito, era rei da Arábia e tinha cinquenta filhos. Egito ordenou a Danaus que suas filhas se casassem com os filhos de Egito. Danaus, infeliz com essa ordem, fugiu com suas filhas, e Egito continuou, ameaçando começar uma guerra se Danaus não entregasse suas filhas para um casamento não consensual.

Para evitar um derramamento de sangue, Danaus concordou. Mas nem tudo era como parecia.

Todas as cinquenta Filhas de Danaus foram sacrificadas nessa batalha entre irmãos. Na noite do casamento, todas, menos uma, foram estupradas por seus novos noivos. Por instrução do pai delas, no entanto, que estava determinado a não se render ao irmão, aquelas quarenta e nove noivas assassinaram seus maridos estupradores enquanto eles dormiam. Danaus se vingou.

Uma das filhas, no entanto, fez as coisas de forma diferente. Hipermestra se recusou a seguir as ordens do pai de matar o marido porque ele se recusou a estuprá-la na noite do casamento. Danaus ficou lívido e levou a filha ao tribunal por se recusar a obedecer à ordem assassina. A deusa Afrodite interveio, no entanto, e salvou Hipermestra e o marido. O casal então fundou uma dinastia, conhecida como Dinastia Danaid. Ela conseguiu governar, com equidade, com o marido que tinha se recusado a agredi-la, a quem ela, por sua vez, tinha se recusado a assassinar de acordo com a ordem de seu patriarca.

Mas e as outras quarenta e nove filhas? Na maioria das versões da história, elas foram condenadas a carregar água em vasos rachados a uma banheira pronta para "lavar os pecados" do assassinato de seus maridos depois do estupro arquitetado pelas mãos do pai e tio em uma disputa mesquinha. Mas os vasos nunca se enchiam, nem a banheira — a água escorria para fora, para sempre. Na maior parte das versões da história, as filhas ficaram com o esforço sisifiano de se limpar da nódoa de seguir as ordens do patriarcado, sem correção nem fim, para sempre.

Vou pedir agora que você abra espaço para uma interpretação diferente: e se imaginarmos que as Filhas de Danaus são heroínas nessa história? Como seria? Pense nisso por um momento.

Porque o vale da sombra da morte tem mais uma história a contar.

Apenas oito dias antes da eleição de 2020, um incêndio teve início no Cânion Silverado antes do amanhecer. Graças à velocidade historicamente sem precedentes dos ventos de Santa Ana combinada com a ausência de chuva nos nove meses anteriores, o que passou a ser conhecido como o incêndio de Silverado destruiu 30 mil hectares no sul da Califórnia nas oito horas seguintes, levando tudo em seu caminho.

Conforme ele destruía a encosta do cânion em direção ao oceano Pacífico, bem no meio dos dois ficava um bairro: o meu.

O Cânion Silverado tem uma longa história de mineração e ruína, começando em meados dos anos 1800, quando interessados apareciam e "exigiam direitos" sobre as terras que o povo Tongva ocupou por séculos. Aqueles colonizadores abriram buracos no cânion da terra e em suas montanhas, revirando montes à procura de prata e deixando condições arriscadas por onde passavam.

Apesar de o cânion estar agora abandonado, Silverado não esqueceu as ações tomadas por homens que, por mais de cem anos, procuraram desgastar a maioria de seus recursos valiosos sem permissão e roubaram a terra dos povos indígenas que se importavam com ela. Ela ainda vive no trauma e na vingança. Os túneis que ficaram depois de sua escavação violenta ainda estão tão cheios de água e gás metano que, mesmo em 2002, dois homens que tentaram atravessá-los a nado morreram sufocados com o ar nocivo.

E agora, no fim de 2020, o Cânion Silverado se incendiou.

Saí de carro de minha cidade menos de meia hora depois de receber a ordem de evacuar a região, apenas com meus filhos, cachorros e praticamente as roupas do corpo. Partimos tão depressa que me esqueci de nossos passaportes. Quando dobramos a esquina para partir, o ar estava tão carregado e laranja que eu conseguia ver a fumaça na praça principal a três quarteirões de nossa casa.

Nos dois dias seguintes, abrigados na casa de uma amiga na região de Inland Empire, na Califórnia, pensei, não de maneira abstrata, no que significaria perder tudo. No meio da noite, sem conseguir dormir e encolhida em um sofá-cama grande, olhei para meu telefone, lendo as notícias, enquanto meus filhos dormiam do meu lado. O fogo estava a menos de um quilômetro de minha casa, tomando ruas pelas quais eu dirigia rotineiramente, enquanto os bombeiros tentavam contê-lo, sem sucesso. Seis meses depois do início de uma pandemia, cercados por tantas mortes e perdas, perto de uma eleição que certamente determinaria se a democracia americana morreria ou viveria para lutar mais um dia, esse outro trauma parecia surreal. Por que

INTRODUÇÃO

aqui e por que agora? Eu fiquei obcecada por questões existenciais e práticas, procurando respostas na luz azul do meu telefone no escuro.

Foi naquele momento que vi uma atualização sobre a localização do incêndio. Ele tinha tomado um grande cruzamento e agora ardia na esquina de duas ruas com nomes proféticos: Ritual e Ceremony.

O fogo tomou o cruzamento entre as ruas Ritual e Ceremony.

E eu, de repente, respirei fundo.

Percebi que aquele incêndio não era um expurgo — destruidor para quem estava no caminho, com certeza —, mas se manifestava como uma recuperação. O cânion estava tomando o que tinha sido roubado dele, repassando a terra, queimando o que não era mais necessário pelo caminho. Ele queimava tudo, o mais rápido que podia, para abrir espaço para o novo crescimento. Um ritual de fogo, uma cerimônia para seu renascimento — e talvez, quem sabe?, para o nosso renascimento.

Escutei meus filhos respirando ao meu lado no escuro.

Escutei o silêncio.

Tínhamos que estar aqui para ver tudo virar fumaça, pensei, *para ver o fim do que pensávamos que sabíamos e do que pensávamos ter, para testemunhar a destruição do que pensávamos ser permanente e intocável. Estamos aqui para testemunhar tudo isso, e para processar e transmutar o pesar em algo melhor.*

E, se isso é verdade, continuou o pensamento, *então temos que estar aqui agora também por motivos ainda mais fortes. Temos que estar aqui para dar à luz o que está chegando.*

E, assim, adormeci.

Dois dias depois, minha casa ainda estava de pé, assim como todas as outras casas do bairro — algumas danificadas, mas ainda ali, a apenas 600 metros do prejuízo mais próximo causado pelo incêndio. A cicatriz do incêndio Silverado ainda está visível da janela da sala onde escrevo isto, mas também é visível a nova vegetação que cresce ali.

O que no fim impediu o ritual de sua destruição foram tanques de ar, cheios de água, que foi despejada do céu por centenas de bombeiros de todo o país, trabalhando juntos em uma procissão incansável que durou dias.

O que começou a curar Silverado, e salvou minha casa no processo, foi a união de seres humanos para despejar sobre ela exatamente o que precisava para criar condições para o renascimento.

O que as Filhas de Danaus têm? Elas trazem a chuva.

Elas são os filtros pelos quais cada gota de água que dá a vida flui para chegar a terra.

Em vez de sofrerem um grande purgatório de nunca ser perdoado por participar dos pecados do patriarcado, elas são heroínas que se revoltaram contra o casamento forçado e o estupro, contra os pecados dos irmãos-pai que criaram um sistema ao qual ficaram presos na luta por propriedade.

E quando a revolução contra todos aqueles que procuravam arruinar, destruir e oprimi-las terminou? As Filhas de Danaus, agora conhecidas como as Danaids, tornaram-se as carregadoras de água, os filtros para aquilo que salva a vida, a fonte de uma maneira diferente de ser, no coletivo, que fertilizava as sementes enterradas profundamente na terra. Elas se tornaram as portadoras dos meios para o renascimento.

Pois, como heroínas, tínhamos que estar aqui enquanto tudo o que pensávamos saber se esvaía em chamas, quando tudo o que sabíamos ou acreditávamos ou esperávamos se perdia, e onde a morte era onipresente — se tínhamos que estar aqui para testemunhar e ser agentes de mudança —, então também estávamos neste lugar para trazer a chuva, para criar e arquitetar o renascimento de nações e o renascimento da esperança, sermos as heroínas de nossas histórias e as heroínas da água, do fogo, do território e do ar durante esse tempo e além, por meio de um profundo saber de que é por isso que estamos aqui.

INTRODUÇÃO

> Já somos heroínas. Só não sabemos ainda.
> Tínhamos que estar aqui quando tudo se esvaísse em chamas.
> E temos que estar aqui para dar à luz o que vem em seguida.
> Estamos realizando o ciclo da jornada da heroína neste momento.
> E está na hora de trazer a chuva.

A JORNADA DA HEROÍNA E A HEROÍNA DENTRO DE NÓS

Qualquer pessoa que conheça a mitologia grega sabe da jornada do herói. Em resumo, um homem parte em uma busca, normalmente devido a uma guerra ou uma mulher (quase sempre somos as culpadas), e pelo caminho confronta demônios, lições, tentações e batalhas internas e com os outros. Por fim, ele volta para casa vitorioso, para dividir os espólios da guerra com seus companheiros (dentre eles, normalmente estão corpos e abuso de mulheres) e para viverem felizes para sempre.

Nossa história, a história da heroína, é diferente. Por quê? Bem, além do fato de que nossa busca normalmente beneficia o coletivo e não apenas a nós mesmas, nossos aprendizados são cíclicos. Muitas vezes voltamos para as mesmas lições, experiências, até mesmo personalidades parecidas em relacionamentos, sempre desfazendo as camadas da consciência. Um exemplo comum disso é quando nos deparamos com um chefe parecido em todos os empregos, um tipo de personalidade parecido nos parceiros que escolhemos ou uma experiência parecida no trabalho ou na vida que nos chama para aprender e crescer. Por mais que isso pareça uma generalização exagerada, não existe uma única mulher com a qual eu tenha trabalhado na última década que não tenha vivido a experiência de desafios, relacionamentos e arquétipos semelhantes em sua história diversas vezes, até que as lições que ela tem que aprender e os talentos que ela tem que desenvolver com cada pessoa, arquétipo ou processo se completem.

Pelo caminho e em cada ciclo, acima de tudo, a heroína divide suas histórias com seu ciclo de amigas e aliadas, como as outras fazem com elas. São verdadeiros presentes que trazemos de cada ciclo da jornada. Nossas histórias de superação de desafios pessoais, profissionais e sociais mostram nossos caminhos como indivíduos e no coletivo, e passamos por cada fase várias vezes para ter um conhecimento e um aprendizado ainda maiores.

Ao contrário da jornada do herói, a jornada da heroína leva consigo notícias boas e ruins em sua natureza cíclica. Em resumo, quando a heroína é chamada para a sua jornada, ela nunca termina. Este é o momento em que estou aqui para mostrar a sua jornada, porque, como leitora deste livro, você acabou de entrar no caminho — talvez pela primeira vez, talvez de novo.

De modo crítico, o que o ciclo da jornada da heroína cria em cada um de nós é *resistência*. E resistência é do que precisamos em um caminho que exige que combatamos as estruturas opressoras que nos mantêm "em nosso lugar", negam nossas conquistas e o acesso ao poder.

Em nossa era, as estruturas patriarcais e racistas de opressão estão fazendo um trabalho de campo profundo e público. Nossa vida pessoal e profissional é inexoravelmente impactada pela luta diária para sobrevivermos e seguirmos diante disso, mesmo se — e talvez principalmente se — decidirmos tentar ignorá-las.

O que precisamos para ter sucesso como heroínas — de fato, o que sempre precisamos — são ferramentas profundas e poderosas para lutar contra estruturas de opressão todos os dias, de todas as maneiras, por quanto tempo for preciso.

INTRODUÇÃO

COMO USAR ESTE LIVRO

O objetivo deste livro é liderar o leitor pelos quatro estágios de transformação na jornada da heroína, um caminho traçado pela lenda e pelo mito, aberto por pensadoras feministas como Clarissa Pinkola Estés e bell hooks, que foram lideradas por gerações antes de nós que quebraram padrões, estruturas de poder e instituições que não serviam a elas, e os passaram pelo prisma de nossa vida. Eu os filtrei com a peneira de minhas próprias experiências e das experiências de centenas de viajantes por esse caminho.

Apesar de o ciclo da jornada da heroína ser, sem dúvida, progressivo, você deve se sentir livre para entrar no estágio que mais tem a ver com você. Como a jornada da heroína é aquela que continua em uma espiral infinita, você acabará querendo passar por todas as partes deste livro, pois trazem informações de cada estágio de sua busca pessoal.

E se em algum momento se perguntar se fracassou no caminho, ou se chegar a um impasse ou um beco sem saída, eu a encorajo a usar isso como uma oportunidade de introspecção. Todos nós vacilamos. Inevitavelmente, todos enfrentamos desafios profundos, incluindo nossos demônios interiores e pontos cegos.

Esses desafios indicam o trabalho que ainda não realizamos. E um lembrete: como sempre digo, o perfeccionismo é uma ferramenta de opressão, inclusive quando é direcionada a si mesma. Seja gentil com você. Não existe um fracasso real no caminho em direção à própria liderança exceto deixar a viagem, deixar o aprendizado, deixar de lutar para viver no propósito e na missão para os quais você veio, e para a melhoria de todos. Acredite que receberá oportunidades para mais aprendizado, para a reconciliação, para busca interior e crescimento, em todos os campos que ainda precisem ser trabalhados. Aproveite essas possibilidades, mesmo que elas sejam desconfortáveis, e siga em frente.

Ao longo desse processo, minha maior esperança é de que assuma seu papel de direito neste mundo como a heroína de sua própria jornada, como uma força para o bem, como uma mulher e no coletivo e, mais importante, como incremento da justiça e da liberdade para todos.

    Juntas, podemos curar a nós mesmas e umas às outras; sarar as feridas da história, reconciliar nossos papéis no prejuízo coletivo e seguir em frente para mudar nossas instituições, nossos governos e nossos locais de trabalho para criar liberdade e equidade para todos.

    Acredito profundamente que é por isso que estamos todas aqui, neste momento da história, prestando atenção a esse grito coletivo de mudança.

> Acredito que você faz parte disso, caso contrário não estaria lendo este livro.
> Por isso, bem-vinda à sua jornada.
> Celebremos o fato de Sermos Heroínas.

ALGO A SER DITO SOBRE AS LENTES DESTE LIVRO

Este é um livro sobre busca interior e incorporação da energia feminina heroica que vive dentro de todos nós. Apesar de ser especificamente direcionado a mulheres cis e trans e pessoas não binárias, inclui lições para a heroína que existe dentro de cada uma de nós, e suas ferramentas abordam os meios pelos quais a heroína tem sido enterrada pelo patriarcado supremacista branco, impactando a todos nós, independentemente da identidade de gênero.

Ao longo desta obra, especificamente me refiro a mulheres (cis e trans) e pessoas não binárias no contexto de meu trabalho no Gaia Project for Women's Leadership [Projeto Gaia para Liderança das Mulheres]. No entanto, espero que ressoe e beneficie todas as identidades de gênero e envolva uma narrativa do caminho da heroína que encontre cada leitor no ponto onde vive sua heroína, dentro dela, dele ou deles.

O uso dos termos "mulher" ou "mulheres" tem a intenção de incluir aqueles que ressoam com a energia feminina, independentemente da identidade de gênero, e de ser o mais inclusivo possível. Apesar de nosso idioma ser inerentemente codificado pelas estruturas que este livro procura enfraquecer e mudar, meu objetivo tem sido fazer com que a intenção e o impacto se misturem para a inclusão e o benefício de todos.

Além disso, escrevo este livro como uma mulher branca cis sem deficiências, que se reconhece heterossexual, apesar de se inclinar para a bissexualidade no espectro da orientação sexual, criada em uma trajetória de classes que foi da classe trabalhadora à classe média e média-alta durante minha criação, altamente educada e com outras marcas importantes de privilégio. Não posso falar por aqueles de fora do meu alcance de experiência, mas compartilho, neste livro, as histórias e as experiências de minhas clientes no espectro de diversidades que elas apresentam.

Neste momento em nossa história coletiva, este livro procura confrontar em parte o fato de as mulheres brancas precisarem urgentemente se reconciliar com o racismo e o sexismo internalizado e a nossa cumplicidade em sistemas que praticam o ódio. Busco incansavelmente esse trabalho e responsabilidade. Estamos *atrasados demais* no confronto de nossa cumplicidade, e *frequentemente* somos parte do problema, e não da solução. Assim, há partes deste livro que falam especificamente a mulheres brancas em termos claros sobre o trabalho que ainda precisa ser feito. Não pretendo, nesses trechos e ao falar explicitamente como as mulheres brancas precisam confrontar a cumplicidade com os sistemas de opressão, negar de maneira nenhuma o incrível trabalho das heroínas negras, racializadas e indígenas no caminho — passado, presente e futuro —, nem suas experiências e o papel essencial como heroínas em todo o trabalho revolucionário que atualmente é realizado. Espero ter mostrado minha crença de que devemos caminhar de mãos dadas enquanto seguimos a liderança de mulheres racializadas se quisermos alcançar a mudança real e a reparação real para o prejuízo histórico, e conforme atuamos para construir um mundo melhor para todos. Fiz o melhor que pude para dar nome e todo crédito a quem (há muito tempo) merece, ou seja, a mulheres, homens e pessoas não binárias negras, racializadas e indígenas específicas que impactaram meu trabalho e nos trouxeram muitos ensinamentos.

Por fim, há pontos inegáveis neste livro em que, por meio das lentes da história, minhas palavras parecerão ultrapassadas e erradas, em que terei que ser de novo responsável por pontos cegos em meu próprio raciocínio, e pelos quais deverei me desculpar e me corrigir. No momento, estamos vivendo em um portal de transformação que muda tão rápido que este livro já teve muitas vidas e muitas encarnações e, a cada estágio, foi revisado diversas vezes para se tornar mais inclusivo e, espero, para refletir mais minha consciência cada vez maior do trabalho que me aguarda. Fiz meu melhor ao longo deste livro para escrever com lentes antirracistas e imparciais, com base nos princípios morais e éticos por meio dos quais vivo a vida, e para todos em cada espectro da diversidade com quem trilho este caminho lindo e difícil em busca de criar liberdade e justiça, além de amor, para todos.

Parte 1

Reconhecimento

1.
Despertar

Voltarei, agora, mais de dez anos no tempo — a uma noite de quinta-feira, quando estava saindo do trabalho. Eu era a mulher mais experiente no departamento de processos de minha firma de direito de Wall Street. Passei pela porta de segurança para nossos grandes escritórios com vista para toda Manhattan, até onde ficava o elevador no trigésimo quinto andar. Ali encontrei Leonard, um dos sócios mais velhos.

Atarracado e com uma barba grisalha, Leonard estava na empresa havia cerca de quarenta anos. Não o conhecia muito bem. Algumas semanas antes, eu o havia auxiliado em um caso de 350 milhões de dólares que ele havia apresentado — o qual outra mulher experiente e eu presidimos, enquanto ele permanecia na primeira fileira e nos observava. Eu não havia trabalhado com ele antes desse caso.

Assim como muitos dos sócios mais antigos da empresa, no entanto, havia histórias sobre Leonard que circulavam pela firma — histórias sobre um caso dele com uma sócia do departamento de processos dez anos antes. Uma história que, depois de um escandaloso karaokê na festa de Natal da empresa, no qual ele cantou "I've got you babe" para a amante na frente da esposa, causou a transferência da sócia para outra divisão. Isso não pareceu afetar a carreira de Leonard em nada. Havia histórias sobre a instabilidade da esposa (bem compreensível), incluindo um evento no qual ela gritou "Vá se foder!" para o marido, no meio de um jantar de comemoração para uma equipe inteira de advogados, e em seguida saiu correndo do restaurante. E também havia o fato mais conhecido de que Leonard não parecia fazer muito no escritório durante cinco ou seis horas por dia, ganhando um alto salário e participação na sociedade, enquanto os membros mais novos da empresa trabalhavam 84 horas na semana e respondiam e-mails às três da madrugada.

Em contraste à carga de trabalho de Leonard e de muitos dos sócios seniores da firma, a minha era implacável tanto no número de horas quanto no compromisso. Meu perfeccionismo como advogada havia sido bem lapidado em mais de doze anos de trabalho com processos. Ao longo do caminho, construí minha fama devido a certos conjuntos de habilidades — por exemplo, de, precisa, incansavelmente e com perguntas certeiras, acabar com a estabilidade de testemunhas sob juramento; de escrever textos muito convincentes nos processos; e de uma presença no tribunal que os advogados adversários subestimavam e por isso acabavam se dando mal. Parceiros de outros departamentos me procuravam para escrever textos decisivos em casos sérios, como contra determinado investidor imobiliário de muito cacife de Nova York, cujos cassinos em Atlantic City estavam na terceira falência.

Mas eu não me preocupava com meu desempenho apenas na teoria. Em meu raro tempo livre, lia todos os livros que conseguia encontrar sobre liderança feminina e fazia o melhor que podia para colocar tudo em prática. Eu era um monstro no trabalho, uma construtora de alianças, e me concentrava em melhorar na prática. Eu trabalhei tanto na minha carreira que só pensei em finalmente me casar e começar uma família já com 38 anos.

Em outras palavras, meu trabalho era o objetivo e a força dominante de minha vida.

A felicidade era outra história. Diversos anos antes daquela fatídica noite no elevador, eu tinha a clara sensação de que dava murro em ponta de faca, todo santo dia. Eu havia me formado em direito, trabalhado todos os dias da minha vida desde os quinze anos e conquistado todos os objetivos apresentados a mim como métrica de sucesso — desde me formar em três ótimas faculdades até conseguir como possível cliente para a minha empresa um grande banco de investimento. Ao longo do caminho, havia mergulhado em teoria feminista e estudos culturais e num amor pelo ativismo que me levou de organizar protestos como adolescente a testar enormes casos de direitos humanos *pro bono* nas empresas advocatícias.

Apesar de toda essa compreensão e consciência e de todo o trabalho árduo, eu nunca consegui superar o que parecia uma sensação de fracasso que não sabia explicar. Passei anos como advogada à procura da facilidade de ascensão que eu via na carreira de colegas homens. Quando fracassava, e isso sempre acontecia, eu me concentrava em ser tão boa no trabalho que não pudesse ser ignorada (ou assim pensava). Trabalhar em excesso anestesiava a dor, e o "incentivo" da sociedade me mantinha seguindo em frente.

Eu era tão comprometida com esse caminho que, quando encontrei Leonard no elevador naquela fatídica noite de quinta-feira, não perdia um caso ou ação *havia três anos.*

E aquela noite em especial parecia ser uma boa noite. Eu havia baixado a guarda. O caso no qual eu trabalhara com a equipe para o cliente de Leonard algumas semanas antes fora totalmente vitorioso. Alguns dias depois, ganhei uma ação importante em um caso grande. E naquele mesmo dia, minutos antes de me dirigir ao elevador, soube que um juiz tinha indeferido um caso contra meu cliente com base em um texto que eu havia escrito.

Enquanto esperávamos o elevador, Leonard se virou para mim e disse: "Como você está hoje?".

O sinal do elevador tocou. Eu sorri para ele quando entramos.

"Ganhamos a ação daquele caso hoje. São três vitórias em uma semana. A sensação é ótima."

Leonard mal sorriu, não disse nada. Quando o elevador chegou ao térreo, saímos e nos despedimos.

Poderia ter sido qualquer outra troca de amenidades, em qualquer outra noite, com qualquer outro advogado.

Mas foi algo bem diferente disso.

Alguns dias depois, fui chamada ao escritório do sócio da administração do departamento de processos. Leonard havia reportado algo "profundamente problemático" para a empresa em uma reunião naquela manhã, e o sócio da administração queria me perguntar sobre isso. Atordoada, fiquei tentando imaginar o que ele queria dizer.

"Você foi acusada de ter levado crédito pelo trabalho de outras pessoas", o sócio da administração disse, logo de cara.

A sala girou um pouco, e eu me lembro da breve sensação de que tudo estava meio esverdeado. Eu me senti tonta. Busquei na memória eventuais acontecimentos que poderiam ter sido mal interpretados para se encaixar nessa descrição. Não consegui pensar em nada.

"Não sei do que você está falando", disse com o máximo de firmeza que consegui, o rosto esquentando. "E eu nunca faria isso. Não é meu estilo."

"Isso é surpreendente, porque Leonard me disse que você levou o crédito por três vitórias em casos nos quais outras pessoas trabalharam."

Senti o estômago revirar.

"Quando ele acha que fiz isso?"

O sócio da administração olhou para mim do outro lado da mesa.

"Há algumas noites", ele disse, "em uma conversa no elevador."

Fiquei boquiaberta. Ele continuou:

"Elizabeth, quero deixar algo claro para você. Isso criou uma inquietação entre os sócios de que talvez você esteja preocupada demais com sua ambição, ou de que talvez não entenda seu lugar no departamento. Seu trabalho aqui é servir os clientes dos sócios, como membro da equipe e com discrição, não para beneficiar-se ou a seus próprios objetivos. Vou anotar isso para analisarmos em sua avaliação anual. Vamos discutir como esse fato vai impactar seu potencial para ser promovida quando chegar a hora."

Fiquei surpresa. Pensei em algo para responder, explicando que não tinha tomado crédito por nada, que tinha apenas comentado por cima que era bom ter feito parte de três vitórias em uma semana, uma conversa simples no fim da noite, e que nunca ignoraria o esforço da equipe em nenhum caso.

"Não foi o que Leonard disse", ele completou. "Por favor, pense no que conversamos e volte ao trabalho."

Seis meses depois, o acontecimento no elevador voltou à baila na discussão sobre minha promoção, assim como na avaliação para o aumento de meu salário e de meu bônus. Ofereceram um bônus bem baixo, e depois de algumas semanas o comitê de sócios, quase todo formado por homens, decidiu que eu não era uma boa opção para a "mentalidade de membro da equipe" para ser promovida na empresa. (Conclusão: um sócio com seis anos de experiência a menos do que eu, com um ego enorme, conhecido por registrar mais horas do que as trabalhadas, foi promovido no meu lugar.)

Você pode estar se perguntando onde estavam as mulheres. No meu departamento, havia duas sócias da área de direito de propriedade. Uma era conhecida por apoiar a firma em tudo, mesmo em políticas que impactavam de modo adverso pessoas de seu próprio gênero. Ela contava histórias em reuniões sobre como tinha sido bem tratada durante a licença-maternidade porque tinha desempenhado, em seu ponto de vista, muito bem, por mais que as outras reclamassem que tinham sido forçadas a trabalhar durante a licença, depois em tempo integral após a licença, apesar de receberem por meio período. Ela presidiu o comitê de questões femininas na empresa por um tempo. E sempre que estava na sala, mulheres menos experientes se controlavam nos comentários, com medo de discutir a verdade de suas experiências na empresa e de que suas histórias sobre terem sido maltratadas chegassem à liderança e fossem usadas contra elas. A outra sócia de direito de propriedade era muito ausente, tanto como advogada quanto como exemplo a ser seguido.

Ela mantinha a cabeça baixa, fazia seu trabalho e não se alinhava com as preocupações ou as necessidades de outras mulheres na firma. Resumindo, e de maneiras muito típicas que serão explicadas mais adiante neste livro, as duas atuavam para manter as coisas como eram, em vez de buscar mudança. Eu, assim como todas as outras jovens advogadas na empresa, estava sozinha.

Logo depois do anúncio de meu bônus e alguns dias antes do Natal, fui avisada de que minha carreira na firma provavelmente estava terminada, apesar de haver um bom pacote de demissão à minha espera desde que eu concordasse em não processar a empresa por discriminação. Aceitei o pacote e fui embora. Contei a apenas uma pessoa que eu estava grávida quando saí — o diretor do meu departamento. Na minha reunião de desligamento, ele me agradeceu por não ter contado sobre a gravidez nas negociações da demissão. Três dias depois, fiquei sabendo que, em algum momento durante a última semana na empresa, eu tinha sofrido um aborto.

Muita coisa aconteceu desde então — crescimento, mudança, maternidade, conhecimento e trabalho novo. Mas há resíduos desses acontecimentos. O que ainda se prende a mim daqueles dias brutais e finais de meu trabalho em tempo integral na advocacia, o que me persegue como um odor que não consigo eliminar totalmente, é o que senti ter sido uma falta de poder completa — que estavam sendo tomadas decisões que mudariam para sempre o rumo da minha vida, simplesmente porque aqueles com poder decidiram que eu não podia, e não iria, percorrer seus corredores.

O que notei desde então foi que, de certo modo, eles estavam certos. Eu não pertencia àquele lugar, porque merecia algo muito maior do que eles tinham prometido mas não me deram.

E, apesar de eu ter sentido que estava sendo punida na época — sem crédito pelo meu trabalho, impedida de ter a sociedade que eu sabia merecer, ofendida, perseguida e ignorada —, na verdade estava ganhando um presente. Demorei anos para decodificar e reestruturar essa oportunidade, precisei me *esforçar muito*.

A pergunta que eu comecei a fazer a mim mesma mais de dez anos antes, enquanto começava a desdobrar as mensagens sobre sucesso e mudança que tinha recebido ao longo da vida, era *por que* eu estava naquela situação, e por que *agora*?

SIMPLESMENTE "ENTRE" ATÉ SE ENCAIXAR E TALVEZ ASSIM SEJA BOA O BASTANTE

Durante décadas, observadores e autodeclarados "especialistas" em modelos de liderança feminina tentaram dizer às mulheres como lidar com a liderança e a mudança.

Eles têm nos dito como devemos nos vestir, como devemos sorrir no momento certo, como não devemos ser muito assertivas, mas assertivas da maneira certa.

Temos sido orientadas sobre como chamar a atenção dos homens, como satisfazer e incorporar padrões masculinos de liderança e como não desequilibrar as coisas com nossos próprios talentos, ambições e necessidades.

Somos ensinadas a buscar a melhor sala agindo como homens, a desbravar carreiras como eles, a falar e agir como homens, ao mesmo tempo que não devemos ser "masculinas" demais.

E nos disseram muitas vezes que, se fizéssemos tudo dessa lista de tarefas — cada coisinha —, ainda assim seria nossa culpa se fracassássemos, porque tínhamos deixado passar alguma coisa especial que certamente fizemos errado e nos fez perder a chance, fracassar.

Enquanto isso, enquanto engolíamos esse "conselho", nos ensinaram a nos distanciar da sabedoria interna e das vozes insistentes em nossa mente que nos diziam que algo não estava certo — mesmo diante da desigualdade de salários ou outras formas de discriminação exagerada — e, acima de tudo, a evitar questionar se talvez, quem sabe?, poderia haver problemas maiores em ação do que nossas falhas individuais.

Por fim, se você é como eu, já sentiu como se estivesse dando murro em ponta de faca, tentando encontrar uma maneira de fazer dar certo, tentando encontrar a chave mágica que abriria a porta para aquela ideia mística conhecida como "sucesso".

Há muita coisa por aí afirmando ser essa chave mágica. Se você for como eu, já leu tudo o que pôde relacionado a esse assunto conhecido como "liderança de mulheres" — e, pode acreditar, em determinado momento tudo começa a ficar borrado. Em nossa busca para tentar entender por que não podemos avançar e por que raramente nos sentimos felizes, fomos orientadas a analisar algumas perguntas: Precisamos ser mais uma "chefe mocinha" ou uma "chefe megera"? Talvez precisemos ser mais "sala do canto". Talvez precisemos apenas "pensar como um homem". Talvez se apenas tentarmos "ir além", um pouco mais, ir a mais um evento, fazer *networking* perfeitamente com mais uma pessoa, conseguir mais um cliente, sorrir mais, lidar com um comentário racista ou sexista ou homofóbico aqui e ali, com o abuso sexual momentâneo ou constante e com a recusa de nos vermos como qualquer outra coisa que, bem, menos do que e, não se esqueça, se pudermos avaliar e autocriticar cada gesto, cada ângulo, cada aspecto de nosso corpo, vozes, penteados, riso, piadas, roupas e escolhas, e assim por diante, talvez finalmente consigamos satisfazer às demandas daqueles com autoridade sobre nós.

Ou talvez, depois de anos dessa luta interna e externa, cheguemos à conclusão de que no fim o problema está em *nós*, então por que se importar?

O que percebi nos anos desde que deixei aqueles espaços para pastos mais verdes é que o objetivo do fim da linha de estruturas de poder e opressão é *exatamente* este: nos silenciar, nos manter afastadas o suficiente para que não revidemos, nos manter tentando alcançar padrões arbitrários e em constante mudança com os quais medimos nosso valor, fazer com que entremos em competição umas com as outras por uma fatia do bolo cada vez menor e, mais importante, fazer com que neguemos nossos dons e, assim, deixemos de organizar e criar mudança — mudança épica, de revirar as estruturas, de revolucionar, de mudar o mundo — de dentro para fora.

Estou aqui para mostrar a você uma ideia radical, sobre a qual as pessoas têm falado, mas que todos nós agora devemos internalizar conforme começamos a jornada de nos Tornarmos Heroínas.

>Nós fracassamos não porque não somos boas o bastante.
>Fracassamos porque nosso fracasso preserva o *status quo*.
>E talvez, ainda mais importante, fracassemos porque
>precisamos de algo melhor do que isso.

Quando conseguimos queimar os mitos que nos trouxeram aqui, e passamos a confrontar a realidade das estruturas feitas para dar a apenas um pequeno grupo de nós algum poder, com estratégias que *mudarão o status quo para sempre*, nós nos tornamos heroínas para nós mesmas; para mulheres que conhecemos, amamos e com as quais trabalhamos; e para aquelas que sobem a escada atrás de nós e no mundo, de modo geral.

NÃO É VOCÊ, É O PATRIARCADO SUPREMACISTA BRANCO

No emprego que mantenho durante o dia, sou agora a CEO de uma empresa dedicada à liderança para mudar o mundo, com foco especial em desenvolver heroínas na liderança das mulheres. Todos os dias, trabalho com mulheres e pessoas não binárias — e com alguns homens — que estão tentando satisfazer metas que lhes permitam sobreviver e conquistar. Apesar de trabalhar em algumas das maiores empresas do mundo, estou sempre surpresa quando vejo quantas de nós estão sem a linguagem ou a compreensão de como o poder funciona para nos manter com o mínimo, e não prosperando.

Claro, muitas de nós entendem a ideia do patriarcado: que nossa cultura é moldada para dar aos homens cisgêneros poder e para preservar esse poder quando obtido, excluindo as mulheres, pessoas LGBTQ+ e não binárias. Também podemos entender e sentir o impacto da supremacia branca — aquele mito incrivelmente amplo de que as pessoas brancas são melhores do que todas as outras, impregnado como está em todos os aspectos de nossa sociedade, estruturado para beneficiar àqueles que são brancos em detrimento de — diretamente e, com frequência, de modo violento — pessoas negras, racializadas e indígenas.

E, por mais que consigamos descrever alguns ou muitos momentos nos quais sabemos que o patriarcado e/ou a supremacia branca atuou em nossa vida, podemos não ter a linguagem para descrever como eles funcionam em todos os momentos de todos os dias, e mesmo em nosso próprio raciocínio, para nos manter dominadas.

E pior ainda: podemos não entender como esses sistemas de poder operam *por meio de nós* — como eles funcionam para nos tornar reforçadoras da opressão, ao mesmo tempo que somos suas vítimas.

O patriarcado supremacista branco funciona de quatro maneiras principais:

Opressão sistêmica: nossa sociedade é feita para beneficiar homens brancos heterossexuais cis sem deficiências, em detrimento de todos os outros.

Opressão institucional: nossas instituições — governamentais, de justiça criminal, lei, medicina e praticamente todas as instituições corporativas ou sem fins lucrativos — têm raiz na opressão sistêmica e, assim, atuam para aumentá-la, sem revolta consciente contra suas normas.

Opressão interpessoal: por e entre cada um de nós, executamos e mantemos as normas de opressão em um espectro de enorme prejuízo, desde violência sexual ou ataques racistas a microagressões feitas para manter o *status quo* com vergonha, culpa ou falta de valor perpetrados de maneira consciente e inconsciente.

Opressão internalizada: como produto da opressão sistêmica, institucional e interpessoal, internalizamos mensagens diferentes e as impomos a nós mesmos por meio de autossabotagem, autoagressão, mensagem interna negativa — e, sim, é preciso ser dito, por meio de livros de liderança de autores que não reconhecem seu papel em impor e perpetrar normas patriarcais e supremacistas brancas disfarçadas de "ajuda" a mulheres e a outros para que "tenham sucesso".

Este livro está aqui para ensinar você a lutar contra tudo isso, desde o pensamento mais simples em sua cabeça até as injustiças sistêmicas mais graves, e, no processo, a tornar-se uma heroína em sua própria vida, para os outros e no mundo. Ele existe para ensinar a você como trazer a chuva para a sua vida, de modo que nada fique no caminho de seu papel de deusa em ajudar a construir um mundo mais justo e igualitário para todos nós.

Estou aqui para apresentar a você agora os quatro estágios de sua jornada de heroína, feita para lhe dar exatamente isso.

Reconhecimento: O reconhecimento começa com um momento de consciência profunda de que algo deve mudar, e de que o *status quo* deve ser alterado. É um momento marcante de despertar que nos leva a começar a querer gritar a verdade ao poder, mesmo que o preço disso seja bem alto. Imediatamente confrontamos o silêncio, a perda e as limitações que nos foram impostos pelo patriarcado e pela supremacia branca, e como isso nos impactou das maneiras mais públicas e íntimas, incluindo nas histórias que contamos a nós mesmos a respeito de nosso valor e da natureza de nossa capacidade de liderar. Aqui, começamos a encontrar nossos dons e nossa voz conforme compreendemos nossa própria liderança. Aqui, começamos a falar a verdade ao poder.

O reconhecimento é uma ferramenta contra a opressão internalizada que é cultivada com o tempo, que desfaz o prejuízo causado dentro de nós mesmos.

Reconciliação: Conforme a jornada da heroína continua, somos chamados a confrontar o prejuízo que nos foi causado e aquele que foi causado a outros por nós e por meio de nós.

A reconciliação nos chama para confrontar nosso trauma e nosso privilégio, e para começar a fazer o trabalho de compreender como nossas tendências internalizadas impactaram os objetivos finais de nosso trabalho como líderes mulheres. A reconciliação inicia o processo de heroínas se tornando coconspiradoras em linhas interseccionais em uma busca por justiça.

Por meio desse processo, aprendemos que é importante ouvir antes de falar, entrar em conversas difíceis, comprometer-se com o crescimento e a igualdade em tudo o que fazemos, mesmo que seja complexo e imperfeito. É nessa trajetória que aprendemos a nos tornar confortáveis com o desconforto como força para o bem e a continuar na jornada da heroína em direção à mudança real. Somos desafiadas a descarregar nosso trauma, curar nossas feridas e devolver a estruturas de opressão a bagagem e as armas que nunca foram nossa obrigação carregar.

A reconciliação é uma ferramenta contra a opressão interpessoal, que carrega consigo uma oportunidade profunda de cura por meio de todas as mulheres e no mundo.

Revolução: É aqui que pegamos as lições que aprendemos durante o trabalho de Reconhecimento e Reconciliação e as ativamos para mudar as normas, as políticas e o pessoal para criar um mundo igualitário e livre para todos nós. Por termos feito o trabalho interno de confrontar nosso silenciamento, perda e trauma, e por termos começado o processo de abordar o prejuízo que causamos aos outros como uma ferramenta para reforçar a opressão, conseguimos começar a criar uma mudança concreta para nós mesmos e para os outros — no trabalho, em casa e no mundo. Nós nos tornamos aliados para os outros e defensores de nós mesmos conforme nos ativamos para mudar o mundo coletivamente.

A revolução é uma ferramenta contra a opressão institucional, com a qual coletiva e ativamente trabalhamos para mudar, alterar e, às vezes, derrubar as instituições que atuaram para perpetrar o dano, inclusive em nível pessoal, profissional e social.

Renascimento: O renascimento, por fim, é quando as heroínas surgem para tomar o poder. Nesse momento de revolução pelo qual estamos passando, muitas de nós imaginaram um mundo onde a igualdade e a justiça são completamente cumpridas e como isso poderia ser. Aqui, temos poder. Aqui, declaramos nossos direitos conforme *nós* os definimos. Aqui, criamos um mundo para todos nós, ouvindo e liderando no coletivo, por meio do crescimento imperfeito mas comprometido em direção a nossos ideais. Estabelecemos expectativas equiparáveis e atuamos para incorporá-las. Lutamos todos os dias para criar um futuro de liberdade para todos, para nós mesmas e como um legado para nossos filhos, nossos locais de trabalho e nossa cultura, mesmo que não consigamos vê-lo totalmente pronto em nosso tempo de vida. Encontramos alegria. Começamos de novo e sempre no caminho da heroína, por quanto tempo for preciso.

O renascimento é uma ferramenta contra a opressão sistêmica, por meio da qual estabelecemos novos paradigmas para a cultura e a sociedade e passamos a construí-los todos os dias, enquanto a jornada durar.

Neste mundo que estamos lutando para criar, nossa capacidade de visualizá-lo prevê nossa habilidade de viver nele. O que escolhemos fazer juntos *agora* vai nos levar ao mundo no qual viveremos pelos próximos séculos. Esse futuro depende da cura e do renascimento de heroínas em todos os lugares, de dentro para fora.

ESPERE, ONDE FUI ME ENFIAR?

Neste ponto, você pode estar se perguntando do que se trata este livro. Talvez você o tenha pegado enquanto procurava por algo na seção de livros tradicionais sobre liderança. Talvez a palavra *revolução* seja um pouco assustadora, mesmo que seja baseada na ideia de mudar e desenvolver os sistemas e as instituições que causam danos a nós mesmos e aos outros.

Siga comigo.

Conforme avança neste livro, gostaria que considerasse a possibilidade de a liderança das mulheres não ser *de fato* sobre nosso sucesso pessoal, apesar de ser a métrica que tem sido usada.

Gostaria que considerasse, então, a possibilidade de a verdadeira liderança feminina ter a ver com a forma como colaboramos para mudar o mundo.

Porque é o seguinte: enquanto o âmbito da "liderança das mulheres" viver dentro do paradigma dominante estabelecido pelos homens, enquanto virmos nosso papel no mundo como aquele que tem que alcançar as métricas que não se aplicam a nós e nunca se aplicaram, enquanto definirmos o sucesso de acordo com padrões que não escrevemos e nunca funcionaram para nós, nunca, no fim, seremos bem-sucedidas, nunca conseguiremos abordar todas as desigualdades ainda presentes no mundo em que vivemos.

O sistema atual é feito para que nós fracassemos, para que então ele possa sobreviver.

O que precisamos, em outras palavras, é de um novo sistema. Minha visão é de que o papel das líderes mulheres, como *heroínas*, é criar esse sistema.

Nosso sucesso, acima de qualquer coisa, depende inerentemente de cada uma de nós usar e reconhecer os dons que levamos à mesa como ferramentas para a mudança, e por meio de lentes interseccionais que beneficiem a *todos* nós.

Se não for assim, nunca conseguiremos ver e criar de fato modelos de liderança que beneficiem a todos e não apenas a alguns poucos escolhidos. Caso contrário, estamos fadadas a nos empenhar para satisfazer aos sistemas de opressão que precisam de nosso fracasso — ou nos render ao *status quo*, como aquelas poucas mulheres sócias com quem já trabalhei — para poder continuar a ter sucesso.

Se está duvidando de mim, eu lhe pergunto o que é melhor: 1) buscar continuamente coisas de destaque para satisfazer àqueles no poder, cuja manutenção de poder depende de nosso fracasso, ou 2) escolher, em vez disso, tornar-se uma força para a mudança para criar um mundo que permita que todos nós tenhamos e compartilhemos poder, e definir *isso* como uma verdadeira métrica de sucesso? Sei qual me parece melhor.

Por fim, quero entender que você provavelmente já está exausta ao ler isto. Não existe uma única mulher que eu conheça que passou pelos últimos acontecimentos que vivemos nos Estados Unidos e no mundo todo que não esteja supercansada. Com essa mudança, claro, vieram momentos reais de animação, alegria e vitórias difíceis que nos mantiveram no caminho, junto com a perda profunda e duradoura que só pode ser comparada ao pesar coletivo.

Ainda assim, partes importantes daqueles no poder estão aumentando a fadiga. Aqueles no poder estão contando que você vai desistir. Continue lendo. Continue em frente. Vamos todas chegar lá juntas.

Os resultados de escolher fazer esse trabalho vão tocar todo aspecto de sua vida — desde as menores escolhas que você faz em seus relacionamentos mais íntimos às grandes escolhas que mudam sua vida totalmente. Confrontar a opressão internalizada é como afastar o véu nas lições que nos ensinaram desde a infância. Assim como as lições que aprendemos no vale da sombra da morte, quando essas estruturas de opressão são vistas, é impossível voltar a escondê-las atrás do véu e para a maneira como as coisas eram antes.

Conforme realizei minha própria pesquisa, passei por ciclos de pesar, perda e ira. Conforme você analisa como sua trajetória e a de outras pessoas têm sido drástica e artificialmente limitadas, seus dons reprimidos e seu propósito tornado ilusório, pode sentir isso também. Vou incentivá-la durante o caminho a transformar essas percepções emocionais profundas e importantes em *insight* e em ação.

Trabalhei com milhares de mulheres por meio de processos que estou contando aqui. O despertar é sempre e inevitavelmente profundo, emocionante e, às vezes, aterrorizante. Notadamente, não é sempre sobre aquilo a que escolhemos nos dirigir, mas também o que decidimos deixar para trás. Meu objetivo neste livro é convidá-la para se tornar a heroína que vive dentro de você, com uma compreensão de que existem passos menores e maiores pelo caminho. Desde encontrar a coragem para se revoltar contra as estruturas do dano, passando por usar sua voz para a mudança, deixando um casamento ou um emprego abusivo, até trabalhar para criar melhores práticas inéditas para a inclusão em sua empresa, a mudança real é possível quando descarregamos a bagagem do patriarcado supremacista branco que temos dentro de nós mesmas e passamos a trabalhar em mudar relações, instituições e sistemas inteiros que se recusam a seguir em frente para nos beneficiar — ou os deixamos para trás na poeira, porque isso, também, é progresso.

A mudança que chega a você como resultado deste livro dependerá de como e onde escolhe usar o que é oferecido aqui. De fato, uma das maiores alegrias de fazer o trabalho que faço é que consigo ver como todas aquelas mulheres com quem trabalho são impulsionadas ao mundo como resultado dele, para usar suas habilidades únicas e dar voz à mudança. Mas posso garantir que o processo de revelar sua heroína interna mudará sua vida, seu trabalho e o mundo para melhor. Ao longo do caminho, você cultivará relações novas, mais livres e mais apoiadoras; será levada a criar mudança em todos os espaços que ocupa; construirá alianças nas e para as batalhas à frente a fim de melhorar o mundo; e verá seu eu verdadeiro emergir totalmente, como a heroína que vai se tornar.

MAS ESPERE! E SE EU NÃO ESTIVER PRONTA PARA ISSO?!

O que acontece é que estamos vivendo épocas extraordinárias. O que passamos nos últimos cinco anos tem sido mais do que qualquer um de nós esperava viver na vida toda. Agora, neste momento da história, todo mundo é chamado a contribuir, e todos os nossos talentos são necessários. Independentemente de você estar pronto ou não, precisa começar. Oportunidades de mudança radical como esta que se apresenta a nós agora não acontecem com muita frequência. Precisamos cavar fundo, chegar à raiz de nossos medos, trabalhar para curar gerações de prejuízos e nos preparar para ir além de nossas histórias. Aqueles de nós que têm concordado com estruturas de opressão têm uma chance de fazer reparos e destruir as estruturas de mãos dadas com aqueles prejudicados por elas. Aqueles de nós que foram prejudicados e tiveram seu poder negado têm uma chance de assumir o poder e liderar. Aqueles de nós que negaram a si mesmos e a seus desejos mais profundos têm a chance de retomar quem são. Onde tivermos privilégios, devemos influenciá-los e procurar derrubá-los. Onde não tivermos, devemos chutar a porta, abri-la e tomar nosso lugar à mesa.

Acredito que o mundo precisa de pensamento transformador em todos os níveis e de revolucionários de todos os tipos. Como os últimos anos mostraram, os artistas podem criar mudança, assim como políticos e ativistas — pense no trabalho de Manuel Oliver, por exemplo, que perdeu um filho no massacre de Parkland e transformou sua arte em ativismo contra a violência de armas em memória de seu filho. A música pode nos levar a confrontar nossos traumas históricos, assim como um discurso em um tribunal pode levar à justiça, como o Resistance Revival Chorus (coletivo formado mais de 60 mulheres, e cantoras não binárias, para por meio da música elevar e centralizar as vozes das mulheres) tem mostrado muitas vezes. Jardineiros, xamãs, advogados, professores e até banqueiros e administradores de capital podem fazer seu trabalho com mais compaixão e coragem neste momento — todos podemos, cada um de acordo com os próprios talentos e desejos, e se escolhermos mergulhar neles completamente. Devemos usar todas as ferramentas e estruturas do mundo que temos a nosso dispor — muitas das quais são imperfeitas — e também criar outras mais responsivas pelo caminho, como eu discuto em outras partes deste livro.

Mesmo se não sentirmos que estamos prontos, começar agora é preciso; eu acredito que devemos fazer isso em virtude de todas aquelas que vieram antes de nós, por todo o trabalho profundo e maravilhoso de pessoas que historicamente foram marginalizadas, por aqueles heróis e heroínas a que chamamos de ancestrais e são exemplos para todos nós de tantas maneiras. Há um chamado forte para que todas nós sigamos em frente juntas, para ultrapassar limites, de braços dados, atravessando todas as diversidades, para criar um mundo que seja livre e justo e igualitário para todos. Minha crença pessoal é de que todos encarnamos no planeta neste momento com uma tarefa, e todos precisamos cumpri-la — agora mesmo, o mais rápido possível.

Agora é nosso momento, e precisamos assumi-lo.

2.
O fósforo riscado

Eram cerca de quatro da madrugada de 9 de novembro de 2016, quando percebi que teria que contar a meus filhos que Donald Trump tinha vencido as eleições. Eu estava no chão do banheiro, depois de vomitar até não ter mais o que colocar para fora. Eu estava ali, chorando, tentando entender o que aconteceria em seguida, sabendo, no fundo da alma, que, independentemente do que fosse, seria horrível e inimaginável.

Na noite anterior, tínhamos saído do Brooklyn, nosso bairro, e ido ao cruzamento das ruas President e Clinton. Eu havia feito o vídeo de minha filha de quatro anos gritando "Derrubem o patriarcado!". Na manhã seguinte, tinha levado meus dois filhos comigo para votar em Hillary, depois de ter feito tudo o que podia criando sozinha duas crianças para que ela fosse eleita.

Aquele outono não foi apenas um período profundamente político para mim — também foi pessoal. Eu havia me separado do pai dos meus filhos em setembro. Na verdade, nossa última foto de família tinha sido tirada na manhã do dia da eleição de 2016, na frente do meu local de votação.

Mas, na madrugada do dia seguinte, no chão do banheiro, percebendo o que tinha acontecido com a eleição de Trump e afetada por outras coisas horrorosas que tive de contar a meus filhos nos últimos dias, eu estava arrasada de tristeza.

Quando o sol nasceu, eu me arrastei de volta para a minha cama com as crianças. Meu filho foi o primeiro a acordar. Ele tinha três anos na época, com o comportamento doce e pacífico que reflete seu enorme coração bondoso já totalmente aparente.

Quando contei a ele que Donald Trump havia vencido a eleição, ele se sentou na cama, olhou para mim e começou a chorar. "Ele vai ser um homem bom agora?", perguntou. "Vai parar de agarrar meninas?" O susto no rostinho dele, as grandes lágrimas rolando por suas pequenas faces, acabaram comigo.

E o choque daquele momento acabou com muitos de nós. Tenho dito muitas vezes desde então que a questão daquele momento para muitas mulheres é que nós conhecíamos — talvez não conscientemente, mas sabíamos — a natureza absolutamente horrível e revoltante do que estava por vir — que seria uma descida cheia de ódio e violência na loucura e na morte em massa para o país e para o mundo. De certo modo, sabíamos que seria pior do que naquele momento sequer conseguíamos imaginar. Sabíamos.

Mais tarde naquela manhã, depois de deixar meus filhos na creche, o processo de me conformar começou.

Não era a primeira vez que eu tivera que me conformar daquela maneira. Eu havia organizado meu primeiro protesto quando era adolescente, como aluna de Harvard, para tentar fazer com que a universidade se desligasse da África do Sul durante o *apartheid*. Como universitária, depois de organizar protestos antiestupro no campus, eu havia decidido processar o homem que tinha abusado de mim na adolescência — uma circunstância que abordarei mais adiante no livro, quando falarmos sobre confrontar o trauma. Como uma jovem advogada, depois de o conselho me comparar publicamente com uma prostituta em um jantar de negócios, decidi ir até meu chefe e então me recusar publicamente a compactuar com aquele conselho em reuniões — uma escolha que resultou em um comentário em minha avaliação de desempenho enquanto negócios eram fechados entre minha firma e aquele conselho, sem qualquer consequência.

Inúmeras vezes fui forçada pelo destino ou pelos fatos a *escolher* se me renderia ou se lutaria. Momentos assim são, em uma palavra, um fósforo que dá início a um incêndio, uma fagulha que acende uma fogueira. A noite da eleição de 2016 incendiou a vida de milhões de mulheres, mudando percepções, queimando mitos dos quais elas tinham dependido a vida toda, mudando seus valores e suas escolhas para sempre, colocando-as no caminho da heroína.

O QUE É O FÓSFORO?

O fósforo é um momento na vida de uma pessoa — ou, por assim dizer, na vida de organizações, empresas e nações — em que o que era tolerável de repente se torna intolerável e somos forçadas a escolher entre viver com o que é impossível de viver, ou se erguer para a luta. Você reconhecerá o fósforo em sua vida quando lembrar de momentos em que você *sabia* que as coisas tinham que mudar. E, para deixar claro, o fósforo não é a simples questão do *Devo ou não devo?* — Devo aceitar esse emprego? Devo pedir um salário maior? Devo falar o que aconteceu na reunião de hoje?

Não, o fósforo costuma ser riscado a partir do trauma — uma agressão emocional, física ou espiritual que nos marca de maneiras que não podemos negar. Na minha experiência, o fósforo é riscado depois de um único acontecimento catastrófico ou de uma série de coisas cada vez mais catastróficas. Às vezes, uma série de imprevistos que mal notamos acaba se tornando coisa demais, e risca o fósforo. Chega um ponto em que somos forçadas a escolher: Estou disposta a continuar assim? Se não estiver, o que vou fazer em relação a isso?!

Pense na luz em um fogão a gás — o *clic, clic, clic* quando você gira o botão, o momento entre girar o botão e aquele em que você espera a chama acender. Para mim, sempre tem um milésimo de segundo de escolha: Ele vai acender, não vai? Esse espaço é o momento cultivado pelo fósforo: quando decidimos se, e como, vamos incendiar nossa vida e correr em direção a um futuro diferente, não importa o que aconteça.

Você precisa saber que, quando o fósforo é riscado, ele costuma arder tanto que não se apaga. Como o incêndio em Silverado, pode destruir as encostas de sua vida, reduzindo tudo a cinzas. Em outras circunstâncias, pode ser uma pequena faísca que queima por um tempo antes de formar um fogo enorme. Mas acredite: continuará ardendo até que o que foi iluminado seja abordado. É um dos motivos, a propósito, de você nunca poder sair completamente do caminho da heroína depois de tomá-lo. Fósforos acendem o fogo, um aspecto de sua vida começa a se transformar, não tem como voltar.

Isso não quer dizer que os fósforos sejam momentos bons da vida em nossa história pessoal ou política. Como verá neste capítulo, às vezes eles nascem de uma perda profunda. Uniformemente, no entanto, trazem consigo a sensação intolerável de que *algo deve mudar*.

É o fósforo que nos faz deixar casamentos abusivos depois de sermos agredidas uma última vez após ouvirmos a promessa de que nunca mais aconteceria. É o fósforo que nos faz largar o emprego que não nos promove pela quarta vez, ou última. É o fósforo que nos faz denunciar uma insinuação de um chefe, ou que nos faz pedir votos ao nosso candidato aos nossos vizinhos, ou que nos faz começar movimentos políticos, porque *finalmente cansamos*.

É o fósforo que transforma mulheres comuns em ativistas e líderes. É o fósforo que nos leva a *recusar* aguentar ódio, racismo, sexismo, opressão, indignidade por mais um momento e, em vez disso, faz com que nos levantemos e lutemos.

E, pela minha experiência, costuma ser uma quantidade enorme de dor, pesar, ira e medo que risca o fósforo e transforma a chama em ação.

ACENDENDO O FÓSFORO EM SUA VIDA

Ao longo de meu trabalho como *coach* de liderança feminina, conheci milhares de mulheres que estão em ponto de crise — cujos fósforos foram riscados, e elas sabem que as coisas não podem continuar como estão, mas não sabem bem o que fazer agora. Como mencionei, quando diante desse momento, há duas perguntas a fazer a si mesma:

1. Estou disposta a deixar as coisas continuarem como estão?
2. Se não estou, o que farei a esse respeito?

O que me leva a uma consequência necessária: se a resposta para a primeira pergunta é *não*, o fogo dentro de você sempre a levará a fazer coisas que nunca fez, que estão fora de sua zona de conforto e podem assustá-la.

Mudar seu ambiente de trabalho, mudar sua cultura, mudar a si mesma não é fácil. E uma das chaves para passar por esse momento de fogo, para começar a enfrentar a pergunta "O que farei em relação a isso?", é se acostumar com a ideia de que será desconfortável. É impossível criar um mundo melhor, um emprego melhor ou uma vida melhor sem se sentir confortável no desconforto.

Somos muito treinadas a atuar no desconforto. Há séculos o patriarcado nos ensina a ignorar, a ser boazinha, a ficar em silêncio, a ser educada, a não se revoltar — e pode acreditar: vamos confrontar essas mentalidades nos próximos capítulos.

Mas, por enquanto, pense se você está disposta a tolerar o desconforto para chegar a um lugar melhor. Está disposta a considerar que seu chefe pode não gostar se você pedir para ele confrontar as desigualdades raciais ou de gênero em seu ambiente de trabalho? Está disposta a considerar que membros de sua família podem não gostar se você tomar a iniciativa de organizar um protesto contra o racismo ou se posicionar a respeito das opções de reprodução? Está disposta a colocar seu conforto em risco apenas para explorar a questão, feita nas partes mais intoleráveis de sua vida e do mundo: "O que vou fazer em relação a isso?".

Se estiver disposta, então decidiu incendiar sua vida. Você achou o fósforo e decidiu devolver a ele a faísca de sua disposição de mudar e de criar mudança.

Mas note que essa escolha não é única. Em todos os estágios da jornada da heroína, você terá que enfrentar novos níveis de desconforto no caminho para o crescimento. Pense, por exemplo, no treinamento que foi necessário para formar guerreiros de lenda e mito. Dias, meses, anos de treinamento físico, emocional e espiritual que em todos os momentos pedia mais do herói ou da heroína, que pedia mais, mais fundo e melhor, mesmo quando todos os limites já tinham sido ultrapassados. No caminho de nos tornarmos heroínas, seremos desafiadas diversas vezes a confrontar nossas próprias limitações — tanto as impostas por nós mesmas quanto as impostas por nossa cultura — e a vencer o desconforto necessário para crescer. Não é um trabalho fácil, mas é necessário e, normalmente, inevitável.

Porque o segredo do fósforo e seu fogo é este: não tem como passar por ele sem que seja interiormente.

ATRAVESSANDO O CAMPO DO TERROR

Cerca de doze anos atrás, em um workshop em um pequeno coletivo de empresários, fui apresentada à ideia do "campo do terror". Por mais que eu tenha, muitas vezes ao longo do tempo, tentado localizar a origem dessa ideia, não consegui chegar à sua fonte. Mas a verdade dessa mensagem tem funcionado bastante com as clientes enquanto processam sua reação a um fósforo aceso que estejam confrontando na vida.

O conceito do campo do terror é este: em qualquer novo caminho que estejamos seguindo na vida ou no mundo, conforme nos aproximamos dele, nosso nível de terror começará a aumentar. Quanto mais nos aproximarmos de um novo nível de mudança, sucesso, desafio ou crescimento, mais assustados ficaremos. E se fracassarmos? E se formos rejeitadas? E se não tivermos ideia do que estamos fazendo? Essas perguntas não só vão aumentar como se tornar mais dominantes em nosso pensamento.

É o que acontece quando você atravessa o campo do terror: quanto mais perto chega do objetivo, mais amedrontada fica.

Mas o segredo é *continuar*.

Uma qualidade fundamental do campo do terror como foi explicada para mim é esta: se pudermos atravessar nosso terror até o objetivo final, na próxima vez que formos desafiadas, passar pelo campo do terror será mais fácil.

No entanto, o inverso também é verdade: se nos afastarmos do nosso medo, e entrarmos em um território mais seguro, na próxima vez que entrarmos no campo do terror, será *pior, mais difícil, mais assustador do que antes*, porque optamos por não seguir em frente da última vez.

De fato, esse é um traço fundamental de confrontar um fósforo incendiário e se questionar: "O que vou fazer em relação a isso?" — o terror faz parte do jogo. (E, para alguns de nós, aquele medo é mesmo uma questão de vida ou morte. Se eu confrontar a polícia que matou meu filho, eles virão atrás de mim na próxima vez?)

E aqui vai um breve lembrete: tem uma diferença entre o medo pela segurança física ou emocional e o medo que nos limita de seguir em direção a uma escolha que sabemos que estamos destinadas a fazer. O campo do terror não tem a ver com colocar nossa segurança, saúde ou bem-estar em risco. Tem a ver com o medo do desconhecido, no entanto, e com a disposição de desafiar-se a buscar a melhor versão de si mesma, de sua vida, de sua liderança e do seu mundo.

Mas quero afirmar uma coisa: ninguém que já tenha tomado o caminho da heroína o fez sem medo. De fato, as mulheres mais fortes que conheço dirão que o medo é um amigo, às vezes um alerta, às vezes um som de fundo, mas, na maior parte do tempo, apenas um companheiro constante. Assim como o desconforto, aceitar o desafio do fósforo é também estar disposta a enfrentar seu medo e *seguir em frente de qualquer modo*.

Um aspecto de confrontar um fósforo, então, é uma questão de peso: A necessidade de mudança pesa mais do que a ansiedade? A exigência irrefutável de alterar o mundo, seu ambiente de trabalho, sua vida para melhor importa mais do que o medo? A necessidade de fazer a diferença agora, de confrontar tudo o que colocou você neste momento e fazer melhor importa mais do que seu campo do terror interno? *Você está disposta a enfrentar o medo e fazer isso mesmo assim?*

Você sabe a resposta. É por isso que está aqui.

Nos próximos capítulos, vou mostrar como confrontar as vozes e as limitações de sua própria mente e no mundo que nos impedem, às vezes, de seguir em frente e criar mudança — que nos fizeram recuar do campo do terror, que nos fizeram voltar, esconder e esperar.

Vou fazer isso porque um elemento-chave na jornada para nos tornarmos heroínas é este: quando você muda interiormente, muda também externamente. Quando muda suas limitações e crenças internas, muda as atitudes que toma do lado de fora e sua capacidade de criar o bem. Quando muda o modo como internalizou a opressão, altera radicalmente sua habilidade de lutar no mundo. Quando muda a si mesma, cria a capacidade de mudança em todos os outros lugares.

E este, no fim, é o objetivo de um Fósforo aceso sempre que o encontramos, bem-vindo ou não, no trauma ou não, e diante das mais dolorosas perdas: com ferramentas, comunidade e esforço podemos transformar o trauma em cura, a dor em justiça e as palavras em ação.

É assim que entramos no caminho: damos um passo à frente, em direção à mudança, independentemente do que vier.

EM FRENTE

Talvez você seja uma das mulheres que acenderam um fósforo na noite da eleição de 2016. Talvez tenha acendido um décadas antes, e temos usado nossa voz para a mudança desde sempre. Talvez, como eu, tenha confrontado diversas vezes o surgimento de um fósforo em sua vida, pessoal, profissional, politicamente. Não importa. Vamos percorrer esse caminho juntas.

Conforme seguimos em nosso campo do terror individual e exploramos as maiores questões de nossa vida no caminho para nos tornarmos heroínas, conforme consideramos os incêndios pelos quais passamos para chegar aqui e exigimos criar mudança, saiba que a única maneira de termos sucesso é uma com a outra. Vamos falar mais sobre isso também nos próximos capítulos, mas, por enquanto, quero que, quando sentir medo, se sentir desconfortável, estiver em dúvida, lembre-se de que há milhares de heroínas com você no caminho.

Vamos riscar um fósforo e cultivar o fogo. Em frente.

3.
Limites e perda

Quando o fósforo é riscado e percebemos que as coisas têm que mudar, podemos descobrir quase instantaneamente que estamos indo contra nossas limitações internas. Quando falo em público e me pedem para identificar as dificuldades mais comuns das mulheres com quem trabalhei, a resposta é absurdamente simples. Além do sexismo institucionalizado e de outras formas de discriminação — falarei mais sobre isso adiante —, quase todas as mulheres com quem trabalhei lutam contra as vozes em sua mente, vozes que as seguram.

Veja, por exemplo, minha cliente, uma mulher indígena que construiu uma enorme plataforma de mídia do zero. Depois de anos sendo ignorada por financiamentos e premiações, ela confrontou o momento em que decidiu que já tinha aguentado o suficiente. De repente, no entanto, teve que lutar contra vozes em sua mente que perguntavam se *de fato* pertencia àquela área, se *realmente* merecia ser vista como um ícone, se *realmente* tinha direito ao legado que claramente já tinha construído.

A resposta, obviamente, foi *sim*. Mas primeiro, para chegar aonde ela sabia que precisava ir, como todos nós, precisava confrontar suas vozes interiores dizendo o contrário — vozes que foram criadas por meio de mensagens culturais, da opressão sistêmica e de suas próprias experiências de vida.

Para algumas de nós, essas vozes questionando nosso valor podem não ser conscientes. O que dizemos a nós mesmas no espelho, enquanto dirigimos para o trabalho, enquanto estamos em uma reunião da empresa ou de nossa comunidade, pode nos parecer o fluxo simples de pensamentos críticos. Podemos pensar que isso é normal — apenas uma parte da maneira como nossa mente funciona e nada mais —, mesmo quando essas narrativas são, essencialmente, um padrão de autoabuso e limitação.

Uma das coisas mais difíceis de trabalhar com mulheres poderosas que falam consigo mesmas de maneiras que nunca tolerariam ouvir amigas ou colegas falando é ouvir o que essas vozes dizem. Para muitas de nós, o modo como falamos com nós mesmas é péssimo. Mas o que também não percebemos é que é *opcional*, não obrigatório, e não *necessário*.

Enquanto sempre dizemos a nós mesmas que não nos encaixamos, que somos feias ou erradas, que nunca teremos sucesso, que não sabemos o que estamos fazendo, que merecíamos ser maltratadas, que a agressão de um parceiro ou um chefe é, na verdade, nossa culpa, que só precisamos trabalhar mais, depender, fazer mais, *ser* mais para ter sucesso, estamos — permita-me deixar claro — *mentindo* para nós mesmas.

O que estamos na verdade fazendo em tempo *real* é lutar com crenças limitantes — crenças que nos foram impostas por meio de opressão cultural e/ou de experiências traumáticas ou emocionais, que foram endurecidas em pontos de vista a respeito do que é possível para nós.

Muitos autores escreveram sobre crenças limitantes e o impacto que elas têm em nós. O que nunca foi respondido de modo eficaz, no entanto, é: Como podemos superá-las?

É o que este capítulo veio explorar.

A DIRETORIA

Quando falo com as clientes a respeito das mensagens que tomam seus pensamentos, ajuda usar uma metáfora, ou o que chamo de diretoria.

Imagine que seus pensamentos sejam governados por uma diretoria — um grupo eclético de personagens que têm opiniões *muito* eloquentes sobre como você deve guiar sua vida. Talvez sejam pessoas que você conheceu — mães e pais costumam ser personagens frequentes da diretoria —, mas também podem ser aspectos únicos de sua personalidade que às vezes tentam dominar a cena.

Membros da sua diretoria podem ser muito incisivos em suas opiniões. "Você nunca vai conseguir aquele emprego!", alguém pode gritar em sua cabeça quando você encontra um emprego que sempre quis. "Há centenas de pessoas mais capacitadas do que você para isso." Outro pode arrumar briga com o parceiro no dia do aniversário de relacionamento, começando com: "Ela simplesmente não valorizou tudo que eu faço nessa relação. Quem ela pensa que é?".

De modo crítico, existe um aspecto-chave das opiniões de todos os membros da diretoria, aquele que à primeira vista pode parecer contraproducente: sua diretoria está aqui para *tentar manter sua segurança*. Seja por vergonha, dor, fracasso, seja por outras experiências negativas, todas as nossas crenças limitantes têm como ponto central a intenção de que, se as seguirmos, evitaremos ser feridas.

Além disso, qualquer membro de sua diretoria tem um lado obscuro e um lado iluminado. A voz que diz que não deve ir atrás daquele emprego ideal está tentando proteger você da rejeição (iluminado). O outro lado, no entanto, diz que não se candidatar ao emprego limitará seu progresso (obscuro). E, se você ouvir muito essa voz, o que deveria ser proteção leva a um padrão de limitação e estagnação e a uma recusa de seu propósito e do impacto que você pode ter como a heroína que nasceu para ser.

Um primeiro passo para trabalhar com a diretoria, então, é reconhecer o que aqueles diversos aspectos de nossas personalidades estão tentando fazer. Vou dar um exemplo.

Tenho um membro de minha diretoria pessoal a quem passei a chamar carinhosamente de Lizzie Mina Explosiva. A origem desse aspecto de minha personalidade se baseia em experiências que tive na infância nas quais meus limites eram sempre violados (e não se preocupe, vamos falar sobre minar as origens de sua diretoria daqui a pouco). Como resultado dessas experiências, uma crença limitante muito expressiva se sedimentava em minha personalidade: "Se você não reagir imediatamente a nenhuma incursão em seus limites, coisas bem ruins vão acontecer a você".

Em outras palavras, fico na defensiva quando vejo surgir algo que parece invadir meus limites pessoais ou profissionais. De fato, quando Lizzie Mina Explosiva toma conta das coisas, literalmente fico irada por um momento antes de responder a uma injustiça pessoal.

Tenho trabalhado conscientemente com esse aspecto de minha personalidade há pelo menos quinze anos. O que aprendi sobre Lizzie Mina Explosiva é que ela, na verdade, está tentando proteger a criança ferida que eu fui, que viveu tantos traumas na infância sem reconhecer que, na fase adulta, ser uma garota explosiva humana em relacionamentos pode ter um custo muito alto. Em outras palavras, e para colocar isso em termos obscuros e iluminados: o lado iluminado de Lizzie Mina Explosiva é que ela quer proteger a menininha dentro de mim de mais danos. O lado sombrio é que ela é bem difícil com os outros e fica irada com tanta rapidez que pode ser assustadora e destrutiva para relacionamentos quando solta.

Então, de que forma abrir as origens dessas personalidades e estruturas de crença para que possamos conscientemente gerenciá-las e reconhecê-las quando começarem a tentar tomar as rédeas? É para isso que nos orientaremos a seguir. Mas, antes, algo rápido sobre crenças limitantes.

O QUE É UMA CRENÇA LIMITANTE?

De modo geral, nossa diretoria fala na linguagem das crenças limitantes e costuma ser mais provocada quando estamos com medo, raiva ou nos sentindo ameaçadas. Se você se encontrar em um ciclo no qual não pode escapar de certa linha de raciocínio e estiver frustrada, irada ou se sentir incapaz de mudar suas circunstâncias, vale a pena analisar se está vivendo em um lugar de crenças limitantes. De modo claro, as crenças limitantes vivem na linguagem do absolutismo. Se a voz em sua cabeça, por exemplo, estiver usando a linguagem de "sempre" ou "nunca", há boas chances de você estar lidando com uma crença limitante.

Alguns exemplos:

"Nunca conseguirei me aposentar porque não sei lidar com dinheiro."

"Acho que deveria me casar com essa pessoa, porque não há muitas opções para mulheres com a minha aparência/minha idade/meu corpo/divorciadas/mães solteiras/etc."

"Depois que você alcança um cargo sênior, são sempre os homens quem são promovidos para cargos mais altos. É assim que funciona. É bom se acostumar com isso."

"Não tem motivo para tentar forçar a administração a adotar uma política de horário flexível para poder trabalhar de casa um dia por semana. Este lugar nunca vai mudar."

"Nunca vou conseguir continuar de onde parei na minha profissão, agora que tirei um tempo para ter um filho, então por que vou me dar ao trabalho de tentar?"

"É assim que o mundo/essa empresa/esse casamento/essa indústria funciona, então por que vou me esforçar em mudar?"

Você verá que é doloroso ler algumas dessas coisas. Já vi mulheres descarregarem dezenas de páginas de crenças limitantes em trabalhos de *coaching* com afirmações que fazemos a nós mesmas porém nunca toleraríamos que um ser humano dissesse em voz alta a outro. Mais uma vez, um lembrete: como você aprenderá logo, as crenças limitantes se baseiam em mensagens anteriores, tanto de nossa cultura quanto de experiências traumáticas e discriminatórias, que moldam e solidificam nosso pensamento como uma maneira de nos proteger de danos.

Mas existe outro recurso das crenças limitantes com o qual você deveria se familiarizar antes de continuarmos, ou seja, o fenômeno do "viés de confirmação".

O viés de confirmação é um fenômeno no qual nossa mente, quando fixa em determinada crença a respeito de como o mundo funciona, vê nossa experiência do dia a dia por meio das lentes dessa crença e rejeita a evidência que a enfraquece. Um exemplo:

Digamos que você tenha identificado uma crença que está tomando sua mente a este ponto: "Ninguém me respeita em meu trabalho, porque eu fiz faculdade mais velha do que todo mundo aqui e comecei mais tarde nesta profissão". Em determinada manhã de sexta-feira, você envia um e-mail a seu chefe pedindo feedback sobre seu último projeto. Ele não responde. Na noite de sexta, um membro da sua diretoria começa a gritar em seu ouvido que seu chefe não a respeita o suficiente nem mesmo para responder a um e-mail e que você nunca vai crescer na empresa porque é velha demais e não acredita que de novo está sendo maltratada.

Você está no meio de um viés de confirmação. Como? Bem, seu cérebro usou a falta de resposta de seu chefe e a filtrou por meio de sua crença limitante de que você nunca vai ser respeitada em seu emprego porque fez faculdade mais tarde que as outras pessoas e decidiu pegar essa ausência como evidência que suporta sua crença limitante.

Na verdade, seu chefe passou o dia off-line porque está lidando com a doença de um dos pais, em um hospital com péssimo sinal de telefone. O fato de ele não responder ao seu e-mail nada teve a ver com você.

O viés de confirmação faz com que criemos histórias para entender nossas experiências por meio das lentes de nossas crenças já enraizadas. Quando começamos a considerar a evidência que contradiz nossas crenças limitantes, no entanto, nós as enfraquecemos — falarei mais sobre isso em breve.

Por ora, no entanto, vamos trabalhar nas origens, porque a chave para chegar à essência de nossas crenças limitantes é entender como elas se formam.

REVELANDO AS VOZES EM NOSSA MENTE: TRABALHO DE ORIGEM

Conforme começamos a explorar nossas crenças limitantes e a diretoria em detalhes, devo alertar que esse trabalho pode ser bem complexo. Analisar a fundo como falamos com nós mesmas revela as maneiras como fazemos perdurar o nosso autoabuso e repete os padrões de opressão, sexismo, maus-tratos e violência que temos experimentado nas mãos de outros.

A princípio, e antes de eu compartilhar com você os exercícios que usei com milhares de clientes para chegar à base dessa autoagressão, tenho um pedido: seja gentil consigo mesma no processo. Conforme progride, recompense a si mesma com cuidados físicos e emocionais — chocolate 70% cacau, brincadeiras com seu cachorro, chamegos com seus filhos, talvez uma chamada de vídeo com um amigo. Se, em algum momento, o trabalho ficar pesado demais, dê um tempo e o retome dali a um ou dois dias. E, mais importante, não tente fazer tudo de uma vez — porque você não conseguiria, mesmo se tentasse.

A chave para entender esse trabalho é saber que nossas personalidades e nossos padrões de pensamento demoraram uma vida para ser construídos, e retirar as camadas de como e quando certas estruturas de crença foram formadas é um processo contínuo. Semana passada mesmo, confrontei outra rodada desse trabalho sobre meus pensamentos a respeito de dinheiro e abundância quando percebi que as mensagens que recebi acerca de dinheiro quando era criança — ou seja, a ideia de que as mulheres "são ruins lidando com dinheiro" — haviam tomado minha mente de novo. Eu me sentei para escrever e pensar nesse assunto para ver como meus pensamentos estavam impactando minhas ações em termos de economizar e pagar dívidas, fazendo com que eu fugisse de uma administração financeira mais consciente por causa do meu medo de "ser ruim com isso". Todos nós somos obras em andamento. O trabalho que estou dividindo com você aqui é feito para durar uma vida toda, e as ferramentas dentro dele serão usadas por você muitas vezes.

Então, para começar nosso trabalho de origem de como chegar à base em que nossas crenças limitantes se formam, vou lhe pedir para escolher uma crença limitante ou um membro de sua diretoria que você consiga identificar com facilidade. Apenas um, não mais do que um, caso contrário será demais. Escreva a crença limitante ou a identidade do membro da diretoria na parte de cima de um papel ou em um documento em seu laptop (lembrete: o humor ajuda — e a Lizzie Mina Explosiva recebeu esse nome porque eu conseguia rir do que via como um dos piores aspectos de minha personalidade) e prepare-se para trabalhar.

Em seguida, por favor, resuma em uma frase a mensagem primária dessa crença limitante ou desse membro da diretoria. Por exemplo, você verá que, com Lizzie Mina Explosiva, a mensagem principal é: "Se você não se defender assim que um limite for ultrapassado, vai ser muito machucada". Pense um pouco nisso, e escreva a principal crença na qual essa crença limitante em especial ou o membro da diretoria se baseia.

Agora, responda ao que deveria ser uma pergunta simples, mas que nunca é: Quando foi a primeira vez que você se lembra de ter acreditado nessa afirmação?

Se você for como eu, é grande a chance de, ao ler isto, perceber instantaneamente uma lembrança surgir, ou talvez um momento que tenha feito você cair no choro — por exemplo, de um acontecimento no qual, como resultado de trauma, violência, abuso ou prejuízo, algo que foi dito ou feito a você deixou uma marca profunda e, então, a tenha feito concluir que sua crença limitante absolutista era verdadeira. É possível que essa memória por si mesma seja tão dolorosa que seja difícil de analisar.

Escreva sobre essa lembrança. Toda ela. Anote o acontecimento, os detalhes, os sentimentos que você teve na época, tudo o que está associado a ela que é indelével em sua memória. Escreva até sentir que não tem mais o que escrever (e você vai saber, seja um parágrafo, sejam dez páginas, porque vai ter a sensação de que se "esvaziou"). Então, perceba algumas coisas sobre o acontecimento:

- Quantos anos tinha quando isso aconteceu?
- Você se culpou pelo acontecimento ou alguém culpou você?
- Consegue identificar como a crença foi construída em resposta a esse evento para se proteger?
- Está disposta a acreditar que nunca mais terá de passar por um acontecimento assim de novo?
- Está disposta a acreditar que não precisa da crença limitante para se manter segura, nesse nível de sua jornada de heroína?

E então, por último, analise o que escreveu e faça a si mesma algumas perguntas difíceis: a lembrança (ou lembranças) do acontecimento que você descreveu se baseia em discriminação, preconceito, sexismo? Ela está associada a um estereótipo, estrutura ou sistema de crenças para manter você em determinado lugar, para fazê-la negar seus talentos ou se sentir menor? Consegue identificar como a mensagem que surgiu desse evento pode ter impactado suas crenças a respeito do que é possível para você alimentando a mensagem de que há algo errado devido a seu gênero, raça, orientação ou *status* de capacidade — devido a quem você é?

Se consegue, convido você a se livrar dessa bagagem conscientemente.

Neste ponto do livro digo que os sistemas de opressão nos dão pesos para carregar que costumam se manifestar em crenças limitantes e que *não devemos carregar* besteiras. Darei alguns exemplos para explicar o que quero dizer. Já trabalhei com inúmeras mulheres ao longo dos anos, por exemplo, que em algum momento ouviram que as meninas são ruins em matemática, ciência ou qualquer coisa que envolva cálculos. Algumas se lembram dos anos de escola em que professores lhes disseram que não eram habilidosas em certa área que era uma grande fonte de alegria e interesse para elas e, assim, as tiraram desse caminho, resultando em uma perda profunda.

Avance trinta anos, e teremos clientes que internalizaram a ideia de que não conseguem lidar com finanças, trabalhar em uma empresa de tecnologia ou pensar em estudar engenharia na faculdade porque "sou ruim em X". Essas vozes internas são tão poderosas que as fizeram recusar oportunidades que as teriam levado a novos caminhos, com mais dinheiro e mais satisfação e, mais importante, que teriam lhes permitido compartilhar os vastos recursos de seus dons interiores para mudar o mundo para melhor.

Quando não conseguimos ver essas lembranças e experiências que sustentam nossas crenças limitantes como algo sistêmico, e não pessoal, é fácil acreditar que o fracasso é nosso e que há algo errado conosco e, assim, internalizar essa crença como real. No entanto, quando reforçamos o exemplo anterior com o fato de que profissionais da área de exatas historicamente excluem mulheres e meninas e que replicar esses sistemas negando às meninas acesso e comunicando sua desvalorização inerente é uma forma de viés inconsciente que preserva o *status quo*, começamos a ver que as crenças que internalizamos como resultado de nossas experiências pessoais são, na verdade, a bagagem da opressão cultural, da opressão sistêmica, misoginia e patriarcado e não *devem ser carregadas por nós*.

Se isso lhe parece familiar, peço que descarregue essa bagagem escolhendo citar conscientemente sua crença limitante pelo que é: opressão internalizada. É o primeiro passo para reconhecer que *o problema não é você*. Pode não ser simples, eu sei, mas, se conseguir identificar qualquer lembrança com a qual esteja trabalhando que possa representar sistemas mais amplos de opressão ou a manutenção do *status quo* de poder, você está lidando com uma bagagem que não deve carregar.

E quero que você, acima de tudo, *a devolva*. Decida, agora, que não vai carregar esse lixo em sua cabeça nem por um minuto a mais. E, na próxima vez que essa crença limitante aparecer, lembre-se de que ela não tem a ver com você. Lembre-se de que os acontecimentos que lhe ensinaram sobre a crença eram tentativas de impor normas culturalmente arraigadas. Assim, mande essa crença para onde ela veio, de volta para a fonte estrutural de opressão onde surgiu, para passar a acreditar em *você mesma*.

Por que isso é tão importante? Bem, como disse no início do livro, a opressão internalizada é insidiosa. O que pensamos afeta nosso comportamento, nossas escolhas, nossas ações no mundo. A opressão internalizada nos impede de dar um passo à frente para assumir nossos dons; nos impede de colaborar com os outros de modo autêntico e para mudar; nos impede de usar nossa voz para mudar nossa vida, nosso trabalho e o mundo. Nos piores casos, ela nos torna agentes do patriarcado e da supremacia branca para manter os outros oprimidos. Ela também opera convenientemente para reforçar sistemas de opressão atuando sobre nós internamente, para nos manter nos nossos lugares, sem que ninguém diga mais nada a respeito.

Agora, aqui vem a parte boa: se conseguir reconhecer que a crença limitante com a qual está trabalhando não é sua, mas pertence à opressão sistêmica e institucionalizada, sabe o que isso significa? *Significa que não existe nada inerentemente errado com você.*

Em outras palavras, se escolhe conscientemente, todos os dias e até que essa voz não mais tenha poder sobre você, devolver essa bagagem ao patriarcado, à supremacia branca, à homofobia, à fonte de opressão estrutural de onde ela veio, você *conscientemente recuperará seu valor. Conscientemente recuperará seu poder*. E quase imediatamente os limites que impôs a si mesma que se alinham com o prejuízo que lhe foi imposto no passado desaparecerão, e um mundo novo se abrirá.

Quero deixar uma coisa clara: devolver sua bagagem ao patriarcado, por exemplo, não significa que as estruturas de opressão desaparecerão de imediato, tampouco as maneiras aparentemente infinitas com as quais essas estruturas nos afetam. Mas quer dizer, sim, que o modo como interagimos com essas estruturas começa a mudar, primeiro de maneiras simples e, por fim, de modos importantes, porque nos tornamos conscientes de como fomos manipuladas. (Tenho bem mais para dizer nos próximos capítulos do livro, por isso fique ligada.)

Digamos porém, apenas hipoteticamente, que você esteja sentada lendo isto agora e teve uma lembrança (ou apenas pulou para esta parte porque sua crença limitante está invadindo sua mente, gritando que é verdade). E agora está pensando: "Bem, eu entendo, mas essa crença limitante é *verdadeira mesmo, bem verdadeira* e *não pode me tirar disso*".

Não se preocupe: é o que vamos abordar agora.

REVELANDO AS VOZES EM NOSSA MENTE: CHEGANDO À VERDADE

Se você explorou as origens de uma crença limitante ou de um conjunto de crenças e ainda está convencida de que uma crença é verdadeira, está lidando com um membro especialmente eloquente da diretoria. Não é motivo para se sentir envergonhada. Todos os temos — os membros de nossa diretoria que são muito barulhentos e tão convincentes que é quase impossível questioná-los.

É aqui que entra o trabalho de verdade. Para desmascarar essa parte de sua personalidade pelo que é, vou pedir agora para você ir profundamente no que essa voz está dizendo, na primeira pessoa.

Funciona assim — e, de novo, vou lembrar que você deve ser gentil consigo mesma ao longo do processo, porque, francamente, na maior parte do tempo isso tudo fica bem confuso. Respire fundo, e prometa a si mesma que receberá uma recompensa no fim, porque é assim que começa.

Com papel e caneta, ou no computador, anote todas as coisas horríveis que esse membro de sua diretoria disser para você, na primeira pessoa. Isso logo vai se tornar uma lista. Em geral, começa com "Nunca vou conseguir fazer X porque sou horrível, indigna, não qualificada etc.", e, com a voz solta, uma ladainha horrorosa invade. Deixe acontecer. Seja honesta consigo enquanto faz isso, porque esconder como falamos com nós mesmas permite que essas crenças limitantes se espalhem, e, como a grande Brené Brown destaca em seu trabalho, "a vergonha só se firma no silêncio".

Escreva tudo, até você acabar. De novo, algumas clientes escreveram frases nesse exercício, e outras escreveram uma dúzia de páginas. Você vai saber quando terminar, porque vai ter a impressão de que está esvaziada.

Quando terminar, faça um intervalo. Um bom intervalo — pelo menos um dia. Durante esse tempo, recompense a si mesma por ter ido além nas profundezas. Saia para jantar, vá passear e fazer sua trilha preferida na mata ou nas montanhas, tome um belo banho quente. Você fez um bom trabalho analisando as profundezas desse membro da diretoria e a mensagem que ele tinha para você.

Então, quando estiver pronta, um ou dois dias depois, volte à lista de afirmações que escreveu de modo tão completo — porque o próximo passo é analisar tudo.

Veja a lista que escreveu. Leia-a como se você fosse seu melhor amigo, uma mãe amorosa, sua parceira mais querida e pergunte-se: *Essa afirmação é objetivamente verdadeira?*

Por que estou lhe pedindo para fazer isso? Porque muitas das nossas crenças limitantes são objetivamente falsas.

Leia isso de novo.

É a verdade. Quase todas as nossas crenças limitantes são objetivamente falsas, mas o viés de confirmação (lembra-se desse pequeno fenômeno?) nos faz pensar o contrário.

Vamos ver um exemplo. Eu tive uma cliente LGBTQ+ de quase quarenta anos que havia passado toda a vida adulta focada em sua carreira e queria muito se estabilizar com uma parceira e talvez ter um filho. Ela havia ido a alguns encontros desde sua última relação, mas não tinha encontrado a pessoa certa e havia chegado ao ponto de acreditar que nunca encontraria. Quando pedi para ela fazer esse exercício, suas afirmações de crenças limitantes foram as seguintes:

"Nunca vou encontrar uma pessoa. Posso acabar desistindo."

"A comunidade gay desta cidade é muito limitada, e já tentei muito. Além disso, essa comunidade é tão incestuosa que a todos os lugares aonde vou, vejo alguém com quem já saí."

"Estou sempre estressada para me concentrar em me abrir ao tipo de mulher com quem quero estar."

"Minha história de relacionamentos é uma bagunça, e por causa disso acho que ninguém gostaria de me namorar."

"Minha última namorada me traiu muitas vezes e eu deveria ter visto os sinais e terminado tudo, mas não fiz isso e agora não sei se vou cometer os mesmos erros de novo. Tenho medo de acabar escolhendo alguém que não tem a cabeça no lugar."

Ela escreveu isso e muito mais, e fez um grande trabalho. Parou por um dia, cuidou de si mesma e então voltou ao trabalho com esta pergunta para cada frase: *Essa frase é objetivamente verdadeira?*

Linha por linha, ela examinou o que escreveu e, como todos os meus clientes, descobriu algo crítico: um monte de evidências ia contra suas crenças limitantes. Havia pelo menos cinco exemplos de mulheres de seu círculo que tinham encontrado relacionamentos sérios na idade dela ou mais tarde. Pessoas novas se mudavam para a cidade dela o tempo todo, e além disso ela andava frequentando os mesmos círculos em sua vida há muito tempo, não ia a lugares novos e não procurava por novas parceiras que pudesse considerar. Apesar de sua última namorada ter sido uma decepção e manipuladora, ela se reafirmou dizendo ser digna de ter uma parceira incrível com quem pudesse dividir a vida e, com um pouco de esforço em trabalhar seu trauma do passado, acreditou que conseguiria escolher bem.

Pronto: ela derrubou o próprio viés de confirmação e acabou com suas crenças limitantes mais poderosas que a impediam de dar novos passos em direção à verdade de seu valor e ao relacionamento que queria. Depois de alguns meses fazendo esse trabalho, encontrou uma nova parceira bem embaixo de seu nariz, na forma de uma colega de outro departamento de sua empresa. Agora elas estão casadas e criando uma filhinha.

De modo crítico, o processo que descrevi neste capítulo funciona sobre cada crença limitante, não importa qual ou como seja a área de sua vida, a crença ou você como indivíduo. Por quê? Porque as crenças limitantes, você se lembra, são absolutas, e *absolutos quase nunca são verdade*. Muito pouco neste mundo é "sempre" de um jeito, ou "nunca" possível. Claro, é difícil brigar com a gravidade, mas reformar sua vida, sua carreira, sua comunidade, sua nação? Não é tão difícil quando você começa a ver que crenças limitantes *são feitas para nos limitar, e essa falsidade é endêmica para sua operação*. Quando você chega à verdade, encontra nuance, espaço e, mais importante, *oportunidade*, que é o que abordaremos em detalhes na parte 3 deste livro.

Agora, devo deixar uma coisa clara para o caso de tudo parecer mágica até aqui: a crença limitante com a qual você está trabalhando não desaparecerá como mágica quando você perceber, por meio desse trabalho, que ela não se baseia em evidência. Mesmo que possa repassar sua lista item por item, notar que cada crença é falsa e identificar evidência contrária, seu trabalho não termina. Crenças limitantes são como buracos em seu raciocínio, desgastadas com o tempo, difíceis de redirecionar sem esforço consciente. Algumas de nossas crenças limitantes, nas mãos de membros incisivos da diretoria, se recusam a desistir e até resistem — você notará isso se por acaso se flagrar criando cenários em sua vida feitos para inventar evidência que prove a crença. (Se, por exemplo, você for como a cliente que acabei de mencionar, trabalhando com crenças limitantes sobre a possibilidade de um relacionamento sólido e sério, um encontro ruim com uma pessoa narcisista com quem passasse a noite criaria "evidência" à qual seu viés de confirmação se agarraria como se fosse uma boia para salvar sua crença limitante da destruição.)

Além disso, talvez você encontre algumas crenças limitantes que *têm* um pouco de evidência objetiva que as apoia. Se pegarmos o exemplo de minha cliente, o círculo no qual ela socializava era, na verdade, muito incestuoso, e ela estava exausta por isso. E então? Bem, a chave ali era separar o fato objetivo ("Os círculos sociais nos quais estou inserida não estão me oferecendo o que quero no momento") da crença limitante ("Nunca vou encontrar a pessoa que procuro"). Um pode ser verdade, mas a outra não é. O pensamento estratégico *ao redor* da crença limitante — por exemplo: "O que precisa mudar para eu chegar aonde quero nessa questão? Preciso explorar além de meu círculo imediato de amigos, ou procurar amor em outro lugar ou de um jeito diferente?" — pode abrir a possibilidade e diminuir a limitação, como aconteceu com ela.

Você se lembra de quando eu disse que a gentileza consigo mesma fazia parte do processo? Contrapor as crenças limitantes e seus efeitos sobre suas ações exige atuar de modo consciente em sua maneira de pensar, com uma boa dose de perdão, paciência e amor-próprio ao longo do processo e uma compreensão de que às vezes são dois passos à frente e um para trás. Siga em frente. O progresso, devo dizer, raramente é linear, e ainda é progressivo! As heroínas não têm que ser perfeitas para ser heroínas.

Sair dos buracos de nossas crenças limitantes exige criar novos espaços nos quais se acomodar. Assim, vou deixar você com mais uma coisa sobre sua heroína na questão das crenças limitantes: a ferramenta para criar suas próprias estruturas de crenças novas, incríveis, lindas e de autorrespeito. Em outras palavras, a ferramenta do mantra.

REVELANDO AS VOZES EM NOSSA MENTE: MANTRA

Digamos que você fez sua lista de afirmações horríveis que o mais maldoso membro de sua diretoria tem dito a você e identificou toda a evidência que prova que cada uma dessas afirmações é falsa. O segredo para realmente descartar essas crenças para sempre é o último passo no caminho: criar suas próprias e novas crenças e usá-las como mantra.

Quem já fez meditação e ioga já está familiarizado com o modo como os mantras funcionam. Um som, como Om, é repetido muitas vezes para marcar uma mensagem, uma vibração, uma crença na pessoa que o diz. Repadronizar seu pensamento para acabar com crenças limitantes que a machucaram funciona da mesma maneira.

Volte e dê uma olhada naquela lista que você criou. Veja toda a evidência que acumulou que a nega e derruba seu viés de confirmação. Reserve um minuto para reconhecer como esse trabalho tem sido profundamente intenso e aplauda a si mesma — faça isso — por ter mergulhado tão profundamente e atravessado tudo isso.

Agora, peço que faça algo lindo: crie novas crenças para substituir as antigas, mas faça isso de um lugar de profundo autorrespeito. Mais uma vez, um exemplo.

Vamos voltar à executiva que acredita que nunca vai se destacar em sua profissão porque começou tarde. "Ninguém me respeita em meu trabalho porque eu fiz faculdade depois que todas as pessoas daqui e comecei mais tarde nesta profissão" era a crença limitante que tomava sua mente dia e noite. Ela colocou isso em sua lista e, quando olhou para ela, percebeu que tinha, na verdade, muitos exemplos de pessoas em seu emprego atual e em sua área de atuação que a tratavam com enorme respeito e até mesmo com admiração por sua decisão de voltar a estudar, se formar e entrar na área escolhida. Ela agora entende que sua crença limitante é inerentemente falsa.

Mas ainda assim, tarde da noite, quando acorda à três da madrugada e não consegue voltar a dormir, a crença limitante às vezes ressurge. E, apesar de ela saber que não se trata da verdade, tem dificuldade para detê-la.

Está na hora de escrever uma nova crença, um novo mantra, para substituir o antigo. Usando linguagem positiva no presente, ela olha de modo objetivo para seu caminho, para suas escolhas, para sua carreira. Olha para dentro de si mesma para encontrar a verdade de seus talentos e do que é possível para si. E escreve isto: "Minhas qualificações nesta profissão vêm da totalidade de onde eu estive. Meu caminho é único e me torna qualificada para o sucesso. O fato de eu ter começado mais tarde do que os outros significa que eu trago mais experiência de vida e bom senso ao jogo. Minha sabedoria é uma qualidade, e eu a transmito a todos que encontro".

É assim, minhas amigas, que se muda o roteiro.

Então, como um gesto final em direção à sua crença limitante escolhida ou ao membro da diretoria, sente-se e escreva uma nova crença para cada crença antiga que derrubar. Faça com que seja positiva. Faça com que seja cheia de respeito por si mesma. Faça com que seja verdadeira, mesmo que tenha que forçar. Escreva a crença como se estivesse falando com a melhor parte de si mesma, com amor, dignidade e honra. Se estiver com dificuldade para escrevê-la, divida-a com uma amiga de confiança. Peça ajuda para fazer com que ela ressoe com a verdade de quem você é e do que quer viver pelo resto da vida.

Quando fizer certo, esse novo mantra deve te dar arrepios, ser sentido em seu plexo solar, induzir um senso de luz, alegria e esperança, porque você está dizendo a verdade sobre ou para si mesma.

E então, se quiser, pode ir além. Imprima seu novo mantra e o coloque dentro dos armários da cozinha. Escreva-o com caneta de secagem rápida no espelho do banheiro. Prenda-o em seu monitor no trabalho. Cole-o no retrovisor do carro. Sussurre-o para si mesma antes de ir para a cama e quando acordar de manhã. E, mais importante, quando aquele membro chato da diretoria chegar, olhe-o nos olhos, em sua mente, e diga esse poderoso mantra na cara dele.

Quando você muda por dentro, muda por fora. Quando muda a maneira como fala consigo, inevitavelmente muda suas ações. Quando muda o modo como se envolve consigo mesma, muda o mundo também.

É assim que começa. Você é digna. Você pertence. Você é uma heroína.

Acredite, e tudo será possível.

4.
Talentos

Desde 2017, minha empresa, a Projeto Gaia para Liderança Feminina, gerencia um programa *on-line* chamado RISE: An Activist/Leader Bootcamp (RISE: Um Bootcamp Ativista/Líder). Nesse programa, levamos mulheres interessadas em ser agentes de mudança em alguma área da vida para oito semanas de investigação pesada sobre como elas podem fazer o trabalho que estão aqui para fazer — as mulheres como ativistas e como líderes na sua área de influência. Não é um processo simples, principalmente no começo, quando pedimos que investiguem as próprias crenças limitantes e as maneiras como essas crenças as atrasaram.

Ao final da nossa primeira semana de trabalho no programa, quando pedimos às mulheres para fazer o trabalho de crença limitante sobre o qual você acabou de ler, solicitamos que façam outra coisa: identifiquem seus talentos e habilidades, considerando como aplicá-los para mudar o mundo. O que sempre me surpreende todas as vezes é que o que eu espero que seja um trabalho árduo — o desafio de avaliar e descartar crenças limitantes — é, na verdade, encoberto pela dificuldade de citar as coisas nas quais somos boas, nas quais somos brilhantes, e como oferecemos valor inerente ao mundo.

Acho que isso não deveria me surpreender tanto. Afinal, somos treinadas como mulheres para ser autocríticas porque o mundo nos critica tanto. É a dor disso, no entanto, que sempre fica muito evidente. Quando faço esse trabalho ao vivo, por exemplo, as reações cara a cara são impressionantes. Se eu pedir a uma mulher em um ambiente corporativo para dizer em voz alta em que ela é boa, costumo me deparar com risos nervosos, rostos confusos, olhares perdidos ou olhos marejados. Em nosso programa *on-line*, minha equipe sempre é arrebatada com mensagens a respeito da dificuldade em citar talentos e qualidades inerentes, com as frases "Isso é muito difícil", "Pensei nisso e tive que parar porque doeu muito pensar no que eu tinha desistido ou deixado para trás" ou "Não consigo pensar em nada. Socorro!".

Assim como internalizamos vieses culturais e críticas pessoais e os transformamos em crenças limitantes, também internalizamos mensagens a respeito do valor de nossos talentos inerentes e aprendidos, além de habilidades e qualidades. Se a mensagem que recebemos incansavelmente é a de que não somos dignas, talentosas, habilidosas ou bem-sucedidas, falar das maneiras como somos todas essas coisas se torna um ato de rebeldia — que pode invocar seu próprio campo de terror em tempo real.

Isso se manifesta de maneiras grandes e pequenas. Trabalhei com mulheres, por exemplo, que nunca comemoram uma vitória no trabalho — nem mesmo as grandes. Em vez de comemorarmos o sucesso, dividindo-o com pessoas amadas, permitindo que colegas nos elogiem, muitas de nós mal reconhecemos uma vitória e simplesmente passamos para a próxima crise ou para o próximo objetivo. Mas fazer isso diminui nossa autoestima e desvaloriza nossos ganhos de dentro para fora. É um dos motivos pelos quais insisto que minhas clientes particulares comemorem todas as vitórias da vida, mesmo que seja apenas tirar um dia de folga ou tomar um banho quente de banheira no fim de um dia vitorioso ou, melhor ainda, deixar que os outros planejem uma celebração para elas. Se não fizermos isso, estamos enviando a mensagem a nós mesmas de que nossas vitórias não importam, de que nossos talentos não valem nada, de que *nós* não merecemos ser celebradas.

Da mesma maneira, vi mais mulheres do que eu conseguia contar reduzindo suas conquistas quando parabenizadas por um sucesso recente. Dizer coisas, como "Oh, eu só estava no lugar certo no momento certo" ou "Tenho muita sorte por ter o chefe que tenho", quando parabenizada por uma promoção, por exemplo, envia a mensagem a outras mulheres — e a si mesma — de que seu sucesso é um acidente ou uma questão de acaso, e não o resultado de seu trabalho árduo, de crescimento e de suas qualidades. Uma das coisas mais difíceis de fazer para muitas de nós é simplesmente aceitar o elogio, dizer "obrigada" e internalizar feedback positivo para o que alcançou.

Num cenário mais amplo, infelizmente vi mulheres abandonarem dons que trazem grande alegria à vida delas. Isso é ainda mais verdadeiro sobre as mulheres com quem trabalhei que têm um talento fenomenalmente criativo, na música ou na arte, por exemplo, mas que ouviam pais e outras mulheres dizerem que nunca poderiam ganhar a vida com seu talento, ou que seu talento não valia a pena porque nunca tinham tido sucesso, ou simplesmente sentiam vergonha por ter grande alegria em criar. Redescobrir esses talentos como uma força para a mudança no mundo e uma fonte de prazer e alegria é um trabalho profundamente curativo não apenas para nós como indivíduos, mas no contexto da diferença que estamos aqui para fazer.

Talvez você esteja se perguntando agora por que o trabalho de identificar e celebrar nossos talentos importa no caminho para nos tornarmos heroínas. Pode até querer pular este passo — o que, a propósito, é um mecanismo de defesa criado por uma desvalorização interna do que trazemos ao mundo.

Saiba por que identificar seus talentos é tão importante: é essencial dar a si mesma e *ao mundo* a celebração de seus dons, de suas conquistas, de seu sucesso e do seu trabalho. Seus dons estão aqui para iluminar o caminho para nossa missão na vida. E, no meu ponto de vista, não estamos vivendo totalmente em nosso propósito de deusas se não oferecermos nossos dons de volta ao mundo de modo que o torne um lugar melhor.

Parar e aceitar sua própria dignidade, e o valor de seus dons, leva à capacidade de oferecer esses dons de volta ao mundo de maneiras que criem enorme mudança para você e para todos ao seu redor, que vivem em sua missão e criam um legado do qual se orgulhar no futuro. Já vi mulheres perceberem que seus dons na defesa da diversidade e da representação não tinham que se estender apenas ao escritório, mas também a fazerem filmes e programas de televisão e, assim, beneficiar milhões. Vi advogados que se especializaram em propriedade privada acordarem para seu verdadeiro talento lutando por crianças migrantes e mudarem totalmente o foco para se tornarem ativistas para a mudança. Já vi artistas que acreditavam que sua arte era apenas um hobby despertarem para como seu trabalho emocionava as pessoas, as apoiava, criava esperança e inspiração e a vontade de seguir em frente. Verdadeiramente, é profunda a diferença que podemos fazer acessando nossos talentos, comemorando-os e oferecendo-os uns aos outros.

O DESAFIO DE IDENTIFICAR NOSSOS TALENTOS

Uma pausa para um pouco de filosofia pessoal: acredito que todos nós chegamos à vida com talentos inerentes. Alguns têm a habilidade da linguagem, outros têm habilidades de conexão e construção de relacionamento, alguns têm facilidade com números, arte, música — a lista é infinita. Esses talentos são atos de graça — favores do universo, se assim quiser dizer, que iluminam o caminho em direção ao nosso propósito e missão na vida.

Como já discutimos, recebemos mensagens de nossa cultura, de nossas famílias, de nossos amigos, sobre nossos talentos serem mais ou menos dignos (ou nada dignos), e essas mensagens podem fazer com que nos diminuamos ou até abandonemos nossos talentos, acreditando que eles não importam ou não são dignos. Mas nossos talentos inerentes nunca desaparecem. Podemos colocá-los em hibernação ou cultivá-los o máximo possível, mas são nossos, agora e para sempre, esperando que os devolvamos à luz do sol.

Aqui está um exemplo da minha vida: sempre fui uma contadora de histórias. Mesmo na infância inventava histórias e, quando conseguia, criava meus livros com folhas e grampeadores. Há histórias notórias na minha família de livros que criei no ensino fundamental a respeito das experiências de crianças escapando do *Titanic*, por exemplo.

Escrevi durante todo o ensino médio e a faculdade em artigos de jornais estudantis, poesia e ficção. Eu adorava escrever, e era sempre encontrada no corredor do prédio na faculdade com mais um caderno, enchendo as folhas com meus escritos, poemas e histórias. Conforme meu ativismo aumentou, meus escritos também, e eu me diverti criando uma coluna semanal no jornal progressivo de alunos que incansavelmente ultrapassava limites e defendia mudança social e cultura, contando as histórias daqueles que têm tido dificuldade ou sofrido com a ausência delas.

Mais tarde, quando me tornei advogada e empresária, abandonei meu amor por contar histórias — ou assim pensei que tivesse feito. E, então, algo engraçado aconteceu: decidi escrever este livro. Mas foi só quando meu pai reagiu ao anúncio do contrato de meu livro que notei que minha capacidade de contar histórias estava ali, dormente e esperando durante todo o tempo. Ele me disse: "Você fez muita coisa na vida, Elizabeth, mas, essencialmente, você sempre teve talento com palavras. Você é uma escritora por natureza. É isso que sempre pensei que você tinha que fazer". Às vezes, precisamos de um espelho para nossos talentos em um momento de serendipidade — um pai, um amigo, um colega, um terapeuta, até mesmo um completo estranho — para ver coisas que esquecemos em nós mesmas.

Em diversos momentos da vida, se você me perguntasse se eu *ainda* era uma contadora de histórias ou mesmo uma escritora, eu teria dito: "Bem, se você levar em conta o *briefing* de apelação que acabei de escrever, talvez.

Mas de verdade, não, não". Eu teria descrito o contar de histórias como algo que eu costumava fazer, algo que tinha abandonado.

Olho para trás agora e percebo que na verdade meu talento para a escrita e para contar histórias nunca me deixou. Mesmo como advogada, conseguia contar a história dos fatos de um caso no tribunal e escrever de maneiras que me faziam uma advogada muito convincente, principalmente em casos de direitos humanos nos quais a justiça era profundamente necessária ou há muito negada. Claro, eu podia fazer a análise legal sobre precedente e cuidar dos argumentos legais na frente de um juiz ou um júri, mas minha habilidade real estava em contar a história de modo a causar impacto emocional e pessoal.

Só quando parei de praticar o direito comecei a ver como esse talento tinha me servido como advogada, me serviria como uma líder de ideias e me levaria de volta a contar histórias por escrito, na forma de artigos, passando pela narrativa e, por fim, por este livro.

Mas não são apenas nossos talentos inerentes que podemos desconsiderar conforme nossa vida progride — também são os conjuntos de habilidades que conquistamos conforme aprendemos e crescemos. Podemos nascer com algumas e desenvolver novas habilidades que então levamos conosco pela vida, apesar de nosso pensamento poder limitar o que acreditamos que essas habilidades podem fazer por nós. Elas são bastante valiosas no caminho para nos tornarmos heroínas, e não devemos negligenciá-las nem desprezar o valor que embutem.

Costumo ajudar as clientes a confrontar sua inabilidade de reconhecer o valor de suas habilidades adquiridas quando trabalho com mulheres desesperadas por uma mudança de carreira. Aqueles de nós que estão em uma profissão ou área por muito tempo podem acabar sendo cegados pela ideia de que não temos nenhuma ou de que temos poucas habilidades transferíveis, e que teríamos que começar do zero em uma nova linha de trabalho. Para alguns de nós, a ideia de que não teremos conquistado habilidades que poderíamos usar em outro lugar nos impede de ao menos explorar a possibilidade de outras linhas de trabalho ou outras maneiras de usar essas habilidades para sempre.

Alguns anos atrás, trabalhei com uma cliente que havia passado a vida como executiva de marketing na indústria do bem-estar. Com o tempo ela se tornara desiludida com seu trabalho, convencida de que tinha, na verdade, contribuído para prejudicar as mulheres mais do que ajudá-las, tentando trabalhar dentro de um sistema que insistia em padrões opressores de perfeição. Ela se sentiu presa. Estava na profissão há tanto tempo que não conseguia ver como suas habilidades em marketing e as lições que tinha aprendido observando como a indústria do bem-estar influencia mulheres com baixa autoestima e questões com o corpo poderiam ser aplicadas em outro contexto.

O momento de despertar veio quando eu pedi para ela pensar nas habilidades que tinha aprendido refletindo sobre sua carreira — como as mulheres estavam machucadas, autocríticas, até agredindo a si mesmas, e como o marketing vendia soluções artificiais para esses problemas quando podiam ser aplicadas de outras maneiras benéficas. Em uma sessão de um dia todo para tentar chegar ao fato de que suas qualidades não eram tão limitadas quanto ela pensava, e depois de escrever e orientar para retirar as vendas em relação a seus próprios talentos, ela de repente notou que poderia aplicar as habilidades de transmitir mensagens para sempre, em vez de lucrar com a dor. A partir de então, não demorou muito até conseguirmos definir uma trajetória de carreira totalmente nova para ela como empreendedora, com uma ideia de negócio que dava soluções para mulheres mais velhas que estavam tendo dificuldades com questões de aceitação do corpo, desenvolvimento da saúde e do bem-estar com base na autoaceitação e no autoamor radical em vez de ódio por si mesma.

Afastar o que nos cega é o segredo para identificar nossos talentos e habilidades para podermos usá-los como devemos no mundo. Comece fazendo listas de seus talentos inatos e suas habilidades adquiridas e considere como os tem aplicado na vida e no trabalho. Ao fazer isso, incentivo você a usar a criatividade para definir seus talentos. Anote tudo em que consiga pensar que alguém, qualquer pessoa, possa considerar um benefício ou um talento. Afaste seu lado autocrítico e *apenas escreva*. Se conseguir fazer isso com sucesso, quando passar a pensar em como aplicar seus talentos enquanto avança, pode acabar surpresa ao descobrir que tem muito mais poder do que pensa.

MAS É SÉRIO: NÃO SEI QUAIS SÃO MEUS TALENTOS

Digamos, hipoteticamente, que você se vê neste momento do livro com um grave bloqueio mental. Entende que nossos talentos inerentes são valiosos, que eles nos levam em direção ao nosso propósito na vida e que devolvê-los ao mundo faz parte da jornada da heroína. Simplesmente não sabe quais *são* seus talentos inerentes.

Você não está sozinha. Muitas de nós estamos tão envolvidas nas mensagens a respeito de nossa falta de valor ou dignidade inerente que não conseguimos ver nem um único talento que podemos ter a oferecer. É aqui que nossos amigos e entes queridos podem ajudar.

Há mais de uma década, tive a sorte de fazer uma aula *on-line* de administração com Marie Forleo. Eu ainda era advogada e estava perdida. Tinha algumas ideias de negócios que começavam a tomar forma, mas não tinha certeza de estar no caminho certo. O que eu estava fazendo ali? E poderia fazer?

Durante aquela aula, enquanto pensávamos em nossos planos de negócios e mensagens de marketing, além de pontos fortes, Marie nos pediu para escrever a nossos amigos e familiares com uma pergunta profundamente vulnerável: Quais são as cinco coisas nas quais eu sou boa?

Eu fiz esse exercício em pânico total. Pense num campo de terror. E se ninguém respondesse? E se ninguém tivesse nada a dizer? Minha reação até mesmo ao pensar nesse exercício me abalou profundamente naquele momento, apesar de eu ter o que muitos considerariam ser uma carreira extremamente bem-sucedida de acordo com os padrões exteriores. Agora entendo que fiquei assustada porque estávamos falando de mim, sobre meu valor inerente e sobre os talentos com os quais eu tinha nascido.

Eu estava pedindo a amigos e familiares para me *verem* e, mais do que isso, *para dizerem o que viam*.

Com nervosismo, fui em frente e fiz mesmo assim. Demorei alguns dias para enviar o e-mail, mas enviei. E o que voltou para mim me sacudiu profundamente.

Meus amigos e familiares não apenas enviaram algumas palavras como mandaram *listas* de talentos e habilidades que viam em mim. Comunicação. Conexão. Amor. Lealdade. Respeito. Um compromisso profundo com a justiça. Um espírito guerreiro. Um coração dedicado. Um poço de generosidade e gentileza por trás da armadura que eu vestia para enfrentar o mundo. Um senso de humor ácido nem sempre notado. As listas eram intermináveis.

Chorei sentada à mesa, lendo o que as pessoas que eu amava tinham escrito. E não estou exagerando quando digo que aquilo me mudou permanentemente, de maneiras drásticas e que pareceu ser em nível celular, ao ver o que os outros enxergavam em mim que eu não reconhecia no meu ser. Eu me lembro desse momento como aquele em que eu soube que tinha subestimado quem sou, o que eu deveria fazer no mundo e por que, fundamentalmente, eu estava aqui.

Assim, tentando fazer o que fizeram comigo, se você estiver com muita dificuldade para identificar seus talentos, habilidades e pontos fortes, vou pedir (na verdade, exigir) que envie uma mensagem de texto ou e-mail a cinco de seus amigos e familiares mais próximos e gentis e peça que respondam com uma lista. Em que você é bom? Quais são seus talentos e habilidades mais fortes? O que eles veem em você que pode não ter enxergado ainda?

Garanto que você vai mudar quando vir seu telefone ou sua caixa de entrada cheia do reflexo de quem você é aos olhos daqueles que mais a amam. Você pode ficar extremamente abalada ao reconhecer que aquilo que não viu é possível para você — todo o bem, toda a beleza que leva ao mundo, às pessoas que a conhecem. Vai acabar em um ponto da jornada de se tornar uma heroína no qual verá e respeitará a si mesma a partir de uma nova perspectiva.

E nos próximos capítulos vamos usar esses talentos e essas habilidades para identificar como você pode falar com poder, crescer na comunidade, avançar e criar mudança e tornar o mundo melhor para todas nós.

5.
Silenciar e encontrar sua voz

Na época em que eu era advogada, adorava ir ao tribunal. Apesar de as estruturas de minha empresa de advocacia serem profundamente opressoras e difíceis no dia a dia, o tribunal era totalmente diferente. Analisar testemunhas era demais. Criar aquele momento de "peguei vocês" na análise era emocionante todas as vezes. E expor um argumento profundo e intelectual a um juiz que resultasse em vitória para a minha cliente na busca por justiça? Não havia nada igual.

Mas, infelizmente, nem sempre eu conseguia falar no tribunal em paz. Muitas vezes era interrompida por advogados, cortada, até mesmo insultada. Certa vez precisei, como advogada e sócia, cuidar de uma parte do que, na época, foi o maior processo trabalhista já realizado nos Estados Unidos. Naquele papel, me pediram para defender uma questão muito delicada diante do júri em nome do conselho de liderança, que era formado por alguns dos advogados mais bem-sucedidos do país. Eu me preparei por semanas para a audiência, mesmo que achássemos que seria vitória certa para nós, e memorizei todos os pontos principais de cada lei envolvida no caso. Foi um momento crítico em minha carreira.

Passemos adiante para uma audiência federal em Baltimore, onde dezenas de advogados dos dois lados do caso estavam reunidos. Eu me levantei para minha argumentação, fazendo perguntas para as testemunhas e levantando pontos cruciais que apontavam por que deveríamos vencer, com anotações enormes na minha frente mostrando como eu tinha me preparado. Mas, de repente, senti uma mão em meu ombro. Ao meu lado estava um homem, um colega que eu havia encontrado várias vezes antes. Baixo, com sessenta anos, ele era conhecido por desdenhar de advogadas, e sua empresa fora processada duas vezes por discriminação sexual.

Antes que eu pudesse me virar para vê-lo, ele me empurrou da tribuna. Não era a primeira nem foi a última vez que ele fez isso com uma colega do sexo feminino, sem sofrer qualquer consequência, apesar disso. Nesse momento tentei intervir, mas a corte permitiu que ele prosseguisse, supondo que era meu supervisor no lado do requerente.

Em seguida ele começou a tentar fazer minha argumentação por mim, apesar de totalmente despreparado para tal. No fim da argumentação, depois de ele deixar passar os pontos principais e de destruir minha análise do caso devido à falta de preparo, o juiz decidiu dar ganho de causa ao outro lado. Perdemos a ação que deveríamos ter vencido com facilidade, tudo porque aquele homem achou que eu não servia para o trabalho e foi determinado a me silenciar, por mais que isso prejudicasse nossos clientes.

Este é só um exemplo do silenciamento que vivi durante minha época como advogada. Em outras ocasiões, sócios mais antigos me disseram que eu não deveria falar tanto em reuniões do cliente, pois eu os "assustaria" ou "intimidaria" outros advogados na sala. Em análises anuais de performance, fui aconselhada a ser "menos ambiciosa", seja lá o que isso significava, e a mostrar menos minhas ambições dentro da empresa, apesar de os colegas homens mais jovens estarem literalmente indo de porta em porta pedindo ajuda para uma promoção. Muitas vezes, a mensagem que me passavam era a de que minha voz não era bem-vinda e que seria melhor me calar e obedecer mais, se decidisse falar o que quer que fosse.

Essas experiências não são únicas. O silenciamento é uma ferramenta incansável, feita para nos impedir de alcançar nosso potencial completo. Na realidade, quem entre nós, mulheres, não passou por uma versão dele em um ou outro momento da vida? Nunca conheci nenhuma mulher que, em algum momento, não tenha recebido ordem, explícita ou implícita, de se calar, de ser mais delicada, de não dizer nada a não ser que perguntassem, de ser menos agressiva ou assertiva, de ser mais obediente, de rir menos, de rir mais baixo, de manter as opiniões escondidas — além de já ter sido física ou profissionalmente ameaçada por se expressar. A lista de maneiras como as mulheres foram e são silenciadas todos os dias é infinita mesmo.

Experiências como essa nos levam a duvidar de nossa voz. Depois de anos disso na vida, eu sempre acabava duvidando de minhas habilidades de comunicação — deveria oferecer minha opinião na reunião quando sabia que o sócio na sala tinha deixado passar uma questão legal, ou isso seria considerado "muito assertivo" de minha parte? Eu deveria agir para derrubar aquele CEO quando sabia que conseguiria, ou isso seria visto como "ambicioso demais"? Pior ainda, se eu ficasse calada em uma reunião ou outro evento profissional, seria então acusada de não ter dito nada quando deveria?

Vou contar um segredo sobre como silenciar e usar nossa voz sob o patriarcado e nos modelos masculinos de liderança tradicionais. O segredo é este: não tem como vencermos.

Ou somos assertivas demais ou de menos. Falamos muito ou não falamos o suficiente. Não. Tem. Como. Vencermos.

E para deixar claro: isso é de propósito. Enquanto estivermos com medo, preocupadas com o modo como nossa comunicação será recebida, paranoicas pensando que estamos falando a coisa errada, não nos concentramos em trabalhar juntas, em mudar o mundo, causar um impacto ou sequer fazer nosso trabalho. O silenciamento é feito para causar nosso fracasso. E nosso fracasso mantém as coisas como elas são.

O silenciamento, em outras palavras, é uma ferramenta de opressão. E recuperar nossa voz e usá-la para a mudança é um passo essencial na jornada para que nos tornemos heroínas.

COMO VOCÊ FOI SILENCIADA?

Pense por um momento na evidência de silenciamento em sua vida. Quando foi a primeira vez que você se lembra de ter recebido a orientação para ficar calada, no seu lugar, para controlar sua língua? A maioria de nós era criança quando ouviu algo assim pela primeira vez. Mesmo que tenhamos tido a sorte de ter pais ou professores que nos incentivavam a dizer o que pensávamos, nunca demora para que a cultura intervenha para corrigir nossa trajetória.

No caso das crenças limitantes, com o tempo os modos como fomos silenciadas podem ser internalizados. "Minha risada é forte", uma cliente me disse, "então aprendi a apenas sorrir com a boca fechada quando algo é engraçado, para que as pessoas não se sintam incomodadas." Outra cliente, nascida na China, ouviu de um supervisor, homem e branco, que era difícil entender o que ela dizia e que ela precisava desesperadamente de um "*coach* de sotaque", ainda que nem eu nem minha equipe tivéssemos dificuldade para entendê-la. Ela chorou quando expressamos que esse tratamento tinha sido racista. Outra sentia medo de se expressar nas reuniões dos coordenadores da escola por medo do bullying praticado contra crianças negras com base em seus cabelos, por medo de ser estereotipada e rotulada como "a negra irada".

Vou dizer de novo: o silenciamento é uma ferramenta de opressão — de racismo, sexismo, homofobia, de violência verbal e real sistêmicos, feitos para preservar o poder de quem está no controle. Quando o silenciamento é internalizado, ele se torna autoimposto.

Assim, a pergunta que faço a minhas clientes com frequência diante disso é: Você acredita ter o direito de dizer o que pensa?

Perceba que eu não estou perguntando sobre a *capacidade* de dizer o que se pensa. Estou perguntando especificamente sobre o *direito*. Por quê? Porque, quando notamos que temos o *direito* de dizer o que pensamos, retomamos nosso poder e nosso valor. Quando notamos que temos o direito de dizer o que pensamos, começamos a recuperar nossa voz.

Claramente, na primeira tentativa, a resposta para a pergunta não costuma ser *sim*. Já tive que orientar inúmeras mulheres a entender que elas têm o direito de dizer o que pensam. Seu direito à liberdade de expressão está registrado na Constituição, e limitado apenas em circunstâncias muito raras que podem causar problemas. Falar em uma reunião ou nas ruas não está entre esses limites.

Explorar como fomos silenciadas e a mensagem que damos a nós mesmas a respeito de termos ou não o direito de dizer o que pensamos e de ser ouvidas são passos essenciais no caminho para descobrir e usar sua voz como a heroína que tem que ser.

SILENCIAMENTO E ESPAÇO

É importante também notar que o silenciamento nem sempre tem a ver com a nossa voz – mas também com acesso. Há espaços aos quais não somos convidadas. Há espaços nos quais não somos bem-vindas. Há espaços nos quais nossa própria vida estará em risco se decidirmos falar. Se tivermos sido confrontadas com esses espaços durante a vida, usar nossa voz para mudar pode parecer assustador, até impossível.

Por esse motivo, quando estou trabalhando com clientes para superar o silenciamento e usando nossa voz para a mudança, peço a elas que identifiquem onde se sentem seguras para dizer o que pensam, agora. Para algumas de nós, pode ser apenas em alguns relacionamentos sérios e íntimos que sabemos que somos amadas, amadas e vistas. Para outras, as organizações regionais onde somos ativas ou onde atuamos como voluntárias podem oferecer esse espaço. Minha esperança é de que todas nós possamos identificar pelo menos um espaço, um momento em nossa vida, nos quais sabíamos que podíamos dizer o que estávamos pensando e ser valorizadas por isso.

O segredo para passar pelo silenciamento em direção à liberdade de falar é jogar a âncora no fato de que nossa voz importa e continuará importando daqui para a frente. Se usamos nossa voz, mesmo que apenas uma vez para uma mudança positiva, podemos fazer de novo. Grave em seus ossos como foi ter essa experiência. Sinta essa sensação. Confie que você importa e está aqui para usar sua voz para fazer a diferença.

NEM TODO MUNDO VAI GOSTAR DE VOCÊ. E TUDO BEM

Agora preciso falar de um desafio essencial para combater o silenciamento, e este é pessoal: em uma palavra, *haters*. Em encarnações anteriores na minha vida profissional, tive *haters* que eram homens que competiam comigo, ou homens que ficavam chocados quando eu me mostrava mais inteligente do que eles no tribunal e por isso queriam me destruir, ou aqueles que simplesmente viam coisas em mim que não gostavam e agiam de modo destrutivo. Em épocas pandêmicas recentes, seguidores se incomodaram tanto quanto com as interrupções de meus filhos durante as chamadas no Zoom que me atacaram por cuidar das necessidades deles, apesar de meus comentários a respeito da importância de ser generoso com aquelas que equilibram a maternidade e o trabalho de casa ao mesmo tempo. Como muitas mulheres com grandes perfis *on-line*, cada vez mais venho ganhando *haters on-line* — incluindo, em alguns momentos, mulheres que procuraram ativamente destruir meus negócios e minha carreira só por não terem gostado de algo que eu disse, o que levou ao *cyberstalking*, ou perseguição virtual.

Em quase todos os casos, com raras exceções, levei essas experiências cada vez mais para o lado pessoal. Sou profundamente sensível — o que é uma qualidade, com certeza, para o trabalho de coaching e consultoria, mas é um problema para uma intelectual que seja figura pública.

Houve situações em que senti ataques e ofensas *on-line* como resultados físicos em meu corpo, e um caso em especial no qual uma série de ataques por um período de dez dias pareceu, sem exagero, que o estresse que eu estava sentindo podia literalmente me matar.

Em casos menos pesados, nos quais sou apenas reprovada ou criticada, no entanto, costumo ficar obcecada tentando entender como acertar as coisas ou analisar o que poderia ter feito para provocar a crítica. Apesar de ter um público leal e amoroso de centenas de mulheres *on-line*, já passei muitas noites pensando nos comentários de uma pessoa horrorosa que não gosta de mim, me perguntando: Por quê? O que fiz de errado? Nos últimos anos, passei *meses* em que quis me afastar de todas as contas nas redes sociais e fugir de uma vez por todas da vulnerabilidade, querendo me esconder sob um cobertor no sofá onde ninguém pudesse me criticar, exceto meus filhos.

Se alguma dessas coisas lhe parece familiar, por favor, saiba que não está sozinha. Um dos traços principais da doutrinação patriarcal inclui o fato de que, historicamente, nossa capacidade de sobreviver estava condicionada em muitos casos à nossa capacidade de agradar e acalmar os homens. Em algum lugar de nosso DNA — e de meu DNA epigenético, em especial, aparentemente —, aprendemos a temer por nossa sobrevivência se e quando nossa expressão fez com que alguém não gostasse de nós, nos criticasse ou rejeitasse. Em outros momentos — e para algumas de nós, até hoje —, nossa expressão representou uma ameaça à nossa vida.

Quero deixar claro que não sou a favor e nunca incentivaria ninguém a usar a própria voz para a mudança em instantes em que estivesse sob ameaça de dano físico ou morte. Para as mais corajosas de nós, essa ameaça faz parte de como escolhemos causar nosso maior impacto. No entanto, em muitos casos de nosso dia a dia, nós, como mulheres, permanecemos caladas porque nos ensinaram a ter medo da reação, mesmo quando as consequências não são uma questão de vida ou morte, nem mesmo graves. Decidimos ficar caladas porque *alguém pode não gostar de nós*. E isso, minhas amigas, é trágico.

Em um caso não muito antigo em que eu aguentava muitas críticas, uma ativista de muita experiência me disse: "Olha, Elizabeth, se você está aqui para fazer diferença e criar mudança, vai ter que encarar o fato de que *será* odiada. As pessoas não vão gostar do que você diz. As pessoas não vão gostar do que você faz. *Você não pode criar mudança e ao mesmo tempo manter as pessoas confortáveis*".

Esse aspecto de recuperar sua voz é um caminho que muitas de nós percorremos por toda a vida. Apesar de meu conforto usando minha voz para a mudança ter aumentado exponencialmente com o tempo, e apesar de minha tolerância pelo desconforto dos outros com ele seguir aumentando, tenho certeza de que, no meu caso, continuarei a ser desafiada por ele pelo caminho. Em cada caso, no entanto, volto para o que outra amiga querida me disse anos atrás, quando fui confrontada por outro homem que achava minha voz "intimidante" demais.

"O que as outras pessoas pensam de você não é da sua conta. Siga em frente."

ABRINDO ESPAÇO PARA SUA VOZ

No próximo capítulo, vamos passar um tempo falando sobre o que significa dar poder à verdade em termos reais, concretos, e sobre como falar de modo a ser ouvida, comunicar-se de modo eficaz e criar mudança. Mas, antes de chegarmos lá, quero que você pense sobre mais uma característica essencial a respeito de usar sua voz para a mudança, que é esta: *Onde* você pode usar sua voz de modo mais eficiente para a mudança agora?

Acredito que, neste momento da história, não existe lugar onde a voz de mulheres empoderadas, despertas, seja desperdiçada. Você está em um ambiente corporativo com uma grande desigualdade nos salários? Use sua voz para mudar isso. As pessoas podem não gostar. Continue em frente. Você está em uma indústria dominada por homens, e normalmente homens brancos, nas reuniões? Use sua voz para mudar. As pessoas podem não gostar. Siga em frente. Está chateada com o desequilíbrio na vida doméstica e os cuidados com seu filho em casa? Use sua voz para mudar isso. As pessoas podem não gostar. Siga em frente. Está profundamente irritada com as atitudes que nosso governo tem tomado contra imigrantes, quanto aos direitos ao voto, contra as políticas progressistas? Use sua voz para mudar isso. As pessoas podem não gostar. Siga em frente.

Identificar onde você pode causar o maior impacto é um dos passos mais importantes para se tornar uma heroína, e em *todos os lugares onde fizer isso* fará diferença. Pense que é uma pedra, ou um pedregulho, lançado no lago da mudança. Cada onda de distorção causa um impacto. Cada onda de distorção muda não apenas o que está na superfície, mas tudo o que está por baixo.

Shirley Chisholm, a primeira negra eleita no Congresso, disse certa vez: "Se eles não lhe derem um lugar à mesa, traga uma cadeira". Consiga seu espaço. Use sua voz. Prepare-se, porque o que vem a seguir é um grande passo no caminho para criar mudança na sua vida, no seu trabalho e no mundo que você e eu sabemos que todos precisamos.

As pessoas podem não gostar. Dane-se. Siga em frente.

6.
Começar a falar a verdade para se empoderar

Neste estágio de nossa jornada, estamos prontas para começar a dar passos em direção a novas maneiras de criar mudança. Temos examinado e começado a desmantelar crenças e estruturas enraizadas que nos prendem, para podermos continuar a trabalhar em reprogramar as mensagens que recebemos durante toda a vida. Avaliamos nossos dons e como e onde podemos usá-los da melhor maneira. Consideramos como fomos silenciadas e como isso impactou nossa comunicação para nós mesmas, para os outros e para o mundo.

Agora, chegamos ao ponto de resgatar a coragem e começar a falar com empoderamento.

Minha história sobre falar com empoderamento começou em pequenos estágios e como uma maneira de processar e superar o trauma que eu vinha trazendo havia anos. Como você verá nos próximos capítulos deste livro, sofri abuso diversas vezes na puberdade e na adolescência por parte de um amigo da família que também era, em todos os modos de abuso de limites, um terapeuta familiar para mim e para outros membros da família. Demorei décadas para conseguir falar sobre os danos que ele me causou em situações públicas. A vergonha que senti relacionada a essa experiência, e em especial à reação de certos membros de minha família a isso, me silenciou por mais tempo do que consigo me lembrar.

Mas, em 2015, algo mudou. Fui a um evento em Seattle chamado Urban Campfire, organizado pela indomável Melody Biringer. Nessa ocasião, em um salão cheio de centenas de desconhecidos, as mulheres subiam ao palco e contavam as histórias reais de suas dificuldades e de como atravessaram suas experiências. Naquela sala, percebi que, além de ser possível contar as histórias de nosso trauma sem vergonha, era curativo a *nós mesmas e aos outros* contar essas histórias em voz alta. Além disso, contá-las em voz alta era uma maneira de tirar o poder que elas tinham sobre nós e, assim, dos opressores de continuar nos silenciando e controlando.

Algumas semanas depois, coisas do destino, Melody me convidou para contar minha história a uma sala menor de participantes em um evento mais íntimo. Aceitei. Em uma noite fria, na área de Greenlake, em Seattle, e com algumas amigas íntimas na sala, pela primeira vez, em público, em voz alta e para desconhecidos, contei a história do abuso que sofri e de como ele destruiu minha família. Não deixei de abordar nenhum detalhe. E observei outras pessoas chorarem e sofrerem por mim, comentarem sobre minha força e minha coragem e me pedirem para contar mais sobre como eu tinha vencido o trauma e sobrevivido.

Aquele evento foi aterrorizante, mas também pareceu um grande suspiro de alívio. Depois de compartilhar a história em público pela primeira vez, repetir foi menos assustador. Fazer de novo, na verdade, começou a se tornar uma ferramenta para mudança, libertação e revolução.

Avance para o fim de 2017 e o início do movimento #MeToo. Uma grande amiga, Connie Vasquez, que também é sobrevivente de abuso sexual na infância, organizou um encontro na cidade de Nova York para promover o empoderamento de modo muito mais amplo. Naquele dia, debaixo de uma nevasca e na frente do Trump International, ao lado do Central Park, subi em uma plataforma com um microfone e um grande sistema de alto-falantes, com abrangente cobertura nacional e internacional, e contei minha história de novo. Mas, dessa vez, havia centenas de pessoas na minha frente na rua, desconhecidos passando, câmeras de televisão e ampla exposição em todos os lados. Dessa vez, minha história não era só para mim e uma sala pequena — era uma história de vítimas de todos os lados sendo vistas, ouvidas, valorizadas e compreendidas. Terminei a palestra sabendo que minha voz era uma força poderosa para a mudança, que a história de meu abuso fazia parte do que eu havia me tornado apesar de não desejar isso a meu pior inimigo, e que eu havia transformado minha coragem em uma força que poderia erguer não apenas a mim de meu pesar, vergonha e ira, mas a outras pessoas também.

Desde então, dezenas de mulheres se aproximaram de mim e me disseram que assistiram à minha palestra *on-line* ou presencial e isso as havia mudado — que as havia empoderado para contar as próprias histórias, encontrar coragem e seguir em frente usando a vergonha como força transformadora para a mudança e falando o que antes pensavam que teria que se tornar secreto para sempre. Uma mulher me escreveu e me disse que, apesar de ter sessenta anos, nunca teve a coragem de contar a ninguém o que um parente do sexo masculino havia feito a ela na infância até ouvir minha história e que, por isso, finalmente tinha começado a se curar.

Outra me contou que, por ter sido vítima de estupro, fora levada a trabalhar no envio de kits de estupro para mulheres violentadas em sua região, que havia impedido o acesso da justiça para as vítimas.

Este é um lembrete importante: quando compartilhamos nossas histórias, criamos efeitos nos outros que vão muito além de nossa imaginação e dos círculos imediatos. Quando erguemos a voz e somos testemunhas de outras pessoas que fazem a mesma coisa, somos todas mudadas.

VULNERABILIDADE E VOZ

No capítulo anterior, pedi a você que considerasse quando na vida se sentiu segura para dizer o que pensava. Para algumas de nós, esse espaço pode ser minúsculo — por exemplo, em conversas com nossas melhores amigas, ou em nossa relação mais íntima. Para outras de nós, temos cultivado comunidades nas quais podemos dizer o que pensamos livremente, mesmo que não nos sintamos livres para fazer isso no mundo.

Neste, vou pedir para você imaginar como seria dizer a verdade para aqueles que precisam ouvi-la. Imagine como seria dizer o que você quer dizer, o que sabe que precisa ser dito, àquelas pessoas que a reprimem — ou, melhor ainda, àquelas que podem conseguir colaborar com você para ajudar a criar mudança. Imagine dizer tudo isso de modo que seja ouvida.

Como seria, em seu corpo, fazer isso? Quais são as emoções, as sensações e as reações que você teria dizendo essas verdades em voz alta? Como essa experiência mudaria você, talvez para sempre? Permita-se ter todos os sentimentos que surgem ao pensar nisso.

Sua reação inicial ao pensar nisso pode ter sido de total terror. Conheço essa sensação, porque já a senti. Mas você se lembra do campo de terror? Ele se aplica aqui também. Siga em frente.

Coragem e ousadia sempre são necessárias quando estamos pensando em falar com empoderamento. Estar em conforto é um conjunto de habilidades que se aplicam aqui com muita intensidade. Devemos sentir o medo e seguir em frente de qualquer modo.

Posso dizer por experiência própria que falar com empoderamento é como desenvolver um músculo. Começar com pequenos alongamentos a prepara para um levantamento mais pesado. Mas não diminua o que esses estágios iniciais farão para mudar sua vida. A minha mudou drasticamente no período de alguns meses quando decidi começar a falar, e curei a vergonha que levava comigo havia muito tempo mais depressa do que poderia imaginar.

UM BREVE COMENTÁRIO SOBRE A SEGURANÇA

Ao examinar como e onde começamos a nos empoderar e contar nossas histórias, é importante reconhecer que *onde* escolhemos usar nossa voz é uma questão de privilégio. Para algumas de nós, os espaços públicos são mais seguros do que para outras. A operação da opressão sistêmica significa que certas circunstâncias também levam consigo o risco inerente para algumas, mas não para todas. Pense, por exemplo, em como é ser um homem branco perguntando a um policial por que ele foi parado sem motivo, e então pense como é ser um homem negro nas mesmas circunstâncias. Certa vez, respondi a um policial que havia bloqueado a rua da escola dos meus filhos depois que ele gritou para que eu saísse dali com o carro. Só alguns minutos depois percebi que meu privilégio me permitia fazer isso sem, nem por um momento, quando decidi responder aos gritos, pensar que ele poderia ter atirado em mim por isso.

Sem dúvida, a segurança (ou falta dela) em usar o empoderamento é, em qualquer circunstância, afetada pela opressão institucional, sistêmica e interpessoal. Os ambientes nos quais falamos são mais ou menos seguros dependendo de quem sejamos, onde estejamos e da visibilidade de nossas diversidades. Algumas de nós notamos que decidimos ficar em silêncio porque o simples medo por nossa segurança se tornou enraizado pelo prejuízo que nossa cultura tem perpetrado em nós. Para outras, essa observação pode ser um aviso de que nem todas estamos seguras o tempo todo ou em todas as circunstâncias.

Assim, a primeira pergunta que sempre quero fazer ao discutir estratégias para começar a contar nossas histórias e nos empoderar é se sua segurança — física, emocional, financeira — estaria em perigo se assim o fizesse. Como todo risco, a tolerância à segurança varia muito de pessoa para pessoa. Já trabalhei com pessoas que enfrentaram a polícia com equipamentos de guerrilha como parte de seu ativismo e seguiram em frente. Também já trabalhei com mães solteiras que decidiram que seu plano de saúde e a estabilidade no emprego importavam mais do que se posicionar para lutar contra um empregador por medo de retaliação, decidindo ir para um lugar melhor tão logo fosse possível. Cada uma de nós precisa avaliar o que a segurança significa para nós e como isso se aplica a toda circunstância em nossa vida quando decidimos assumir nosso heroísmo.

Além disso, é importante pensar em como podemos criar segurança para as outras que podem não ter os mesmos privilégios que nós. Ainda neste livro, vamos falar sobre parceria, sobre ouvir e criar um espaço seguro, mas, por enquanto, digo uma coisa: se você não está trabalhando coletivamente para criar mais segurança para que todas nós nos empoderemos e criemos mudança, não está fazendo o suficiente.

No entanto, por por ora incentivo você a considerar onde e como se sente segura usando sua voz e se existem circunstâncias nas quais você usou sua voz (ou não) em espaços em que se sentiu insegura. Qual é sua tolerância pessoal pela segurança quando se trata de realizar mudança? Reconheça que sua tolerância ao risco é condicionada a seu passado, à cultura em que vive e a todas as formas de opressão. Compreenda, também, que você tem mais ou menos segurança dependendo de seu privilégio. Se seu privilégio garante sua segurança em circunstâncias que não se estendem a outras mulheres, ela é uma muleta para você? Além disso, como você pode colaborar e pedir espaço para criar segurança para si e para elas?

Nesse aspecto, é essencial diferenciar entre situações nas quais nos sentimos inseguras por medo de sermos julgadas por nos expressar — espaços onde podemos precisar nos espalhar para crescer — e aquelas em que enfrentamos real perigo, em que a opressão sistêmica e a violência poderiam nos colocar em risco de verdade. Compreenda que, em parte, desfrutar do privilégio para a mudança é falar quando e onde outras pessoas não podem fazê-lo *mesmo que fique desconfortável*, usando esse espaço para educar, organizar e mobilizar para nosso benefício e o de outros, criando espaço para que vozes historicamente silenciadas sejam ouvidas e sabendo quando se calar e ouvir, o que discutiremos mais adiante.

Ao longo deste livro, peço a você que se perdoe quando preocupações antigas a respeito do julgamento dos outros ou a sua própria vergonha possam tê-la impedido de falar. Reconheça que isso também é influenciado pela opressão cultural e é um importante foco para a mudança.

Dito isso, o desconforto faz parte da mudança, e levar a si mesma em direção à coragem dentro do que é seguro é obrigatório para esse trabalho. Todos os passos pelo caminho exigirão que você se estique na direção de sua liberdade e da dos outros. Sem sua coragem em nome de si mesma e como uma aliada, nada muda. Vamos trabalhar mais em como criar isso conforme prosseguirmos.

COMUNICANDO-SE COM HABILIDADE E VALOR

Falar com empoderamento não exige apenas encontrar o ambiente certo para explorar a vulnerabilidade de falar a verdade, cuidando para estar segura. Também exige as habilidades de comunicar-se de maneira a ser ouvida e compreendida, o que dificulta ainda mais as conversas. Uma chave para isso é entender e aplicar estratégias de Comunicação Não Violenta (CNV), uma metodologia fundada por Marshall Rosenberg. A Comunicação Não Violenta nos convida a falar de um lugar de nossos próprios valores e a comunicar (e ouvir) de uma perspectiva baseada em valores. O quadro a seguir resume as estratégias de CNV.

Quando discuto a CNV em programas de treinamento corporativo, sempre sugiro que a maior lição que ela nos passa tem sido o uso da linguagem do "eu".

Para dar um exemplo, havia um sócio sênior em uma de minhas empresas de advocacia que destruiu a recepção no fim da noite ao expressar seu descontentamento com o trabalho de um parceiro, gritando: "Você estragou tudo! Nunca vai conseguir ser um bom advogado se não souber escrever bem!".

Como usar o processo de comunicação não violenta

Expressar com clareza como **sou**, sem culpa nem crítica	Receber com empatia como você **é**, sem ouvir culpa nem crítica
OBSERVAÇÕES	
1. O que observo (*vejo, ouço, lembro, imagino, livro de minhas avaliações*) que contribui ou não para meu bem-estar: "*Quando eu (vejo, ouço)...*"	1. O que você observa (*vê, ouve, lembra, imagina, livra de suas avaliações*) que contribui ou não para seu bem-estar: "*Quando você vê/ouve...*" (*às vezes não expressadas ao demonstrar empatia*)
SENTIMENTOS	
2. Como eu me sinto (*emoção ou sensação, e não pensamento*) em relação ao que observo: "*Eu sinto...*"	2. Como você se sente (*emoção ou sensação, e não pensamento*) em relação ao que você observa: "*Você sente...*"
NECESSIDADES	
3. O que eu preciso ou valorizo (*não uma preferência ou uma atitude específica*) que causa meus sentimentos: "*...porque eu preciso/valorizo...*"	3. O que você precisa ou valoriza (*não uma preferência ou uma atitude específica*) que causa seus sentimentos: "*...porque você precisa/valoriza...*"
Pedir com clareza aquilo que enriqueceria **minha** vida sem exigir	Receber com empatia aquilo que enriqueceria **sua** vida sem ouvir nenhuma exigência
PEDIDOS	
4. As ações concretas que eu gostaria de tomar: "*Você estaria disposto a...?*"	4. As ações concretas que você gostaria de tomar: "*Você gostaria...?*" (*Às vezes não expressados ao demonstrar empatia*)

© Marshall B. Rosenberg. Para ter mais informações sobre Marshall B. Rosenberg ou do Centro de Comunicação Não Violenta, visite www.CNVC.org.

Note aqui a diferença entre ser um colega que escuta um "você estragou tudo" e um que ouviu "quando recebi seu texto, fiquei surpreso ao ver que você não se aprofundou mais na questão X". Uma pessoa coloca a outra imediatamente na defensiva e causa uma reação de luta, fuga ou paralisia. A outra é uma expressão de propriedade da reação. Os estágios 1 e 2 da abordagem de comunicação não violenta criam aberturas para a discussão de assuntos especialmente difíceis.

O estágio 3 é crítico porque é uma afirmação dos valores de quem fala. Usando nosso exemplo, pense no impacto de uma frase assim: "Quando recebi seu texto, fiquei surpresa ao ver que você não se aprofundou mais no assunto X. Uma das coisas que realmente importam para mim é cuidar para que sejamos detalhistas no resultado do nosso trabalho".

O essencial aqui é que é difícil rebater uma afirmação de valores se esses valores forem íntegros. Obviamente, valorizar o impacto discriminatório (falo mais sobre isso depois) não é um valor em alinhamento com tornar-se uma heroína. No entanto, valores como receptividade, transparência, clareza, conexão e crescimento criam oportunidades mesmo quando os assuntos possam ser estressantes.

Por fim, o estágio 4 da CNV é um convite para mais conversas. Novamente, usando nosso exemplo atual, pense nesta abordagem: "Quando recebi seu texto, fiquei surpresa ao ver que você não se aprofundou mais no assunto X. Uma das coisas que realmente importam para mim é cuidar para que sejamos detalhistas no resultado do nosso trabalho. Pode me explicar o que pensa sobre esse assunto?". Mais uma vez, a CNV cria conexão e conversa para que cheguemos a uma conclusão razoável, sem criar uma atitude defensiva na outra pessoa.

De forma parecida, a CNV pode ser usada para diminuir o conflito. Pense, por exemplo, no chefe que desce o corredor gritando "Você estragou tudo! Está muito atrasado!" ou coisa pior. Aplicando os princípios da CNV, uma reação apaziguadora seria: "Estou vendo que você ficou muito incomodado por eu ter entregado este projeto depois do prazo. Entendo que você valoriza a pontualidade. Você estaria, de agora em diante, aberto a discutir como isso aconteceu para que eu saiba que satisfiz suas expectativas?". Mais uma vez, o reconhecimento da outra pessoa, a resposta dela, seus valores e um pedido de participação mostram imediatamente que você está disposto a conversar para chegar a uma solução, em vez de rebater de modo defensivo.

Não estou sugerindo que seja fácil aplicar isso à realidade. A CNV exige prática — a ponto de, quando revejo esses princípios com clientes de empresas, sempre sugerir que eles encontrem maneiras de praticar a CNV diariamente, de modo que se torne um hábito, não apenas uma ferramenta a ser usada em momentos de grande estresse. Além disso, ajuda aplicá-la não apenas nos ambientes de trabalho, mas também em todos os aspectos da vida. Funciona extremamente bem com crianças. Funciona bem na maioria dos casamentos, desde que não haja preocupações constantes com o controle da raiva ou abuso.

E o mais importante: funciona em conversas relevantes sobre poder e opressão. Já orientei mulheres negras sobre como usar a CNV para discutir raça e gênero nas decisões de contratação e demissão de modo que o impacto que elas veem em detrimento da igualdade seja posto sobre a mesa para uma discussão clara. Já trabalhei com pais de crianças trans sobre como aplicar esses princípios para lutar pela educação de não conformidade de gênero na escola de seus filhos. Ao comunicar observações e a necessidade de mudança a partir de uma perspectiva com base em valores, despertar aqueles que nunca pensaram no impacto de suas ações ou regras se torna possível.

Mas há um alerta: tendências inconscientes mudam tudo, e, assim como qualquer aspecto da comunicação, se você não tem noção de suas tendências internalizadas e não trabalhou para desfazê-las, a CNV refletirá essas tendências. Um exemplo clássico disso é a frase: "Simplesmente contratamos a melhor pessoa para o trabalho". No último ano, soube de uma situação muito perturbadora na qual o CEO de um banco de investimentos, quando questionado sobre a falta de diversidade no momento de contratar, apenas respondeu com essa frase.

Observe que a afirmação "Simplesmente contratamos a melhor pessoa para o trabalho" pode parecer uma frase de valor, em alinhamento com os princípios da CNV. Mas, na realidade, é uma frase de viés inconsciente. Diz à pessoa que faz a pergunta: não há pessoas que pareçam ou amem como você, ou com suas habilidades, que sejam boas o suficiente para este trabalho. Também deixa de refletir a responsabilidade de quem fala pela falta de diversidade e igualdade em sua empresa, o que dirá responder às origens disso por meio da mudança de política sistêmica e real.

Outros exemplos de frases supostamente de valor que já vi e são, na verdade, evidência de viés, incluem supervisores que não têm filhos afirmando valorizar disponibilidade de tempo para funcionários com filhos pequenos, ou afirmando valorizar trabalho presencial quando um colega está cuidando de um dos pais doente em casa. A função de cuidadora com mais frequência fica a cargo das mulheres, e impor valor sem entender isso pode resultar em atos explícitos de discriminação.

É essencial que o reconhecimento, como um estágio da jornada da heroína, inclua apuração com nossa programação interna. É um caminho constante de autorreflexão que estamos percorrendo, inclusive conforme passamos de reconhecimento ao trabalho da reconciliação. De todas as maneiras como nos comunicamos, incluindo e, mais importante, conforme começamos a dizer a verdade de nossas histórias e a verdade de nossa vida, precisamos conscientemente trabalhar para desfazer os modos como as estruturas de opressão exigem que internalizemos e repitamos suas mensagens. Olhe ao redor, especialmente as pessoas com quem está falando a quem tem ouvido. Você, apesar de privilegiado, está trabalhando para ouvir quem não é? Está defendendo os menos privilegiados e criando espaço para que essas vozes sejam ouvidas? É responsável por si e também pelos outros? Sabemos que a reconciliação, para onde vamos agora, exige se reconciliar com a própria programação e com a dos outros.

Pratique a CNV em sua vida com consideração consciente pelo que você pode ter perdido e o que ainda precisa ser aprendido. Faça o melhor que puder para receber críticas construtivas de um lugar de receptividade e conexão, e não de fragilidade e defesa, para continuar sua trajetória de crescimento. E lembre-se de que o perfeccionismo é uma ferramenta de opressão, e aprender a usar sua voz para a mudança leva consigo seu risco inerente. Você *vai* fazer errado em algum momento. Vai ofender alguém, seu viés inconsciente vai surgir de um lugar que ainda não examinou, e você terá de escolher como incorporar as lições que vêm com ele. A pergunta é se você vai escolher aprender e prosseguir, ou se vai se recolher em silêncio (ou, às vezes, se recolher, aprender e seguir em frente). Peço que escolha seguir em frente, com gentileza consigo mesma, ouvindo os outros, em integridade com o que mais valoriza e com a compreensão de que cada passo pelo caminho para se tornar a heroína que deve ser incluirá períodos em que vai precisar aumentar a voz e sua visão de maneiras desconfortáveis para o bem maior.

Em outras palavras, você precisa continuar carregando o vaso apesar de haver furos nele, porque o que vaza cria crescimento. Siga em frente. Você consegue. Sim, consegue.

ESPAÇO PRÁTICO PARA A MUDANÇA

Por fim, vale a pena pensar em *locais construtivos* para começar a fortalecer o músculo do falar a verdade. Especialmente, convido as mulheres com quem trabalho para avaliar em termos reais e sinceros as relações e os espaços que sabem que podem expandir sua própria voz para criar maior impacto para um mundo melhor.

Você poderia dizer mais a respeito das condições e do seu ambiente de trabalho e como ele poderia mudar para ser mais inclusivo? A escola frequentada por seus filhos ou o partido democrata precisam de mais compreensão que você seria capaz de oferecer em um assunto importante? Você testemunhou discriminação em locais públicos onde sabe que precisa apontá-la? O que incomoda você, quando pensa nessa questão, como um lugar que precisa de sua voz?

Como disse antes, comecei a contar histórias íntimas e a exigir mudança em pequenos grupos em que sabia que estava protegida. Com o tempo, os espaços ficaram cada vez maiores. Cada passo no caminho foi exigindo mais coragem e, ao mesmo tempo, uma avaliação do que eu precisava para me sentir segura enquanto me equilibrava entre a necessidade de falar e o impacto que isso teria de modo mais amplo.

Agora, sempre conto minhas histórias e defendo a mudança em estágios na frente de dezenas de milhares de vidas e *on-line*. Isso não quer dizer que é sempre confortável e não quer dizer que nunca erro. Tampouco significa que, com cada expansão da minha coragem e da ousadia, e por meio de um compromisso com a constante autorreflexão e atenção, o impacto de minha voz para o bem maior se expande junto. Isso também é confrontar o campo do terror e começar a encontrar maneiras de se empoderar para criar mudança.

E vale a pena notar que você não tem que se tornar uma palestrante convincente, nem mesmo sair de casa para causar um impacto enorme usando a própria voz. Uma das minhas histórias preferidas sobre avaliar espaços práticos para a mudança veio de uma cliente que não podia sair de casa devido a uma deficiência. De qualquer modo, ela decidiu que, se não podia sair de casa, os outros teriam de ir até ela. Agora, ela sempre promove reuniões de confecção de cartões em apoio a candidatos políticos que defende, primeiro pessoalmente e depois no Zoom durante a pandemia, e dezenas de milhares desses cartões chegaram à caixa de correspondência de eleitores graças a seus esforços.

Um reconhecimento essencial no caminho para se tornar uma heroína é este: *nossas vozes criam mudança*. Isso inclui a sua. Você também tem a capacidade de fazer diferença. Uma pessoa pode mudar sua vida, sua comunidade, sua nação e o mundo para melhor. Toda ação tomada para elevar sua voz e a voz de quem foi marginalizado e silenciado cria espaços para que todos sejamos valorizados, para que todos sejamos amados, para que o mundo como o conhecemos mude para favorecer a todos em vez de alguns poucos.

Independentemente de como possa usar sua voz, apenas faça isso. Faça mais. Comece hoje.

Você está plantando sementes para o futuro nas cinzas do que veio antes, e esse é o primeiro passo em direção à mudança real.

Parte 2

Reconciliação

7.
Trauma

Tive que passar por muita coisa na vida. Por muito tempo, acreditei que os traumas que vivi (e, sejamos sinceros, continuo a viver) fundamentalmente me prejudicaram e não havia como me tornar quem eu poderia ter sido sem os acontecimentos. Na puberdade e na adolescência, fui molestada muitas vezes por um terapeuta de família que também era amigo de meus pais. Durante anos foi difícil para mim falar sobre isso, exceto com algumas pessoas. Eu me preocupava com o que os outros pensariam de mim se soubessem que eu tinha sido molestada, ou que minha mãe tinha me abandonado para se alinhar com o homem que me molestou, ou que eu tinha me envolvido com alguém ao longo dos meus vinte anos que abusou de mim de maneiras violentas que deixaram cicatrizes no meu corpo, enquanto justificava a própria misoginia afirmando que eu queria ser tratada daquela forma. Por um tempo, tentei manter o fato de ter sido prejudicada como um ponto de orgulho, esperando que isso diminuísse o peso do julgamento que eu colocava em cima de mim mesma e que os outros tambémo faziam. Em determinado momento, um membro da família me disse que eu deveria parar de falar sobre ter sido molestada a outras pessoas da família porque, se uma a cada quatro mulheres era agredida antes da fase adulta e conseguia continuar em silêncio, eu deveria conseguir fazer a mesma coisa.

Eu acreditava que, se as pessoas soubessem o que tinha acontecido comigo, não iam querer saber de mim e, além disso, acreditava que o prejuízo causado a mim havia apagado meu valor e me tornado totalmente desvalorizada. Eu acreditava não ser amada, incapaz de ter um relacionamento saudável, indigna até de ser mãe, e que nunca voltaria para aquele estado "puro" de antes de todo o trauma.

Esses medos abjetos comandaram meus dias por mais tempo do que consigo admitir. Foi só quando completei trinta e dois anos e comecei um relacionamento com um paciente um pouco mais jovem, cheio de gentileza e generosidade e disposto a ouvir todas as partes da minha história, que as coisas começaram a mudar. Uma noite em especial, depois de finalmente contar a pior parte, e depois de passarmos horas conversando em seu pequeno apartamento no Queens, ele olhou para mim do outro lado da cama e disse: "Olha, Elizabeth, não tem nada de errado com você". Foi transformador. Ele me viu por lentes que eu não tinha visto e mudou tudo. Ele foi um espelho refletor para mim, possibilitado apenas pela minha própria vulnerabilidade e disposição de abrir em tempo real e com outro ser humano as coisas pelas quais tinha passado, por mais que isso tenha me assustado.

Começo aqui, no ponto de entrada para a reconciliação, porque a reconciliação começa com a reconciliação com nós mesmos primeiro, e com a gentileza com nós mesmos que me foi oferecida na experiência que descrevi antes. Não temos misericórdia e somos terríveis na maneira como nos tratamos em relação aos traumas que vivemos. E, se não reconhecemos o prejuízo que fazemos a nós mesmas quando sofremos o trauma, se não conseguimos encontrar compaixão para nós mesmas pelo que passamos e pelo que fizeram conosco sem que tivéssemos culpa, seremos incapazes de reconciliar a opressão externa *sem recriá-la ao mesmo tempo.*

Você já se pegou julgando suas próprias experiências e sua dignidade, como eu fiz? Você participa das "olimpíadas do trauma", supondo que seu trauma é pior do que o dos outros ou, ao ver o trauma dos outros, pensa

"Pelo menos não passei por coisa tão difícil, por que estou tão deprimida?"? Você já culpou os outros pelo que eles viveram como parte de não confrontar o próprio trauma? Já culpou os outros por terem sido maltratados de maneiras parecidas? O trauma se manifesta de diversas maneiras, e, por mais que sua vergonha possa ser direcionada interna ou externamente aos outros em forma de proteção, ela está ali, não resolvida e não testemunhada, ocorrendo inconscientemente em sua vida.

Por que é tão importante falar sobre isso? Porque envergonhar os outros ou a si mesma pelo trauma causado é repetir o patriarcado e as estruturas de opressão. Quando dizemos a nós mesmas, ou aos outros, que somos menos por causa do que foi feito a nós — espiritual, emocional, fisicamente — e quando permitimos que essas histórias impactem nossa autoestima e nosso senso de dignidade, estamos inerentemente realizando o trabalho de domínio das estruturas que o perpetram.

Então, começamos aqui com a maneira como reconhecemos nosso próprio trauma e como nos envergonhamos, nos repreendemos e silenciamos com isso, como contamos a nós mesmas essas histórias de que somos indignas e para sempre prejudicadas, e que ninguém vai nos amar porque passamos por coisas terríveis, porque é o que a opressão sistêmica quer que pensemos. É uma narrativa bem conveniente, não? Quanto mais acreditamos que fomos prejudicadas e que é nossa culpa, e quanto mais dizemos aos outros que eles foram prejudicados e são culpados, mais fácil fica para aqueles no poder e com poder continuar perpetrando o mal.

Se voltarmos por um momento ao mito das Filhas de Danaus, e nos considerarmos aquele filtro pelo qual a força da vida flui, também devemos nos questionar o que precisamos filtrar e deixar *sair*.

Há lixo que retemos, os metais pesados do trauma e a lama de nossas experiências confusas que, se não forem limpas de tempos em tempos, impedirão o fluxo de que precisamos para renascer. Devemos esclarecer o que estamos levando dentro de nós, digerir a dor, integrar as lições e permitir que o trauma seja liberado, de modo que não seremos impedidas no caminho em direção ao crescimento.

Por isso, estou aqui para lhe dizer algumas coisas que talvez precise ouvir:

- Você nasceu inerentemente boa e digna.
- Essas qualidades nunca a deixaram e não podem ser retiradas de você por ninguém nem nada que já tenha vivido.
- Não importa o que já tenham lhe dito, seu lugar é aqui.
- Você é perfeitamente imperfeita, exatamente como é.
- Você não é seu trauma.
- Você não o mereceu, não o causou, não o atraiu e não tem nada que poderia ter feito de diferente para mudar o que aconteceu.
- Você importa.
- Por mais que suas experiências a tenham marcado — física, emocional e espiritualmente —, é você que decide como e se as integra em sua vida.
- Sua cura está dentro do seu controle, ainda que a jornada possa durar a vida toda.
- Você é amável, linda e inerentemente valiosa.
- O que ocorreu a você por meio do trauma é uma função do poder e pode ser devolvido ao lugar de onde veio.
- Você basta, você é vista e amada.
- Você é maravilhosa em sua sobrevivência, sua força, sua escolha de seguir em seu caminho e no seu desejo de se erguer.
- Nada do que escrevi aqui é mentira.
- E é tudo verdade para todas nós.

Vou te contar um segredo: não existe uma mulher que conheci na vida, muito menos entre aquelas que considero heroínas, que não tenha passado, em algum momento, por algo absurdamente terrível, por coisas indescritíveis, que se sinta tão pesada com o peso de tudo que tem a impressão de que não vai aguentar — até que, um dia, não aguenta.

ENTENDENDO O QUE É SEU E O QUE NÃO É

Sempre me perguntam o que eu "fiz" para me curar das experiências traumáticas da minha infância e do início da fase adulta. Não vou mentir: essa cura é contínua, e assim será até o fim dos meus dias. Assim como a espiral sem fim da jornada da heroína, existe uma sensação de retirada sem fim de camadas do trauma. Quando você pensa que terminou, tem mais.

Isso não quer dizer que é uma empreitada sem solução — na verdade, bem longe disso. Existem momentos, com certeza, que me fizeram levar anos ou décadas para descarregar o trauma de um modo que não impacte irracionalmente meu comportamento ou meus pensamentos de vez em quando. Entrei em contato com quase todas as modalidades viáveis de trauma ao processar minhas experiências — desde a psicoterapia até a medicina oriental, passando por trabalho com sistemas familiares e aconselhamento e várias formas de trabalho corporal para abordar o trauma preso em meu corpo, até terapias de reenergização, como Reiki e terapia craniossacral, regressão de resgate de alma e de vidas passadas, cura quântica e outras formas de trabalho espiritual, e uma série ampla de sistemas de crença e metodologias. Nada que sugiro aqui deve substituir esse trabalho, nem a busca por metodologia que seja tida como necessária ou relevante ao seu caminho.

Dito isso, um divisor de águas em meu trabalho ocorreu quando comecei a processar meu trauma por meio das lentes do poder. Porque aí é que está: o trauma *intencionalmente* causado é *sempre* vivido por meio do prisma da opressão.

Assim, desfazer-se do trauma, a reconciliação com ele, deve sempre incluir uma compreensão de como o poder o causou, como o poder o criou e como o poder continua a querer que você silencie e se envergonhe.

Assim como suas crenças limitantes, essa bagagem que você carrega *não é sua*, nunca pertenceu a você, tampouco é um acessório permanente de sua trajetória. Você pode — e eu diria que, para criar mudança, você *deve* — devolvê-la.

Uma parte dela está em sua própria consciência, porque, quando você acorda para o fato de que não existe trauma intencional que não tenha a ver com estruturas de poder e opressão, que a violência não pode existir fora dele, é impossível ignorar o fato de que o que viveu não é inerente ao seu caráter, à sua pessoa ou à sua alma. Então, como fazer para devolver o trauma que perpetraram em nós? Começamos falando dele, várias vezes, em espaços de segurança, como discutimos no último capítulo. Integrar nossas experiências traumáticas, e devolver o que não nos pertence, só pode acontecer se conseguirmos falar em voz alta o que nos foi feito em nome do poder. E, como já discutimos, escolher espaços seguros nos quais começar a contar suas histórias e a processar seu trauma é essencial para passar pela experiência dele.

Mas, às vezes, o espaço mais seguro está em você. E é disso que vamos falar agora.

EXPURGANDO O QUE MACHUCA

Talvez para você a ideia de contar a alguém, até mesmo para a pessoa em que mais confia na vida, a história do que viveu seja muito aterrorizante até de pensar. Trabalhei com mulheres que tiveram chefes extremamente abusivos, que passaram por violência, abuso sexual, que carregam uma marca profunda de vergonha e precisam de uma maneira de começar a processar a cura confrontando-a em particular. Por exemplo, uma cliente passou por um divórcio absurdamente dolorido em sua pequena cidade natal. Seu ex-marido acabou desenvolvendo um distúrbio mental e, às vezes, manifestou em público acontecimentos perturbadores e violentos. Envergonhada e sem jeito pelos fatos muito piores que a levaram a se separar finalmente, mas sabendo que precisava começar a processar o que tinha vivido, ela não estava pronta para falar com ninguém próximo da situação sobre o que havia vivido. Em vez disso, precisava, primeiro, limpar a vergonha para poder continuar. Fizemos os exercícios que estou prestes a compartilhar aqui como parte do processo.

Apesar de ser muito a favor de buscar ajuda quando necessário — e de fato incentivo a ajuda psicológica em seu caminho —, se você se vê em um lugar em que está com medo de contar sua história a outra pessoa, convido-a a começar o trabalho de cura tirando o trauma de seu corpo primeiro.

O que quero dizer com isso? Quero dizer que você deve escrever sobre ele.

Abra um espaço para si mesma — espaço físico, sim, também um tempo em que não seja perturbada. Escolha uma experiência traumática e anote todos os aspectos de que consegue se lembrar dela que pareçam relevantes, como fez com o trabalho de origem em capítulos anteriores. Escreva como um fluxo de consciência, e até sentir que terminou. Você vai saber quando terminou porque vai ter a sensação de que esvaziou tudo — toda a sujeira, todo o lixo, toda a mágoa. Escreva tudo o que precisa ser dito.

Para chegar lá, reserve quinze minutos ou diversas sessões ao longo de vários dias. Tudo bem. Faça por quanto tempo for preciso para descrever essa experiência. Mas, quando terminar, faça algo radical: finalize o que escreveu com uma frase de gratidão.

"Por que eu faria isso?", você deve estar pensando. Saiba o porquê: estamos quebrando ciclos. Porque estamos finalizando o que machuca. Porque estamos integrando o que aprendemos. Porque as lições são reais.

Uma frase de gratidão pode ser bem simples — algo mais ou menos como: "Sou grata pelas lições que aprendi. Estou completa com isso agora", seguida por sua assinatura. Ou você pode querer relacionar todos os fatos de uma determinada experiência. Acho útil escrever, por exemplo, algo como: "Nunca mais tenho que passar por isso".

Faça o que ressoe para você.

Depois, tire um intervalo de um dia ou dois e faça algo gentil a si mesma: durma até tarde, brinque com um animal de estimação, abrace seu companheiro ou filhos. Sinta-se presente no agora, e não no passado.

E então, depois desse intervalo, chegamos à parte verdadeiramente divertida: trabalhar com a essência para se comprometer com o processamento do trauma e seu retorno ao ponto de onde veio.

Eu a incentivo a imprimir o que escreveu ou a rasgar as páginas de seu caderno. Depois, respire fundo e ateie fogo nelas.

Sim, literalmente ateie fogo.

Tenho um recipiente à prova de fogo que uso com frequência. As lareiras também são boas para isso. Assim como recipientes em cima do fogão com o exaustor ligado, se você mora em apartamento. Mas, independentemente da maneira que escolher, de forma segura, queime esse trauma. Transforme-o em cinzas. Deixe-o ir embora.

Quando acabar, entregue as cinzas de seu trauma à terra ou ao vento. Quando eu vivia em Nova York, sempre abria a janela no fim desse ritual e soltava as cinzas do que eu tinha escrito ao vento sobre o rio Hudson. Agora que tenho um jardim, eu as enterro como adubo para novas plantas. Escolha o que pareça mais certo para você. Pode ser um lugar que tenha significado para você ou onde vente para que observe as cinzas desaparecer ao vento.

Depois de mais um ou dois dias, sente-se para escrever de novo. Dessa vez, escreva o que está recebendo no espaço dentro de você que segurava seu trauma e não mais sobre o que você soltou. Talvez esteja convidando a gentileza para dentro de si. Talvez seja apoio e amor de sua comunidade. Talvez seja a consciência de seus dons para poder devolvê-los a outras pessoas. Talvez seja um novo e belo trabalho onde todos os seus talentos sejam apreciados e bem compensados. Escreva. Deixe fluir.

E então, você acertou, leve o que escreveu a outro elemento com o qual nós já somos familiarizadas: a água. Quando morava em Nova York, eu escrevia minhas mensagens de boas-vindas em papel biodegradável, pegava algumas flores e levava o que escrevia e as ofertava ao estuário do rio Hudson. Fiz esse ritual no litoral da Costa Rica numa noite de lua cheia, no oceano Atlântico, para pedir o que queria. Certa vez fiz isso em um rio que atravessava uma floresta na Jamaica no Ano-Novo, com alguns amigos.

Cuide para convidar a luz e faça com profundidade, mas saiba: você está pronta para entrar no fluxo de algo mais e está comprometida com isso. O trauma foi transmutado e abriu o caminho para algo novo.

Mais uma coisa: isso pode parecer muito simples e fácil para você, sem dar trabalho. Pode parecer algo que um bando de bruxas pode fazer na mata. Tudo bem. Faça assim mesmo. Muitas clientes — muitas mesmo — começaram esse processo com uma boa dose de desconfiança, mas se viram absurdamente melhores no fim, surpresas com a intensidade da mudança.

Por quê? Porque carregamos conosco as habilidades de nossas ancestrais, enterradas há muito tempo dentro de nós — dons das mulheres que vieram antes de nós, aquelas que faziam mágica, lançavam feitiços e curavam crianças, famílias e nações, ainda que não saibamos seus nomes ou seus métodos. Quando despertamos para os rituais que nos conectam a coisas maiores do que nós mesmas, o contexto de como o poder tem nos silenciado e nos mantido pequenas se torna aparente, e começamos a fazer o real trabalho para o qual viemos.

Então faça, mesmo que pareça um pouco tolo. Deixe sua dúvida de lado por um momento e esteja disposta a se sentir bem mais velha do que é. Preste atenção a como você se sente do outro lado. Assim como a terra a nossos pés retém o adubo de tudo o que veio antes, o sangue que flui por nosso corpo retém as histórias de nossas ancestrais. Elas também estão aqui, vivendo por meio de você, e a mágica delas funciona.

UM TEXTO BREVE SOBRE TRAUMA, IRA E EMOÇÃO ESMAGADORA

No início de 2020, tive a oportunidade de entrevistar a dra. Shaili Jain, uma pesquisadora de trauma e especialista em estresse pós-traumático da Universidade Stanford. A dra. Jain escrevera recentemente um livro intitulado *The Unspeakable Mind: Stories of Trauma and Healing from the Front-lines of PTSD Science*. Apesar de eu ter escolhido entrevistá-la para nosso programa *on-line* que durou um ano, chamado Healing the Heroine ("Curando a Heroína"), ao final da entrevista desliguei o gravador e começamos a conversar.

Como faz alguém que passou por um trauma e de repente se vê em um espaço seguro, minhas histórias sobre meu trauma jorraram de mim. A dra. Jain e eu mal nos conhecíamos, apesar de nosso trabalho estar relacionado, mas havia coisas que percebi em minha entrevista com ela que nunca tinham sido explicadas para mim antes por nenhum médico ou terapeuta com quem já havia trabalhado.

A principal, aquela que mais me abalou, foi que a ira sem controle era, frequentemente, um sinal de trauma não resolvido.

Eu havia chegado ao capítulo mais recente de meu trabalho em um ponto importante de minha carreira e de minha vida. Meu casamento tinha chegado ao fim, em grande parte devido aos acessos violentos de meu ex-marido, que tinha, percebo agora, reorientado meu cérebro para a hipervigilância e ampliado o trauma mais cedo na minha vida. Então, logo depois das eleições de 2016, como você verá em capítulos posteriores, uma série de acontecimentos *on-line* levou à quase destruição da minha empresa, ameaçou minha capacidade de sustentar meus filhos e deu início a mais uma rodada de terror abjeto. Por fim, houve o trauma diário que era acionado durante o governo Trump — a violência constante, *gaslighting* (uma forma de abuso psicológico na qual informações são distorcidas), desinformação, misoginia, injustiça —, que era pior do que tudo o que eu já tinha vivido no passado, ampliado a um nível perigoso.

Tudo isso me levou a um lugar em que a menor crítica ou falta de controle sobre minhas circunstâncias imediatas me deixava incontrolavelmente irada.

Por baixo daquela ira, no entanto, havia um terror enorme, profundo.

Na era em que vivemos, existem ira saudável e ira não saudável. Existe um impulso natural para nos defender e existe a hipervigilância não saudável.

Para além disso está a origem do trauma epigenético — uma área da ciência que só está sendo explorada agora —, no qual o trauma que vivemos é mapeado em nosso DNA e passado de uma geração para outra. O trauma intergeracional, quando nossas feridas não resolvidas são passadas a nossos filhos por meio de nossa maneira de criá-los e pelas experiências que levamos conosco cultural, emocionalmente e por meio de um constante sistema de opressão, é um resultado. Na minha matrilinearidade, por exemplo, temos um longo histórico de mulheres que abandonaram suas filhas física ou emocionalmente, e não existe dúvida de que o impacto desse trauma está na história de minha família imediata. O pesar disso costuma ser coberto pela ira, e o trabalho profundo que tive que fazer em relação a isso continua.

Você já me ouviu dizer antes neste livro que, quando mudamos o interior, mudamos o exterior. Necessariamente, quando examinamos os modos como o trauma alterou nossa forma de pensar (e talvez, por meio da epigenética, nosso DNA), descobrimos de que maneira ele também alterou nossa conduta. A capacidade de curar, reconciliar e integrar nosso trauma é um primeiro passo necessário para reconciliarmos nossos vieses e nossa relação com o poder.

Mais uma vez, no caminho da heroína, o trabalho da cura do trauma dura a vida toda. É um processo alquímico que leva tempo. E também é importante notar que o trauma não resolvido nos torna ainda mais vulneráveis aos abusos sistêmicos de poder do que poderíamos acreditar. O trauma é usado pela desinformação. O trauma cria abertura para vieses conscientes e inconscientes se enraizarem e se espalharem. O trauma nos incapacita, até quando é mais necessário que usemos nossa voz para a mudança. O trauma é *feito* para nos impedir de nos elevar, de derrubar as estruturas de poder dominadoras, trabalhando sobre nós *de dentro para fora*. E a ira sem controle, quando perpetrada nos outros, causa mais danos.

É incrivelmente importante que nos tiremos do papel na equação que a opressão sistêmica nos deu. Pergunte a si mesma: E se eu deixar minha ira de lado? O que acontece se eu confrontar minha ira e meu terror? O que está por baixo disso? Como posso transformá-los em algo melhor? Quais processos por baixo dele preciso analisar? A quem eu prejudiquei e como posso consertar isso? (Falo mais sobre isso adiante.)

Continue fazendo essas perguntas importantes, e lembre-se: não estamos buscando a perfeição. Estamos buscando a consciência e a capacidade de tomar decisões melhores. Integre a ira, transmute o medo, e você chegará a um lugar de clareza que mudará sua maneira de caminhar pelo mundo e o bem que você pode fazer.

Se de tempos em tempos você se sentir presa, se um ponto cego aparecer e você descobrir um lugar dentro de si mesma que não tenha sido escavado ou que tenha ignorado, a boa notícia é que o trabalho de curar essa questão pode começar a qualquer momento e pode sempre recomeçar. Comprometa-se com seu trabalho. Agora. Se existem mundos inteiros dentro de nós, trabalhar para nos curar é um ponto de partida para a cura de tudo o que está quebrado em nosso mundo.

Como aprendi em minha jornada até aqui, nas palavras do grande Leonard Cohen: *"There is a crack, a crack in everything. That's how the light gets in."* (Há uma rachadura, uma rachadura em tudo. É por ela que a luz entra".)[*]

---

[*] Leonard Cohen, "Anthem", faixa 5 de *The Future*, 24 de novembro de 1992, áudio da gravadora Columbia.

FIRMANDO-SE NA INTEGRAÇÃO

Há não muito tempo, era impossível para mim pensar que as experiências traumáticas do início da minha vida chegariam a não mais causar dor. Mas, com o tempo, o impacto dessas experiências se transmutou em outra coisa. A integração dessas vivências em quem eu sou, aquele processo alquímico de transformação, consciência, aceitação das lições e continuidade no caminho, acabou por apagar a dor.

Para mim, continuar a fazer as perguntas que fiz anteriormente me levou a ser capaz de afirmar que fui muito, profundamente, ferida pelas experiências pelas quais passei, e essa ferida é real e verdadeira. Além disso, o que foi feito a mim foi uma forma de violência sistêmica que é tolerada e desculpada sem parar na nossa cultura. Não tinha a ver comigo. Foi feita comigo, mas não era minha. Na verdade, toda aquela ira e aquele pesar e medo se transformaram em algo muito maior do que eu sou: um chamado forte para derrubar todo o sistema que o causou, de modo que o que aconteceu comigo não continue acontecendo com outros.

Meu trauma, em outras palavras, e o desdobrar dele que continua até hoje, me transformou em uma força na qual me apoiar, cada vez mais.

Eu não seria quem sou hoje se não tivesse ido fundo em como fui marcada pelo poder, usada, cortada, prejudicada e agredida pelo poder, se eu não tivesse feito esse trabalho. Não seria capaz de passar em meio a ele, de falar com a dor e com a mudança necessárias para voltar aos nossos dons, escrevê-lo sem vergonha e falar sobre ele sem medo e, mais importante ainda, voltar da jornada para dividir as lições que aprendi, se não tivesse me comprometido com esse trabalho para sempre.

Quando se chega a esse lugar, seu trauma se torna um professor. Por meio das lentes do poder, e sem vergonha, ele oferece um caminho à frente para ajudar os outros, mudar sistemas, impulsionar a integração que você está criando dentro de si em ação. Enquanto continua a trabalhar seu trauma, você vai encontrar cada vez mais oportunidades de realinhar o poder em sua vida e no mundo. Vai se ligar ao convite para usar o que aprendeu no dia a dia. Vai levar consigo a coragem adquirida ao analisar suas experiências com um olhar crítico ao usar sua voz para se reconciliar com o trauma no mundo.

A terra embaixo de seus pés é cheia de lições, cinzas de tudo o que veio antes. Você está sobre a base de todas as suas experiências e nos ombros de todas aquelas heroínas que vieram antes de você, mesmo aquelas que você não consegue identificar. Sua obrigação é tomar a força de sua própria sobrevivência, e o legado que essas mulheres deixaram para todas nós e usá-los para mudar o mundo.

8.
Diversidade, divisão e interseccionalidade

Agora é um bom momento, se você nunca fez isso, para pensar em como a diversidade vive em você. Lembrete: a diversidade vai muito além de raça, gênero ou orientação sexual. Onde você nasceu? Como era sua estrutura familiar? Qual foi sua experiência educacional? Sua família era de classe média? Em qual geração você nasceu? Qual sua idade? Qual sua situação financeira atual? Suas crenças políticas? Sua nacionalidade, seu país de nascimento e/ou o país em que vive? Seu primeiro idioma? Dentro de cada um de nós existem multidões, um conjunto diverso de identidades que se cruzam em todos os indivíduos.

O conceito de interseccionalidade foi apresentado pela primeira vez pela professora Kimberlé Crenshaw, em 1989, em um trabalho publicado com o título *Demarginalizing the Intersection of Race and Sex* ["Desmarginalizando a intersecção de raça e sexo"]. No texto, Crenshaw apontou maneiras específicas como as identidades de mulheres negras se entrelaçavam nas experiências de discriminação e marginalização sob a lei. Apesar de o termo ter sido amplamente usado e aplicado em outras circunstâncias desde então, a interseccionalidade, em sua raiz, aponta para as experiências únicas de mulheres negras em face da opressão sistêmica com base em raça, gênero e classe.

Mais do que isso, compreender a interseccionalidade na prática exige que respondamos por mais do que uma forma de opressão quando consideramos como desmantelar a opressão sistêmica e institucional.

Agora, um aviso: este capítulo pode parecer um pouco repetitivo para quem tem uma compreensão profunda e pessoal sobre a interseccionalidade e a opressão. Quem foi historicamente marginalizado, especialmente de diversas maneiras, pode ter uma compreensão do poder e da opressão no dia a dia, e um entendimento profundo de como as identidades interseccionais podem nos colocar sob o prejuízo sistêmico. Fique à vontade para passar superficialmente por este texto, se for o caso. Mas, se você for uma mulher branca, peço que processe o material que apresento com atenção, já que suas experiências vividas, especialmente de poder e opressão, são muito diferentes das experiências de mulheres negras e indígenas e de outras mulheres racializadas, e talvez precise explorar mais em termos de como as mulheres brancas se beneficiam da opressão sistêmica, apesar de também serem alvos do patriarcado.

Além disso, se você tem diploma universitário, veio de família rica ou foi criada na classe média ou na classe média-alta, sua vida e suas experiências serão muito diferentes das de mulheres com diploma de ensino médio ou inferior que foram criadas na pobreza. Isso também pode ser dito sobre diversidades invisíveis. Por exemplo, tenho uma amiga que há muito se casou com uma mulher que ensina sobre igualdade e inclusão. Seu estilo conservador de se vestir e suas escolhas no que diz respeito à sua aparência indicam que ela é heterossexual. As pessoas para quem ela dá aula costumam ficar chocadas ao saber que ela não é.

Da mesma maneira, indivíduos neurodiversos podem não parecer assim. Aqueles com deficiências de aprendizagem podem também não demonstrar sinais de deficiência.

Sua identidade pode incluir suas circunstâncias de vida. Sou mãe solteira, única provedora e cuidadora de duas crianças pequenas. Apesar de nem sempre ter sido assim, essa visão de mundo e minhas escolhas impactaram muito esses fatos nos últimos cinco anos. Sofri abusos devido à minha condição de mãe criando os filhos sozinha — "não é à toa que você é mãe solteira" é a frase de ataque preferida de *trolls* de direita *on-line* —, e as escolhas profissionais e pessoais que faço colocam meus filhos em primeiro lugar em qualquer situação. Minha identidade como mãe não foi planejada, mas impactou minhas experiências de maneiras únicas e me mudou para melhor como advogada.

Além de raça, classe, identidade de gênero, orientação, estado de capacidade física, estado civil, estado de imigração, religião, maternidade/cuidados, finanças, neurodivergência (ou a falta dela), e educação, sua identidade também pode estar ligada a onde você nasceu e onde viveu.

Mas o ponto principal a observar é que o privilégio preso a certos aspectos dessas identidades e não a outros formou uma hierarquia sistêmica de vieses. De fato, como a brilhante Isabel Wilkerson afirma em seu incrível livro *Caste*, o mito da raça fundamentalmente criou um sistema de castas nos Estados Unidos. Quando começamos a notar que a raça não passa de uma maneira de categorizar a dignidade e o valor com base na aparência, o conceito de raça em si e os mitos relacionados a ele parecem insanos.

Todas fomos doutrinadas com o modo como nossos privilégios — raça, classe, gênero, orientação e muitos outros — vivem ou não vivem dentro de nós. Onde temos privilégio, temos favores dados, não merecidos e não conquistados a nosso favor. Onde não temos, sofremos ao ver aqueles que conquistam, têm sucesso e ganham acesso ao poder onde os tivemos negados. Compreender como essas identidades se cruzam é uma ferramenta essencial para aumentar nossa consciência, nossa defesa, nossa compaixão e para um futuro melhor.

Pense neste exercício essencial: faça uma lista de todas as partes de sua identidade, desde os traços menores, como a cor do seu cabelo, a outros maiores, como seu nível de escolaridade, até a identidade mais ampla que você assume, como sua geração ou sua nacionalidade. Inclua tudo o que discutimos aqui até agora. Quando terminar a lista, releia-a de modo crítico.

Quais aspectos de sua identidade são vistos como favorecendo a cultura dominante? Quais não são? Quais lhe deram acesso a lugares aonde outras não puderam ir? Quais identidades foram a base da discriminação que você sofreu? Quais não foram?

Compreender como o privilégio vive em nós e a interseccionalidade de nossas experiências que resultam do privilégio ou da falta dele nos leva a um entendimento mais amplo dos outros. Quando conseguirmos ver como o poder nos dividiu, nos separou em pedacinhos da totalidade de quem somos e trabalhou contra nós ou por nós com essas bases, quando formos capazes de entender a gravidade do impacto ou o benefício sobre a história de nossa vida, também poderemos começar a entender como aqueles com identidades diferentes experienciam o poder de forma distinta.

Além disso, as diferenças que vivem em nossas identidades e experiências são vantagens, e deixar de ter tanta diferença representada no campo do poder espalha o prejuízo. Consultei e conversei com pessoas de grandes empresas de tecnologia, por exemplo, cujos fundadores nunca pensaram em como a tecnologia que eles tinham construído poderia ser usada como arma contra mulheres ou pessoas racializadas, porque não tinham mulheres nem pessoas racializadas em suas equipes de criação. Palestrei na 3% Conference, criada por minha amiga Kat Gordon para combater a discriminação na indústria de publicidade, e ouvi histórias sobre desastres racistas nessa área que nunca teriam sido permitidos se houvesse talento negro presente. Mesmo nos setores mais tradicionais, como o bancário e o de direito, já conversei com executivos seniores que simplesmente não reconheciam que estavam perdendo negócios porque suas equipes totalmente formadas por homens brancos não eram interessantes aos clientes diversos com negócios voltados para satisfazer as necessidades de pessoas que não eram brancas nem do sexo masculino.

A inclusão é o princípio de que a diversidade por si não basta e deve abranger o tratamento justo e respeitoso de todos em nossa sociedade e oportunidades iguais de sucesso. A inclusão, por sua vez, não é falta de equidade suficiente — equidade de pagamento, de acesso, de poder. Uma sem a outra é insuficiente para combater a opressão sistêmica no trabalho, em casa, em programas e benefícios sociais, na educação, na medicina — em todo setor e também no mundo de modo geral.

Reconciliar-se com hierarquias artificiais, discriminatórias, e com sistemas de opressão pode parecer um trabalho enorme e desgastante. O dano que enfrentamos, do qual nos beneficiamos ou que perpetramos, resulta em séculos de prejuízos constantes. O trauma constante está sempre presente e as soluções, às vezes, podem parecer fora de alcance.

O segredo, no entanto, é continuar procurando. Como discutiremos mais adiante nesta seção, continuar a retirar as camadas do modo como os sistemas de opressão atuam sobre, dentro e entre nós é uma parte obrigatória da jornada da heroína. Todo aspecto do que rejeitamos ou descartamos abre espaço para o crescimento fértil. Toda mudança em nossa forma de pensar e, mais significativamente, em nosso comportamento planta sementes para o futuro. Quanto mais nos firmarmos em uma maneira diferente de pensar, quanto mais abrirmos as lições que aprendemos e retificarmos o prejuízo que causamos, maior será a chance criada para a revolução em nossa cultura e nossa sociedade que cria liberdade e justiça para todos.

CONSTRUINDO COMPAIXÃO

Mais adiante nesta seção, vamos falar sobre conversas difíceis e sobre ativa e, ainda, sobre por que ser testemunha das experiências dos outros, e principalmente seguir o exemplo da maioria das pessoas marginalizadas, é o segredo para a mudança. Mas, primeiro, devemos cultivar dentro de nós mesmas as habilidades de compaixão e empatia.

Quero deixar claro: não estou falando sobre compaixão por aqueles que nos desejam mal. Não tenho compaixão por neonazistas, membros de milícias que querem matar as pessoas, por exemplo. Não tenho compaixão por misóginos, transfóbicos, homofóbicos, xenofóbicos e aqueles que transitam no caminho do ódio em relação a algo. Tampouco me compadeço daqueles que possibilitam alguma das coisas que citei, ou se calam e permitem que as pessoas prejudiquem outras se podem impedir que isso aconteça. Essas pessoas precisam fazer seu próprio trabalho, e não é nossa tarefa fazê-lo por elas. E querer que aqueles que experimentaram o ódio, a discriminação ou a violência façam o trabalho emocional daquele que os perpetrou é, em resumo, besteira.

Não, quando falo sobre criar compaixão, estou falando sobre criar compaixão por aqueles com quem estamos em coalizão, aqueles cuja interseccionalidade difere da nossa mas com quem podemos dividir objetivos parecidos, ou aqueles em quem sabemos que devemos focar. Compaixão pelos outros enquanto ouvimos e aprendemos e compaixão por nós mesmos na experiência de ouvir e crescer são os componentes principais de valorizar a diferença e ir um ao encontro do outro como aliados.

Quando você é desafiada a pensar nas razões de outra pessoa, especialmente alguém que você sabe que está do lado certo da história, eu perguntaria particularmente se você consegue encontrar a empatia primeiro. Como deve ser estar no lugar daquela pessoa? Se não sabe, está na hora de construir relacionamentos nos quais você possa *perguntar, escutar e aprender*.

Tenho sorte por intencionalmente ter cultivado relações com pessoas de todas as áreas de diversidade na minha vida. Se tenho que escolher entre passar tempo com mães ricas, brancas e heterossexuais da minha comunidade, ou as outras, muito diversas, nas quais nossas comunidades raramente se concentram, sempre vou escolher o segundo grupo. Além do fato de que as experiências, os amigos e os relacionamentos diversos tornam a vida mais interessante, também é uma maneira certeira de conferir onde seu privilégio está e de constantemente expandir sua visão de mundo — falo mais sobre isso adiante nesta seção.

Mas, por enquanto, gostaria que você olhasse todos os lugares nos quais atua com frequência — sua família, seus amigos, sua comunidade, talvez a escola de seus filhos, sua organização religiosa ou prática espiritual, suas comunidades políticas e mais. Especialmente se você for branca, heterossexual e/ou cisgênero, olhe ao redor. Você tem inconscientemente escolhido apenas comunidades que se parecem e amam como você? O que você acha que isso quer dizer para sua abordagem mais ampla da sociedade como um todo, para a equidade e a justiça, para você se tornar um agente de mudança? Como você pode fazer escolhas mais amplas em seu compromisso que construirão uma compreensão mais abrangente? Como você pode crescer em sua compaixão e compreensão dos outros e de si mesma?

Comprometa-se em fazer uma coisa nova — talvez algo grande como entrar para a Showing Up for Racial Justice (SURJ) ou outros grupos parecidos se você for branca, apoiar um grupo LGBTQ+ se for heterossexual, ou talvez algo simples como tomar café com alguém novo cujas interseccionalidade e diversidade difiram das duas — e ultrapassar sua zona de conforto em direção a uma mentalidade mais empática e de crescimento. Pergunte a si mesma onde o privilégio está dentro de você. Como você pode ir além disso construindo comunidades mais amplas? Comece agora.

ULTRAPASSANDO

Aqui está um dos motivos pelos quais se reconciliar com a interseccionalidade e a iniquidade é tão importante: a divisão e a disparidade são ferramentas para o patriarcado branco supremacista. Quando somos separadas, hierarquizadas e divididas, necessariamente não estamos agindo juntas em direção à justiça e à mudança.

Um exemplo de possibilidade radical de ser de outra maneira me foi apresentado durante o verão de 2019. Eu estava em meio à organização de uma mobilização contra campos de detenção humana sob o regime Trump, um esforço que acabou resultando em protestos em mais de oitocentas cidades no mundo todo. Como parte desse esforço, recebi um telefonema de uma pastora de uma enorme organização do país em prol da mobilização das igrejas negras por justiça.

Conversei com ela esperando falar sobre direitos de imigração e especialmente sobre como as ativistas negras vinham trabalhando contra a justiça de imigração por décadas, com a esperança de formar uma futura coalização. Apesar de eu certamente ter certa familiaridade com a organização da qual ela fazia parte, não sabia que aquela conversa seria um divisor de águas para mim, muito mais amplo do que eu previra.

Depois de trocarmos algumas gentilezas, a conversa tomou um rumo surpreendente. Ela me contou que líderes de sua organização vinham pensando, já há algum tempo, em como seria fazer um "movimento de transformação", ou melhor, um movimento em que cada organização progressista e pessoas de toda identidade interseccional que historicamente tinham sido marginalizadas e seus aliados se uniriam para pedir por uma grande mudança social.

No mundo meio segregado do ativismo no qual há muito atuo, passei de uma causa a outra, de uma aliança a outra, de um problema a outro em meus próprios esforços organizacionais. O que nunca tinha pensado antes era no que significaria ter verdadeira representação em um movimento ativista transformado, liderado por e centrado naqueles que tinham passado por mais perseguição e que mais se beneficiariam da mudança revolucionária.

Foi uma conversa que mudou radicalmente minha maneira de ver o que era possível. Já observamos um pouco desse movimento na organização que levou à eleição de 2020, especialmente devido a coalizões construídas e lideradas por mulheres negras e racializadas. Também vimos um pouco disso na representação diversa visível nos protestos do Black Lives Matter depois do assassinato de George Floyd. Exemplos de movimentos inclusivos —

organizações que se baseiam no valor de nossas experiências intersecionais e lideram o caminho com compaixão e, ouso dizer, valor — já estão aqui. A questão que fica é como podemos criá-los em todas as partes, de uma vez, em união.

O ponto de partida está em nosso dia a dia e em nossas relações interpessoais. Como podemos desenrolar a conexão na diversidade? Como podemos abrir as portas e enfraquecer o privilégio onde o temos e exigi-lo onde fomos marginalizadas e negadas, de modo que todas nós tenhamos um lugar à mesa? Coalizão, conexão, compaixão na diversidade, valorização de todas as nossas experiências interseccionais e identidades são a chave.

Deixe as sementes dessas ideias germinar em você. Regue-as com suas ações. Cultive a diversidade e a inclusão em suas escolhas diárias, defendendo-as conscientemente e desenvolvendo-as em relações. Pense em todos os espaços que você ocupa, em quem já está dentro dele e quem não está, e trabalhe para uma maior inclusão em todas as mesas às quais se sentar. Expanda os autores e os recursos de mídia que você consome para incluir vozes historicamente marginalizadas. Peça opiniões àqueles que não têm seus privilégios sempre que possível, com a compreensão de que nenhuma diversidade é um monólito de pensamento. Ouça. Eduque a si mesma constantemente para garantir seu próprio crescimento. Procure sempre caminhar de mãos dadas com outros pelo espectro de humanidade.

Mas perceba que tudo em nossa sociedade é feito para impedir esse trabalho colaborativo em comunidade. Sistemas inteiros existem para impedi-lo, e somos ensinadas desde sempre com vieses que funcionam conosco para nos separar e, assim, rebaixar.

Como você vai ver no próximo capítulo, o lugar para começar a combater ideologias e sistemas que atrapalham a mudança revolucionária, que impedem a verdadeira compaixão e a compreensão e põem fim a sistemas hierarquizados de proteção, está dentro de nós mesmas.

9.
Atacar tendências internalizadas

Se você é tão doida por política quanto eu, vai se lembrar do debate democrático que aconteceu na noite de 19 de fevereiro de 2020. Foi a noite em que vimos que Elizabeth Warren, além de sua competência, de seus planos e de seus incríveis funcionários, também tinha a capacidade de fazer com que todos respondessem por suas ações. Nenhum candidato saiu do palco sem ser abordado, e ela foi totalmente brilhante e precisa mostrando o que era capaz de fazer.

O que me decepcionou depois, no entanto, foram os comentários tolos de algumas mulheres nos círculos ativistas nos quais transito que demonstraram desconforto. "Ela é muito brava", "Esse golpe foi baixo", "Ela é uma megera." Observei algumas dessas mulheres conversarem com amigas *on-line* usando palavras como "somos mulheres distintas" e "precisamos mostrar às outras como ser gentis". Apesar de representarem apenas uma pequena parte da totalidade das respostas que li, elas me enojaram. Elas eram, em resumo, uma manifestação óbvia de vieses internalizados.

Pior ainda, apontar isso produziu enorme atitude defensiva como resposta. As mulheres, e sem dúvida principalmente as progressistas, não gostam de acreditar que levamos conosco vieses internalizados que estragam o

ATACAR TENDÊNCIAS INTERNALIZADAS

sucesso de todas. Além disso, as mulheres brancas não gostam de constatar como, mesmo se acreditamos que estamos "despertas", continuamos participando e compactuando com a supremacia branca.

A esta altura do livro, deveria estar claro que a cultura na qual vivemos deixa marcas em nossa psique. A experiência de viver dentro de estruturas de poder que são construídas sobre violência, separação e ódio nos impacta de maneiras conscientes e inconscientes. O patriarcado supremacista branco depende, no entanto, do reforço de suas regras de dentro para fora. Em outras palavras, o que impomos a nós mesmas, e o que impomos a outras pessoas silenciadas e marginalizadas, são componentes obrigatórios de por que o patriarcado continua existindo.

E a educação não basta. Apesar de os trabalhos de Ijeoma Oluo, dr. Ibram X. Kendi, Isabel Wilkerson, Angela Davis, Frederick Joseph, Tiffany Jewell, Heather McGhee, Rachel Ricketts e muitos outros serem leituras essenciais, com as quais peço que você aprenda se ainda não começou, o patriarcado branco supremacista atuou sobre sua mente e também sobre seu corpo por toda a sua vida. Desaprender sua influência e sua própria cumplicidade é algo profundo e necessário, um trabalho que nunca termina.

Esse trabalho interno é tão essencial porque o viés internalizado, quando deixado sem soluções, causa muitos danos. O racismo internalizado, principalmente nas mulheres brancas, é uma fonte inesgotável de dados às pessoas negras, e penso que talvez seja a obrigação de toda mulher branca fazer o trabalho de desmantelar a maneira como a supremacia branca vive dentro dela.

Além disso, todas as mulheres devem desfazer o modo como destruímos umas às outras, principalmente quando nos aproximamos de modelos masculinos de liderança. Veja, por exemplo, qualquer ambiente de trabalho corporativo tradicional e, ainda, a maior parte das startups de tecnologia. Inevitavelmente dentro das categorias, você encontrará uma ou duas mulheres que "chegaram" ao topo. Mas, se você fosse eu e fosse levada a falar sobre a cultura corporativa e sobre como a liderança poderia se dirigir para a inclusividade e a retenção de talento diverso, ouviria coisas, mais cedo ou mais tarde, das poucas mulheres no topo — e com bastante frequência, aquela *única* mulher no topo — que conseguiram acesso aos níveis mais altos de poder dentro dessa instituição.

E o que você iria ouvir, inevitavelmente, são histórias de horror de talento diverso abaixo dessas mulheres na empresa. A chefe do sexo feminino que insistiu que sua assistente do sexo feminino realizasse uma tarefa enquanto estava em trabalho de parto no hospital. A supervisora do sexo feminino que contou a suas subordinadas do sexo feminino que elas precisavam usar saias, não calças, e deixar os cabelos longos, ou os homens no escritório não as levariam a sério. A supervisora branca que relatou ao departamento de RH que o cabelo natural de uma das pessoas negras de sua equipe era "não profissional", enquanto permitia que um homem branco da mesma equipe andasse com frequência pelo escritório usando meias. Histórias assim mostram mulheres que supostamente superam obstáculos mas parecem se esquecer disso e, assim, atacam outras mulheres com ainda mais agressividade do que homens em posições similares e são claramente não confiáveis; como as carreiras foram abaladas com promessas de ajuda e então bloqueadas ou, pior ainda, retiradas quando essas mulheres estão prestes a receber um aumento de salário ou promoção; como os homens têm sido promovidos com facilidade enquanto as mulheres da equipe são deixadas para trás; e como toda mulher abaixo dela na cadeia de comando foi prejudicada. Em uma empresa de assistência médica na qual fiz uma palestra de liderança feminina, a presença de líderes mais velhas na sala criou tanto medo que nenhuma das mulheres presentes estava disposta a levantar questões de preocupação profissional com medo de serem punidas. Ao presenciar esse silêncio, soube disso apenas depois, quando algumas delas se aproximaram e me contaram em privado por que a palestra tinha ido tão mal.

Mas converse com essa arquetípica mulher mais velha e verá com frequência que ela se identifica como feminista, aquela que estoura tetos de vidro e, mais do que qualquer coisa, como um talento excepcional. Ela teve que ser durona na sua ascensão na carreira, era sempre passada para trás, quando não era sexualmente agredida, e teve que adotar certas qualidades e se tornar durona, sem empatia, até se dissociar, para sobreviver e seguir em frente. Em algum ponto do caminho, um homem ou um grupo de homens decidiu que ela havia mostrado a combinação exata de habilidades e disposição de se curvar às exigências para que se tornasse uma das poucas com acesso aos níveis de poder, e ela tem usado essa capa com orgulho — fez com que as cicatrizes da experiência fossem justificadas, porque ela chegou lá quando as outras mulheres não chegaram —, porque o patriarcado supremacista branco a considerou digna. Mas o que ela pode não ter notado é que essa narrativa de excepcionalismo — de que, de alguma forma, ela e só ela tinha as qualidades, as habilidades e a inteligência necessárias para chegar aonde está — é agora uma arma que internalizou contra outras mulheres e deve empunhá-la contra elas, sem nem sequer perceber que está ali.

Quando falo em salas cheias de mulheres em ambientes assim, inevitavelmente uma jovem executiva me pergunta o que fazer em relação às mulheres mais velhas na cadeia de comando que estão sempre exigindo, ou que são cruéis com as mulheres em suas equipes, em comparação com os homens. "Por que ela é tão dura conosco?", "Pensei que homens mais velhos fossem o único problema, mas ela consegue ser *pior*", "Ela não é de confiança, e isso quer dizer que não tenho mulheres para me orientar", "Será que ela *não vê o que está fazendo?*."

Infelizmente, ela não vê. E o alerta que chega com o reconhecimento do viés internalizado costuma ser um dos pontos mais desafiadores e desconfortáveis de transformação que enfrentaremos no caminho para nos tornarmos heroínas — porque, atenção, aquela mulher no escritório da frente não está sozinha.

Cada uma de nós tem pontos cegos que foram criados pela cultura na qual vivemos e os quais, se não forem examinados, podem se tornar mecanismo de reforço de estruturas de poder dominantes contra outras. Talvez acreditemos que, como as coisas têm sido tão difíceis para nós enquanto lutamos para provar nossa dignidade, devemos ser duronas com os outros em troca. Talvez não consideremos conscientemente como poder elevar e empoderar aquelas que historicamente foram silenciadas em nossa organização ou no mundo. Talvez nós reajamos de modo defensivo quando somos chamadas a responder pelos privilégios que temos nos espaços em nossa vida, em vez de ouvir e considerar como podemos influenciar e enfraquecer nossos privilégios para o benefício daqueles que não tiverem direito a eles. Os exemplos são infinitos, e o trabalho de revelá-los é para a vida toda, mas o segredo é começar e seguir em frente.

COMO RECONHEÇO MEUS PRÓPRIOS VIESES?

Durante cerca de quatro anos no início de minha carreira jurídica, trabalhei em uma empresa de advocacia que estava na ponta dos processos de direitos humanos pelo mundo. O sócio da administração ultrapassava limites e também gostava de ultrapassar os limites da lei. Ele me deu muita responsabilidade com vários casos importantes, incluindo a administração de outros sócios mais novos do que eu.

Uma dessas sócias era uma jovem que tinha acabado de se formar em direito e era muito competitiva com todos. Ela rejeitava minha supervisão a cada oportunidade, questionava minha avaliação e parecia fazer questão de falar mal de outras sócias. Em uma ocasião, ela foi para uma reunião com uma sócia sênior e colocou a culpa de um prazo que tinha deixado passar em seu próprio trabalho no meu fracasso de supervisioná-la direito.

Na época, e no meio dessa reunião, eu me lembro de conscientemente ter escolhido controlar minha ira. Não entendi por que ela queria destruir outras mulheres. Pior ainda, eu estava preocupada com minha reação imediata a suas ações naquele momento, que realmente chegou bem perto de um tipo de pensamento como: "É isso, farei tudo o que puder para destruir você, como ousa?".

Não cheguei a esse ponto, deixei passar. Fiquei em silêncio, torci para que o sócio sênior percebesse (ele percebeu) e supus que ela colheria o que estava plantando com aquele tipo de comportamento. Como era de esperar, minha confiança logo se confirmou. No entanto, esse incidente, e diversos outros semelhantes, fez com que eu, ao longo de minha carreira jurídica, considerasse em profundidade o fenômeno de mulheres constantemente trabalhando para destruir uma à outra, incluindo meus próprios impulsos periódicos nessa direção. Mais uma vez, esse é o lugar onde temos que analisar esse padrão por meio das lentes da opressão sistêmica e institucional.

Essa firma também tinha apenas uma mulher no comitê de gerenciamento, e ela estava no papel de supervisão de RH, sendo essa uma vaga para a qual as mulheres mais velhas costumam ser relegadas. Ao longo do meu período lá, as mulheres menos experientes e de níveis médios de experiência receberam a mensagem, explícita e implicitamente, de que só havia espaço para algumas de nós no topo — de que nosso sucesso dependia de satisfazer os padrões para a pequena parte de nossa parceria que estava disponível a qualquer um que não fosse branco, heterossexual ou homem. Para que uma de nós vencesse, outra tinha que perder, e isso significava que éramos mais competitivas umas com as outras do que com nossos colegas homens menos qualificados.

É importante destacar que a mensagem de que apenas algumas de nós podemos chegar ao topo *é uma mentira*. Não existe motivo, por exemplo, para que a famosa frase de Ruth Bader Ginsburg de que haveria mulheres suficientes na Suprema Corte "quando há nove" chocasse. Durante séculos, nossas instituições têm sido governadas quase exclusivamente por homens brancos, heterossexuais e sem deficiências. Por qual motivo nossas instituições não deveriam ser dirigidas por mulheres, pessoas racializadas, pessoas LGBTQ+, com deficiências? Não existe um.

Então, se começarmos com a premissa de que a ideia de que apenas algumas mulheres podem ter sucesso é uma mentira e ainda continuarmos a competir umas com as outras sem parar em vez de nos unir, precisaremos fazer uma pergunta muito importante que costumo fazer a mim mesma quando confrontamos a opressão institucional: Quem se beneficia disso? Quem se beneficia quando não trabalhamos juntas? Quem se beneficia se estivermos comprometidas em sempre nos enfrentar e derrubar umas às outras?

O poder se beneficia. A opressão se beneficia. As instituições voltadas para manter o *status quo* se beneficiam. Quando estamos comprometidas em competir umas contra as outras e derrubar umas às outras, estamos fazendo o trabalho do patriarcado por ele.

De modo parecido, devemos monitorar nossos pensamentos incansavelmente, para ter certeza de que estamos atuando para ir contra os vieses que nos ensinaram. Isso inclui vieses internalizados a respeito de nós mesmas, nossa dignidade, nosso pertencimento, além de vieses contra os outros. É profundamente importante que conscientemente trabalhemos para reconhecer e enfraquecer onde o viés vive em nós, para que não o repliquemos, para não nos machucarmos.

Note que isso não acontece só no trabalho. Quando atacamos o corpo de uma celebridade ou uma pessoa pública *on-line*, a opressão se beneficia. Quando criticamos a voz ou a aparência de outra mulher em vez de suas palavras ou ações, a opressão se beneficia. Quando nos preocupamos que a mulher abaixo de nós está tentando tomar nosso emprego em vez de apoiar sua ascensão, a opressão se beneficia.

Precisamos mudar o roteiro aqui, em nossa mente e nos fóruns públicos e profissionais. Precisamos começar a entender que, ao contrário do que nos ensinaram, quando uma de nós vence, todas nos elevamos. Especialmente devido à natureza da opressão interseccional, quando as mulheres negras vencem, todas nós nos elevamos. Quanto mais nos unirmos, celebrarmos o sucesso umas das outras e trabalharmos para elevar as mais marginalizadas entre nós, mais todas ganharemos.

ATACAR TENDÊNCIAS INTERNALIZADAS

É essencialmente importante que fiquemos vigilantes em tudo o que fazemos profissionalmente para enfraquecer o viés inconsciente em ação, e que entendamos que nenhuma de nós está livre dele. Assim, sempre me perguntam sobre as mulheres que entregam menos resultado ou aquelas que se envolvem em comportamento abusivo. Deixe-me ser clara: não estou sugerindo que aquelas que escolhem não satisfazer as exigências do trabalho, quando essas exigências são estabelecidas de modo igualitário e quando as escolhas e as ações conscientes são tomadas para eliminar vieses em suas instituições, devam ser compreendidas. De fato, já orientei muitas líderes de equipe em meio a escolhas arrasadoras para despedir jovens que elas adoravam ou que esperavam que fossem bem-sucedidas, às vezes aquelas que elas tinham orientado e direcionado, mas que mesmo assim não conseguiam cumprir prazos ou atender às preocupações dos clientes, ou eram agressivas com funcionários ou colegas de trabalho. Sim, fizemos o melhor que pudemos para que, nesses casos, todo padrão aplicado para tomar a decisão de despedir não fosse direcionado por um viés inconsciente. A funcionária tinha filhos que poderiam estar fazendo com que ela se atrasasse? Tinha um pai ou cônjuge doente? Mais alguma coisa estava acontecendo com ela profissional ou pessoalmente a ponto de impactar sua performance? Havia algo que a instituição ou o líder poderia fazer para apoiar seu crescimento? Sua equipe via seu comportamento pela lente de algum viés inconsciente? Também uma pergunta-chave: um homem seria demitido pela mesma atitude?

Essenciais a essas escolhas são a consciência e a capacidade de tomar decisões. Mergulhe fundo em sua autoanálise quando confrontada com o impulso de criticar, prejudicar ou enfraquecer o sucesso de outra mulher, perguntando-se especialmente a respeito de suas próprias motivações e suas crenças escondidas. Verifique a si mesma com constância. Chame à responsabilidade aqueles envolvidos em alguma forma de viés consciente ou inconsciente, com zero tolerância por aqueles que perpetram o patriarcado ou a supremacia branca, incluindo quando você a vê em si mesma.

Permaneça em sua própria integridade. Esteja consciente dos estereótipos que possam existir em sua mente, e de seus pensamentos se e quando esses estereótipos se apresentarem, para poder se analisar. Compreenda onde o privilégio vive em você e procure dosá-lo para favorecer àquelas que são mais marginalizadas, e busque enfraquecê-lo em favor da igualdade sempre que puder, em vez de usá-lo como arma.

Há muito espaço para todas nós, e devemos procurar criar esse espaço em tudo o que fazemos em nome de todas aquelas que foram humilhadas ou afastadas pelo viés sistêmico e institucionalizado. Além disso, no caso de você ser chamada para responder por seu próprio viés, ou devido a um ponto cego do qual não tinha consciência, sua responsabilidade é reagir com atitude, autoconsciência e escuta ativa — falo mais sobre isso nos próximos capítulos.

Pense no trabalho de enfraquecer seus próprios vieses inconscientes como o trabalho de reciclar seu pensamento antigo para o crescimento futuro. De novo, o lixo que jogamos fora, que recusamos carregar, que não reconhecemos como nosso, mas como algo adquirido do que nos ensinaram, se torna adubo para melhores maneiras de ser, parcerias mais fortes e construção do futuro que seja mais igualitário para todos.

Descarte seu pensamento e o transmute em crescimento. Não pare. Os anos de viés internalizado que vivem dentro de nós devem ser conscientemente enfraquecidos dia a dia. O processo dura a vida toda.

RETOMANDO SEU TEMPO

Por fim, tome o cuidado de não virar seu viés internalizado contra si mesma. Assim como eu fiz por quinze anos como advogada e em resposta a críticas que recebi devido à minha ambição e à minha comunicação, você pode ter internalizado comentários sobre sua voz, sua inteligência, sua aparência, sua ambição, seu conjunto de habilidades, seus dons que ferem — mas não parecem verdadeiros. Por sua vez, esse viés internalizado pode ter levado você a se calar, a evitar se candidatar a empregos que poderiam ter sido desgastantes, mesmo que não tivesse certeza de que era totalmente qualificada, ou a não lutar para ganhar mais dinheiro ou ter mais responsabilidade quando sentisse que era a hora.

É aqui, na natureza cíclica de nosso aprendizado, que você pode ter que voltar ao trabalho de crença limitante de capítulos anteriores e continuar a questionar o que é verdade e o que não é. Pense nas mensagens que tem passado a si mesma e de onde elas vêm. Pergunte-se: Quem se beneficia quando eu me trato assim, quando nego ao mundo meus talentos ou me afasto de algo que parece bom? Permita que seu pensamento impulsione suas ações.

Plante as sementes, coloque o adubo de seus antigos fracassos e prepare-se para o crescimento.

10.
Conversas difíceis e escuta ativa

No início de 2018, em um comentário de final de noite no Facebook, perguntei o que deveríamos fazer em relação aos defensores de Trump no caso de eles acordarem da maluquice de o terem apoiado. Foi um post com palavras bem rasas, sim, voltado para a ideia de que as pessoas acordassem do feitiço, não foi muito bem pensado. Depois de alguns dias, no entanto, tornou-se algo muito mais significativo.

Em resposta àquele post, disseram que meus comentários poderiam ser lidos como incentivadores da supremacia branca por se concentrar naqueles que perpetravam o prejuízo e não naqueles que o experimentavam nas mãos de Trump e seus apoiadores. Além disso, diversas mulheres negras, depois de levantar no passado questões a respeito de minha plataforma ser receptiva às mulheres racializadas, disseram que aquela não era a primeira vez que minha falta de consciência tinha sido exposta.

Não respondi bem a isso em público. Falei de meu histórico ativista. Tive conversas emocionadas com duas colegas negras, nas quais expus meus sentimentos. Deletei alguns comentários que pareceram abusivos ou destrutivos para a minha empresa. Alguns dias se passaram, e tentei responder e abordar o fato, mas não consegui ouvir nem internalizar o feedback que recebi.

Por fim, quando diversas mulheres brancas anunciaram *on-line* que destruiriam minha empresa porque sentiam que minhas respostas tinham sido inadequadas e invadiram um webinar que eu estava promovendo, tomei uma decisão importante: contratei uma gerenciadora de crise/advogada, uma mulher negra, para me ajudar a entender, aprender e processar o que estava acontecendo — e também deve ser dito: para cuidar que minhas relações com as clientes fossem protegidas de certos ataques relacionados a questões com mulheres negras pelas quais as quatro mulheres brancas também me responsabilizavam. Seus serviços não eram baratos, e ela não pegou leve comigo, mas valeu cada centavo pago.

O evento *on-line* continuou por quase duas semanas. Enquanto eu tentava lidar com meus pontos cegos, me vi assombrada por uma montanha de traumas não resolvidos relacionados à segurança, e por criar meus filhos sozinha e sem apoio. Em determinado momento, o medo de perder minha empresa e de conseguir sustentar meus filhos foi tão intenso que tive um ataque de pânico no meio da noite, quando pensei que morreria. Foi um momento aterrorizante de análise. Talvez você chame de pico de fragilidade branca ou uma reação profundamente autocentrada, mas foi um alarme que não parou de tocar — ou seja, até eu confrontar o trabalho que precisava fazer e os danos que tinha causado.

Um dia depois do ataque de pânico, eu estava descendo a rua no meu bairro, triste, assustada e tentando entender como abordar essa circunstância de frente para ficar do lado certo da justiça e da história e de todos os valores essenciais pelos quais sempre tentei viver. Enquanto voltava para casa, remoendo esse assunto, eu me vi diante da questão do impacto *versus* a intenção e de como minha intenção não importava se o impacto de minhas palavras fosse prejudicial. Decidi, naquele momento, aceitar o convite para analisar meu próprio racismo internalizado, para destruir o mito da "boa mulher branca" com o qual eu vinha vivendo, me tornar humilde e reconhecer que tinha trabalho a fazer e a processar com o conhecimento de que não havia saída além de passar pela dura realidade de meu viés inconsciente e o prejuízo que ele causava.

Livros foram escritos sobre mulheres brancas, fragilidade branca e vergonha, e sobre como nossa fragilidade quando acusadas de racismo é uma força capacitadora e cúmplice para a supremacia branca. Nós corremos. Nós nos escondemos. Nós nos desenvolvemos. Apontamos nossa intenção. Exigimos reconhecimento para as migalhas que entregamos que não levam à real igualdade. Fugimos da responsabilidade. Ignoramos. E, mais do que qualquer coisa, não ouvimos. Focamos em nós mesmas em vez de ouvir e internalizar as experiências de pessoas negras e racializadas. Nós nos recusamos a ouvir e aprender, a elevar e a amplificar as vozes daquelas que podem nos guiar a um mundo melhor e, a partir daí, de nos tornarmos aliadas e coconspiradoras por justiça, em vez de participantes intencionais e não intencionais na opressão sistêmica.

Quando decidi me envolver na maneira como eu feria as mulheres brancas em minha comunidade, comecei a escutar. Li todos os comentários no meu post no Facebook. Pedi desculpas, publicamente e mais de uma vez, por aquele dano e por minha reação inadequada depois dele. Entrei em contato com duas das mulheres negras que tinham liderado a conversa, pedi desculpas e perguntei o que poderia fazer para reparar o problema. Dei passos para fazer isso. Ouvi mais um pouco. Como resultado dessa série de acontecimentos, decidi embarcar em uma espécie de tour de escuta. Fui à Black Women's Roundtable – Mesa Redonda das Mulheres Negras – em Washington, D.C., um evento anual realizado pela Coalizão Nacional sobre Participação Cívica Negra, no qual, como a única mulher branca em uma sala de mais de trezentas das mulheres negras ativistas mais poderosas do país, ouvi e aprendi por vários dias a respeito dos desafios que elas estavam procurando abordar. Conversei com a liderança da BWR, usei minha plataforma para incentivar o trabalho delas e me reuni com elas em escritórios da Casa e do Senado em Capitol Hill sobre assuntos essenciais às mulheres negras. Depois desse evento, eu me senti inspirada e fui chamada para fazer coalizões com algumas das poderosas organizadoras negras que lá conheci — relacionamentos que agora se tornaram parte fundamental de meu papel como ativista militando em coalizão com organizadoras negras em assuntos de justiça racial.

Continuei em frente. Entrei em contato com cada uma de minhas amigas e colegas racializadas e perguntei se precisava fazer algum trabalho de reparação com elas individualmente. Perguntei como poderia ser uma aliada melhor. Uma de minhas amigas mais queridas, uma executiva negra na área de publicidade, me alertou para que eu continuasse a me lembrar de que aquele salvadorismo branco fazia parte da supremacia branca, e me alertou para o fato de que, apesar de eu não poder resolver todos os problemas do mundo, não era responsável pela bagagem individual de todo mundo. Poderia começar comigo e continuar a seguir o exemplo das mulheres negras. Comecei a participar de seminários *on-line* e a me unir a grupos liderados por mulheres negras nos quais questões de raça, igualdade e responsabilidade eram assuntos de primeira importância. Li o máximo de livros que encontrei sobre raça, antirracismo, mulheres negras e o histórico exclusivista do feminismo branco em movimentos políticos. Conscientemente construí alianças com mulheres negras em minha área, e mandei a elas trabalho que poderia ter aceitado antes, sabendo que eram mais qualificadas para cuidar dele do que eu.

Segui em frente. Durante vários meses, minha empresa se envolveu em uma análise integral de nosso conteúdo para avaliar como vieses inconscientes poderiam estar vivendo em nosso trabalho. Editamos e revisamos nosso conteúdo, o marketing e as lições sobre inclusão e acessibilidade. Revisamos nossas políticas internas e chamamos mais e mais palestrantes e consultoras negras sobre todos os assuntos para nossos eventos ao vivo. Pessoalmente continuei a questionar, aprender e crescer em meio a tudo isso, enquanto tentava manter a mim e minha equipe incansavelmente atentas.

As mulheres negras que eu considero amigas e aliadas, e as alianças que formamos como ativistas e colegas, estão entre as relações mais valiosas da minha vida — tanto as que vieram antes desse incidente como as que aconteceram depois dele. Aprendi mais com essas mulheres — principalmente a defender, organizar e mobilizar para a mudança — do que com quaisquer outros professores que tive, sem dúvida. É impossível para mim olhar para essa experiência em especial de ser responsabilizada, com as lições difíceis incluídas, por qualquer outra coisa que não seja uma gratidão imensa pela chance que tive de crescer, aprender e me tornar mais justa e inclusiva no meu trabalho e na vida.

Isso não quer dizer que eu me tornei perfeita em tudo isso de maneira mágica. A curva de aprendizado de meu próprio viés inconsciente e de meu privilégio tem sido íngreme e desorganizada. Várias vezes desde então, prejudiquei alguém por meio da ignorância e da falta de compreensão, e senti a onda de vergonha de minha própria fragilidade. Mas também aprendi que o antídoto para a fragilidade branca que permite e tacitamente endossa a supremacia branca é a responsabilidade total, a humildade e a coragem. Não custa nada pedir desculpas, assumir os próprios erros, reconciliar-se até onde for aceito e comprometer-se a ser melhor, desde que você realmente esteja interessada e faça o melhor que puder para cumprir suas promessas. Pode parecer gigantesco no momento, mas, sinceramente, é o mínimo que nós, mulheres brancas, podemos fazer (falo mais sobre isso nos próximos capítulos), e o compromisso contínuo com o trabalho de não causar danos é o verdadeiro desafio.

Outro comentário importante sobre isso: a fragilidade branca é perigosa para todos nós. Se você é uma pessoa branca desafiada a investigar suas ações ou crenças sobre raça, peço que não reaja de modo defensivo, mas que ouça, abra espaço, internalize as críticas oferecidas e faça seu trabalho para se tornar antirracista, a seu próprio tempo e sem forçar o trabalho emocional das mulheres negras. A fragilidade branca permite a negação da cumplicidade que nos levou a Trump. Permite que atores ruins manipulem e abusem de um país devido a um viés não corrigido. E, em um nível pessoal, ela nos impede de ser aliados na mudança que poderia levar à liberdade de todos.

É essencial que todos que tenham privilégio de algum tipo confrontem como esse privilégio vive em nós e que fiquemos confortáveis estando desconfortáveis na análise dele. Os brancos entre nós também precisam se acostumar com a análise regular de nosso racismo internalizado e dar início a conversas difíceis que levem ao crescimento e à mudança.

A PRÁTICA DO DESCONFORTO

As conversas difíceis são desconfortáveis. As conversas nas quais somos convidados a ser vulneráveis, a examinar nossos erros e cumplicidade, a ouvir os outros descreverem como os prejudicamos estão longe de ser fáceis. Mas não aprendemos dentro de nossa zona de conforto. Aprendemos quando saímos dela.

E sair de nossa zona de conforto, principalmente quando envolve vergonha, viés inconsciente ou prejuízo que causamos, pode nos fazer querer fugir. Permanecer presente de qualquer modo exige esforço.

Sentir-se confortável no desconforto é uma prática. E, como com qualquer prática, a consistência é essencial.

Recentemente, me engajei em um grupo ativista no qual o líder se envolvia em conversas que agrediam as pessoas racializadas, sugerindo que a união dentro do partido democrata tinha que acontecer à custa da justiça. Eu levantei isso em uma mensagem de grupo, quando várias mulheres racializadas pediram que eu o fizesse porque tinham medo de falar e ser atacadas. Nos dias seguintes, conforme a conversa explodia, com algumas defendendo a líder, as pessoas negras e aliados falando sobre o dano, eu me senti, para dizer o mínimo, desconfortável.

Por quê? Porque desafiar o poder, reconciliar-se com ele, é *sempre* desconfortável.

Com o tempo, eu havia me acostumado com as reações em meu corpo a esse tipo de desconforto. É um desejo enorme de fugir, de se autoproteger, de se fechar. Para mim, fica em meu plexo solar, que se contrai a ponto de impedir minha respiração, deixando-a bem rasa. Aprendi a reconhecer isso, a respirar em meio a isso, a me acalmar reconhecendo o desconforto, porque render-se a ele é render-se à supremacia branca. Assim como com o patriarcado, a supremacia branca quer que sintamos medo, quer nos assustar, quer nos silenciar, quer que sejamos cúmplices. Recusar-se a fazer isso, e permanecer presentes para que possamos continuar a nos reconciliar com o poder e o privilégio, é um trabalho essencial.

Conforme me mantive em comunidade com as mulheres racializadas do grupo, ouvindo e não falando por elas, a menos que pedissem, permaneci com meu desconforto e me recusei a deixar a pessoa escapar impunemente. A decepção e o desânimo entre as mulheres racializadas do grupo eram palpáveis, e machucou. Meu desconforto era um preço pequeno a ser pago por ser uma voz solicitada e uma aliada que procurava incluir a líder. Eu me mantive verdadeira comigo mesma e com aquelas amigas ainda falando em meio ao desconforto — mesmo e inclusive quando minhas palavras inicialmente não mudavam o resultado. Felizmente, depois de algumas semanas, a líder reconheceu que não poderia haver união sem justiça e responsabilidade, e publicamente mudou sua perspectiva de modo a refletir isso, o que foi um passo na direção certa.

Essas lições continuam a agir sobre mim e a me levar a fazer mais. Se eu não me sentir desconfortável ao ser chamada à autoanálise ou ao chamar os outros à responsabilidade, sou parte do problema, e não da solução. Da mesma forma, se eu fugir do desconforto em vez de analisar meu privilégio em nome daqueles que são menos privilegiados, sou cúmplice da opressão deles.

Conversas difíceis não nos matam, mas recusar-se a tê-las pode matar os outros ou até a nós mesmos, permitindo que a opressão sistêmica e interpessoal continue. Devemos aprender a nos controlar nas conversas difíceis, mantendo-nos presentes em nosso desconforto e focadas nos objetivos maiores de mudança e responsabilidade, evitando nos tornar defensivas e entendendo que devemos caminhar na verdade. A verdade costuma ser dolorosa, mas também é, como diz o velho ditado, libertadora.

Reconciliar-se com os outros e com nós mesmas exige honestidade. E a honestidade, a honestidade real e a responsabilidade real que levam à mudança real são como a chuva: levam embora o que machuca.

A música que cantamos a Megan no momento de sua morte, "Saint Honesty", de Sara Bareilles, diz o seguinte:

> *Estamos reunindo evidência de uma tempestade marcante*
> *Foi incrível encontrá-la, finalmente sentir o clima, em vez de nos mantermos secas e aquecidas.*

Se não causarmos a chuva, se não trouxermos a tempestade e se não ficarmos presentes nos ventos fortes da mudança, podemos nos manter secas debaixo de uma segurança que não só é uma mentira, um mito de uma sociedade justa que não existe, mas também é prejudicial e violenta.

Precisamos passar pelas tempestades que nos mudam. Não podemos nos acomodar com o silêncio. Devemos falar, aceitar os desafios de criar um mundo melhor e nos comprometer com a verdade que nos liberta.

Deixe chover.

11.
Reparações

Dezessete anos atrás, fui convidada para uma mesa-redonda no curso de direito da — UNC Universidade da Carolina do Norte — a respeito de indenizações. Naquele período, eu estava trabalhando em um caso de direitos humanos em nome de mulheres que tinham sido raptadas e forçadas a ser escravas sexuais de militares japoneses durante a Segunda Guerra Mundial. Na época, as indenizações eram uma forma de justiça que estávamos discutindo em nosso caso, e eu tive o privilégio de me reunir naquela mesa-redonda com outras que defendiam a indenização por escravidão e por diversos erros de abusos de direitos humanos no passado.

Naquela época, o conceito de indenizações por escravidão e genocídio indígena na América parecia uma esperança forçada. As discussões públicas da supremacia branca e do privilégio branco pareciam ser quase inexistentes em qualquer lugar além das aulas de teoria racial em algumas universidades. Só quando o texto de 2014 de Ta-Nehisi Coates, intitulado "The Case for Reparations", foi publicado no *The Atlantic*, eu me lembro de ter conversado sobre as indenizações em lugares fora de uma firma de advocacia ou de um debate de escola de direito.

Mas, em 2003, a enxurrada de perguntas da plateia dessa mesa-redonda foi previsível.

"Nasci pobre e branca, e nunca tive nada. Por que deveria ser responsável por pagar indenizações por algo com que nada tenho a ver?"

"A escravidão é história antiga. As pessoas deveriam superá-la."

"A ação afirmativa não basta?"

Espero que aqui você esteja sob um ponto de vista em que, como a maioria dos americanos, reconhece como essas afirmações são absurdas e que os efeitos de nossos pecados originais nessa nação seguem vivos até hoje. Esses efeitos incluem desigualdade de riqueza, falta de avanço, pagamento desigual, disparidades educacionais, discriminação no acesso à assistência médica, racismo sistêmico em justiça criminal e lei — todos os aspectos, de fato, de nossa cultura, que não trata pessoas negras e racializadas como iguais. O trabalho de reparação, reconciliação e justiça restaurativa não só é necessário, mas muito precisa ser feito.

Todos temos trabalho a fazer, de modo colaborativo e em coalizão, para chegar lá. Independentemente de você defender indenizações pedindo ajuda a um congressista, ou se envolver trazendo um currículo de justiça racial à sua escola de ensino fundamental, em cada indústria e em cada canto de nossa sociedade há trabalho a ser feito. Cada um de nós pode fazer diferença, e nenhum trabalho que leve em direção à liberdade é perdido. Todos temos que atender ao chamado.

Heroínas erguem umas às outras, restauram a dignidade e a justiça, trabalham para o benefício do coletivo e não apenas para elas mesmas. Parte disso ocorre realizando reparações quando necessárias, tanto no nível mais interpessoal, quanto defendendo e cultivando reparos no mundo, de modo geral.

PEDIDOS DE DESCULPA NÃO CUSTAM NADA

Você deve se lembrar de que, como disse antes, o perfeccionismo é uma ferramenta de opressão. Nenhuma de nós é perfeita. Todas nós, e particularmente aquelas engajadas no trabalho de desaprender o que o patriarcado da supremacia branca nos ensinou, inevitavelmente, em algum momento, vamos nos dar mal. Talvez deixemos de nos defender quando for preciso. Talvez, pior ainda, sejamos ignorantes e causemos danos. Talvez tenhamos internalizado a supremacia branca e a tenhamos voltado contra nós mesmas e contra as outras. Talvez não tenhamos nos desculpado por uma ferida séria que sabemos ter causado anos atrás e gostaríamos de curar.

Parte do trabalho de fazer melhorias é saber quando se desculpar. Notadamente, isso pode não resultar em absolvição. Sobretudo se você estiver se desculpando por um dano que decorre de seu privilégio, deve entender que ser ou não perdoada não depende de você. Cabe à pessoa a quem você prejudicou avaliar se suas reparações merecem perdão ou não. Mas isso não muda o fato de que é necessário se desculpar, e você deve fazer isso assim que souber que precisa.

Particularmente em relação ao dano que vem do privilégio, muitas de nós fugimos da responsabilidade. Pode não ser tão claro quanto as perguntas que as participantes da mesa-redonda receberam no exemplo discutido anteriormente, mas podemos dar desculpas, ou tentar minimizar o dano que causamos, ou encontrar maneiras de desviar a culpa. Isso também é fragilidade. Não podemos crescer, mudar e ser modelo para outras mulheres da forma como devemos se não aceitarmos a responsabilidade pelos danos que causamos.

Com o passar dos anos, passei a reconhecer que, na verdade, há muito trabalho bom a ser feito para consertar as coisas. Sempre ajuda pedir desculpas quando causamos dor, mesmo sem querer.

Lembrete: o impacto é mais importante do que a intenção, e, quando você prejudica alguém, não importa se não era essa a intenção. (Lembro-me do namorado que me traiu e que, quando fiquei chateada, disse: "Mas nunca tive a intenção de machucar você", o que, claro, não mudou o que ele tinha feito.) Peça desculpas sempre que souber que precisa fazê-lo. Observe, porém, que, embora as desculpas possam não ser aceitas, fugir da responsabilidade e de nossos pontos cegos prolonga a dor. É muito mais fácil se desculpar de maneira simples e inequívoca, assumir a responsabilidade e prometer fazer melhor. "Eu estraguei tudo, sinto muito pelo mal que causei, assumo total responsabilidade e não farei isso de novo" é um ótimo começo.

Embora eu tenha feito isso em várias ocasiões publicamente, também o fiz em particular em relacionamentos próximos. Posso dizer que, no local de trabalho ou em relacionamentos íntimos, é muito importante, depois de se desculpar, ouvir a resposta. Você pode receber sugestões de como aprender ou proceder. Pode ser que lhe peçam que testemunhe a dor que causou. Ou você pode ouvir que não foi tão ruim quanto pode ter pensado. Independentemente disso, por favor, ofereça o respeito de ouvir, ativa e atentamente, o que lhe é oferecido em troca e aceite. Isso inclui quando a resposta for: "Não posso aceitar suas desculpas e explico o porquê". Será desconfortável, e, como você já sabe, parte do trabalho é se sentir confortável no desconforto.

Como já discutimos, conforme se reconcilia com seu viés internalizado, você *vai* cometer erros. Por esse motivo, ter prática em se desculpar e fazer reparações instantaneamente é uma boa ideia. Parabenizar-se à medida que aprende também é importante. Mas lembre-se de que o que estamos buscando nesse estágio de reconciliação é fazer todo o trabalho necessário para reparar o mal. Continue. Não pare. O desconforto que você sente com suas próprias falhas não é *nada, prometo,* em comparação ao dano que a opressão sistêmica e internalizada causou a qualquer pessoa marginalizada ao longo dos séculos.

Assumir seus erros ajuda os outros a fazer o mesmo. Reparar o dano que você causou leva à cura. E, a partir daí, todos nós podemos avançar na cura do mundo.

TRABALHANDO PARA REPARAR DANOS HISTÓRICOS

Na próxima seção, entraremos no espaço da mudança revolucionária em instituições e sistemas de opressão. Não podemos deixar as reparações, no entanto, sem discutir a profunda necessidade de restauração e reconciliação com as formas mais graves de dano institucional e sistêmico.

Coletivamente, devemos perceber que, na raiz da América, está o genocídio dos povos indígenas. Nós, que não somos indígenas, estamos aqui porque a terra onde vivemos foi roubada. Nesse processo, os colonizadores brancos quase erradicaram as tribos indígenas desta terra, e os descendentes daqueles que sobreviveram convivem com o impacto disso até hoje. Da mesma forma, toda a nação foi construída com o trabalho de africanos escravizados, que foram torturados, espancados, estuprados e trabalharam até a morte em benefício do capitalismo americano branco. Essa nação se envolveu na separação familiar de indígenas e escravos por centenas de anos. A violência do nascimento dessa nação e o sangue que se infiltrou na terra em que agora estamos nunca foram remediados ou reparados.

Temos uma oportunidade única neste momento da história de trabalhar para essa reparação — financeira, equitativa, espiritual, cultural — e reconciliar esses danos originais. Devemos entender que, no coletivo, se recusar a olhar para essas feridas, limpá-las, curá-las as fará apodrecer para sempre. Precisamos de reparação pelos descendentes de escravos. Precisamos de reparação para as tribos indígenas. Precisamos contar a verdade sobre nossa história, não nos envolver em mitos sobre o destino manifesto e o excepcionalismo americano. Devemos alterar nossa visão como cultura sobre de que maneira são as reparações reais e viver de acordo com isso a cada passo. Qualquer coisa menos que isso é cumplicidade.

Se houver algum aspecto do purgatório que possamos extrair do conto das Filhas de Danaus, a incapacidade de se lavar para sempre parece rica nesse caso. Sem a vontade de reconhecer o sangue nesta terra e os danos na raiz de nossa origem nacional, sem um ajuste de contas real e uma cura e uma reparação reais e contínuas, estaremos presas para sempre em um ciclo que nunca poderá abrir espaço para outra forma de ser, em que a desigualdade e a supremacia branca sempre reinarão. O dano contínuo permanecerá de maneiras imperdoáveis até que o enfrentemos de fato.

Devemos estar à altura do desafio que este momento apresenta. Devemos nos reconciliar com as rachaduras não corrigidas na fundação desta nação, em nossas instituições e em nossa própria vida.

Peço a você, neste momento decisivo da jornada, que se comprometa a fazer as pazes em todos os aspectos de sua vida em que sabe que precisa fazê-lo. Examine seu próprio privilégio, onde quer que ele esteja, e considere como seria uma ação para corrigi-lo. Comprometa-se com a verdade em cada caminho que percorrer. Comprometa-se com a responsabilidade e o reparo. Avance bravamente e não fuja. Não tire os olhos do objetivo final: liberdade, igualdade, justiça para cada um de nós, pelo tempo que for preciso.

Temos trabalho a fazer.

12.
Seguindo em direção à igualdade

Na última década, especialmente com clientes de longa data com as quais construí relacionamentos, de vez em quando me perguntavam se poderia ministrar oficinas abrangentes de diversidade e inclusão. Até os últimos anos, minha resposta sempre foi *sim*, não só porque precisava do trabalho, mas também porque me sentia qualificada para fazê-lo. Agora, porém, passo esses pedidos a minhas colegas negras.

Por quê? Só porque eu *posso* aceitar o trabalho não significa que eu *deva aceitá-lo*. A igualdade requer centrar-se nas vozes marginalizadas, e uma maneira de desmantelar o privilégio é elevar a voz daquelas que tradicionalmente não são ouvidas.

Uma das coisas tristes que aprendi ao longo dos anos sobre o mundo corporativo é que o trabalho de diversidade, equidade e inclusão ("DEI") é muitas vezes usado para aplacar defensores vocais dentro da organização, em vez de para mudar a cultura ou criar igualdade. Além disso, verdades duras como as que contei em certos workshops muitas vezes não são bem-vindas (falo mais sobre isso na próxima seção). Por último, e mais importante, algumas organizações preferem contratar mulheres brancas para fazer esse trabalho, não consideram ou não investem no apoio às mulheres negras em sua base de fornecedores de consultoria, ou não se se dão ao trabalho de encontrar consultores que são diversos para fazer seu trabalho DEI. Essas organizações têm um problema, mas não investem em consertá-lo de maneira real e equitativa, inclusive contratando consultores diversos e pagando-os de forma equitativa.

Aqui, confrontamos um exemplo de como, às vezes, viver com igualdade significa *não* fazer. Só porque me ofereceram esse trabalho não significa que eu deva aceitá-lo. Em vez disso, a fim de viver mais plenamente de acordo com os princípios de equidade, centrar esse trabalho nas grandes mulheres negras que conheço e o estão fazendo é um meio de aproveitar meu privilégio para a mudança que desejo criar no mundo e nivelar o campo de jogo.

Agora, você pode se perguntar por que alguém recusaria um trabalho remunerado, e isso por si só pode parecer um privilégio. Certamente tive momentos em que não havia quase nada em minha conta bancária e ficava ansiosa à espera do próximo trabalho. Mas o problema é o seguinte: nós, que estamos acostumadas ao privilégio, onde quer que o tenhamos, temos a obrigação de alavancar esse privilégio quando pudermos para beneficiar aqueles que não o compartilham e enfraquecê-lo da maneira que pudermos. Para mim, parte do movimento em direção à equidade significa não apenas ensinar a outros sobre equidade, mas realmente permitir que a equidade governe a quem ensina sobre equidade em primeiro lugar, e apoiar as instituições a tomar essa decisão, mesmo quando isso significa que eu não faço o trabalho. Significa deixar as mulheres negras, pardas e indígenas liderar nas questões de igualdade e inclusão racial.

Isso me leva a um ponto-chave no movimento em direção à equidade para aquelas de nós que se beneficiam do privilégio: a criação de equidade *pode parecer perda* para aquelas de nós que sempre tiveram maior acesso, dinheiro ou benefícios conferidos pelo privilégio à medida que outras obtêm acesso ao poder. Como diz o ditado: "Para aqueles que estão acostumados com o privilégio, a igualdade parece uma perda".

Quando você está acostumada a dar palpite em um trabalho para o qual não tem qualificação, por exemplo, como muitos homens brancos têm feito ao longo dos séculos, dizer, em vez disso, "Eu não sou qualificada para esse trabalho e acho que você deveria entrevistar uma pessoa negra", pode dar a sensação de que você está desistindo de uma oportunidade.

Não é isso. Se os benefícios foram conferidos a você injustamente devido à opressão sistêmica ou estrutural — e eu diria que toda pessoa branca na América em algum ponto se beneficiou dos privilégios conferidos pela supremacia branca que são negados a outros —, na verdade, abrir mão desses benefícios é uma forma de equilibrar as coisas.

Uma parte do movimento em direção à equidade é escolher conscientemente acertar o carrinho quando você pode. Pergunte a si mesma: Onde você experimenta privilégio há espaço para igualdade?, Como você poderia criá-la?, O que poderia fazer para cultivá-la?, Quem você precisa ouvir, em vez de presumir que sabe a resposta?, Como você precisa agir?. Faça uma investigação diferenciada de como criar mais igualdade e prossiga de acordo.

O que parece perda é, na verdade, um ganho para todas nós, quando a abordamos da perspectiva do valor. Porque a verdadeira diversidade e inclusão — ao negócio, à liderança e ao mundo, e a correção de estruturas que cultivaram privilégios em detrimento de alguns de nós — beneficia a todos.

SEGURANDO A PORTA

Alguns anos atrás, eu estava em um retiro feminino no qual a conversa se voltou para sociedades antigas em que as mulheres governavam — histórias que em muitos casos foram relegadas aos bancos da história, escondidas em volumes misteriosos em bibliotecas empoeiradas, fora da vista do público. Uma mulher, uma estudante amadora de sociedades matriarcais ao longo da história, começou a discutir o papel dos guardas masculinos nos templos onde as líderes femininas governavam coletivamente.

Em seus exemplos, os homens desempenharam um papel particular, mas crítico, garantindo que as mulheres tivessem permissão para fazer o trabalho de liderança: esses homens eram responsáveis por guardar as portas do templo.

Notadamente, sua tutela assumia duas formas: primeiro, permitindo o acesso pelas portas do templo às mulheres que estavam lá para liderar e, segundo, guardando essas portas do templo para garantir que ninguém que representasse uma ameaça àquelas mulheres pudesse entrar.

Eu pensei sobre essa discussão centenas de vezes desde então. Embora passemos algum tempo na próxima seção do livro falando sobre a revolução dos sistemas opressivos, gostaria que você considerasse por um momento o papel da heroína em se mover em direção à equidade na vida diária, agora no papel de segurar a porta.

Segurar a porta é um meio de alavancar e desmantelar o privilégio. Você está abrindo portas para pessoas historicamente marginalizadas em lugares onde experimenta privilégios? Se você é branca, trabalha para promover as mulheres negras em seu local de trabalho? Você recomenda e incentiva um grande talento negro ao vê-lo? Se você é hetero, trabalha para criar oportunidades para uma maior representação de pessoas LGBTQ+ nos corredores do poder? Se você não tem deficiência, pensa em como criar um acesso físico real para aqueles que têm? Você se concentra nas vozes dos líderes que não têm o privilégio de mostrar aos outros como isso é feito? Nesse caso, você está fazendo sua parte em um aspecto de segurar a porta.

Por outro lado, você é protetora daqueles que não têm os seus privilégios? Você usa sua voz para apontar a supremacia branca onde você a vê em ação? Você eleva e protege os líderes de comunidades marginalizadas que não são as suas e garante que estejam seguros para fazer seu trabalho crítico no mundo? Dentro de sua organização ou trabalho político, você coloca sua voz ou seu corpo em risco para manter todas as pessoas seguras? Você trabalha para contradizer a sabotagem de outras pessoas onde a testemunha? Você é uma guardiã da equidade? Esta é outra parte de segurar a porta.

Aquelas de nós com privilégios devemos segurar a porta implacavelmente para aquelas que não os compartilham, se estivermos comprometidas em fazer mudanças reais.

FAZENDO O TRABALHO EM TODA PARTE

Na próxima seção, vamos nos aprofundar em como enfraquecer a opressão sistêmica em sua própria vida, no trabalho e no mundo. Por enquanto, porém, gostaria que pensasse sobre onde você vê desigualdade em sua vida diária. Isso pode variar de seus espaços mais íntimos aos maiores aspectos públicos. Comece pequeno e siga a partir daí.

Você se pega fazendo mais tarefas domésticas, cuidando dos filhos e outras tarefas tradicionalmente femininas alocadas em sua casa? Você se encontra relegada à administração em vez de ter poder no trabalho? Você experimenta discriminação no pagamento, na oportunidade, na educação? Você é silenciada nas organizações cívicas em que opera em favor de vozes brancas, masculinas ou heterossexuais? Você tem medo de violência sistêmica da polícia, do seu governo ou de seus concidadãos?

Quando começar a olhar para a iniquidade e a desigualdade conforme elas atuam em sua própria vida, começará a ver onde o verdadeiro trabalho da revolução precisa acontecer. Identificar onde o trabalho precisa ser feito é apenas a ponta do iceberg. Continue. Essas são as sementes que estamos plantando no campo da cremação. Estamos fertilizando-as com nossos antigos traumas, ignorâncias, danos e fracassos. Estamos nos reconciliando com o trabalho a ser feito.

Estamos trazendo a luz do sol para as trevas das quais o poder depende para sobreviver. E temos que trazer a luz do sol antes de podermos trazer a chuva.

Parte 3

Revolução

Parte 3

Revolução

13.
A carta e o caminho

Imagine que, um dia, uma carta chegue em sua caixa de correio. "Querida amada" é como ela começa.

A carta começa contando uma história sobre você — como você nasceu, o quanto você é importante, como se tornou parte do mundo. Ela fala sobre a família à qual você pertence, as feridas que existiram por gerações, o caminho tortuoso do DNA, da escolha, do trauma e do destino que a trouxe até aqui, do legado que a criou.

E então ela lhe diz o seguinte: pelo resto de seus dias, sem exceção, você será cuidada incondicionalmente.

Se precisar, uma quantia básica de dinheiro será disponibilizada para garantir sua sobrevivência. Você sempre terá um lugar para morar. Você sempre terá o que comer. Não precisa temer acabar morrendo sozinha na rua quando envelhecer. Você receberá atendimento médico da mais alta qualidade. Sem ter que pagar por isso. O que você quiser estudar, ou o que seus filhos queiram, também será pago. O melhor de tudo, todo mundo que você conhece também receberá isso — não importa onde nasceram ou de quem, não importa a cor de sua pele, seu sexo, sua nacionalidade ou como vieram morar no país que vocês compartilham. Além disso, se você for descendente de escravos ou indígenas, receberá reparações substanciais e imediatas pelos danos genocidas causados a seu povo. De uma vez, todos, igualmente, poderão liberar o medo de não ter o suficiente. De uma vez, todos, igualmente, poderão liberar o medo de não ser o suficiente. Todos, igual e instantaneamente, terão valor aos olhos desta sociedade. Todo mundo é importante.

Imagine como seria receber essa carta. Imagine o que isso faria por toda a nossa sociedade e cultura se *todos* recebessem tal carta.

Seria, em uma palavra, revolucionário.

E, embora isso não retificasse todas as desigualdades culturalmente doutrinadas em um instante — porque o patriarcado da supremacia branca existe em todos os aspectos de nossa cultura, afinal —, algumas coisas mudariam imediatamente. Fim da divisão, medo pela própria segurança e pela segurança dos filhos. O fim da pobreza. O fim da vulnerabilidade ao fascismo, ódio, raiva que pode ser explorada por personalidades malignas para dividir e destruir. O fim do terror de a torta ser pequena demais para todos, exceto para alguns poucos privilegiados, em vez de suficiente, sempre, para todos.

Isso significaria o desmantelamento do excepcionalismo americano e do individualismo rude, em favor de algo maior. Significaria uma identidade humana coletiva que considera a diversidade e o valor de todos os seres humanos.

Se isso não mudasse muito as coisas no seu caso, quer dizer que você é profundamente privilegiado e tem uma obrigação ainda maior de trabalhar pela igualdade.

Porque, para muitos de nós, isso mudaria tudo, para sempre.

A palavra *revolução* tem sua origem na palavra latina *revolvere*, que significa "girar". De acordo com o *Merriam-Webster*, quando *revolução* apareceu pela primeira vez em inglês no século XIV, referia-se ao "movimento de um corpo celeste em órbita"; esse sentido foi estendido a "um movimento progressivo de um corpo em torno de um eixo", "conclusão de um curso". A palavra também desenvolveu um significado diferente, a saber, "uma mudança radical repentina ou completa", aparentemente a partir da ideia de reversão de direção implícita no verbo latino. *Revolta*, que inicialmente significava "renunciar à lealdade", surgiu da mesma ideia de "retroceder", nesse caso, de um vínculo anterior de lealdade.

Em outras palavras, a revolução é o avanço de crenças, sociedade, culturas. É a renúncia à fidelidade a sistemas ou instituições que antes tolerávamos. É a conclusão de ciclos que não nos servem mais. É entrar em outro novo ciclo de jornada — nossa como heroína ou nossa como coletivo — para renunciar ao que não está funcionando e girar em direção a algo novo. É a espiral de gerações sucessivas, manifestada na capa deste livro, mais uma vez comprometendo-se a tornar o mundo um lugar melhor, repetidamente, e recusando-se a resistir à injustiça.

Notadamente, a revolução não requer a derrubada armada de governos ou instituições. Conforme relatado pela BBC em 2019, a violência geralmente não funciona para criar mudanças duradouras. Os protestos não violentos têm, de fato, duas vezes mais chances de sucesso do que os conflitos armados, e é necessário um limite de apenas 3,5% da população para produzir mudanças reais e sérias.

Pessoalmente, não tenho problemas em imaginar que os 3,5% necessários somos nós.

A revolução é o cultivo, o arejamento do solo no terreno da cremação. É a mudança das estações, a mudança do vento, que traz nova vida à visão do que é possível. Vive da mudança repentina do tempo, do farfalhar das folhas no pátio, do movimento das nuvens desde o oceano até esta casa onde estou agora sentada, pouco antes da chuva. É a vontade de voltar, e voltar, e voltar, pelo tempo que for preciso, para o que é melhor, mais justo, mais destinado a conduzir ao caminho da liberdade.

A revolução está dentro e fora de você, conectada em todas as coisas.

É sua e é toda nossa. Nós a percorremos constantemente. Percorremos o caminho da jornada da heroína indefinidamente, cada órbita trazendo mudanças internas e externas. Vivemos nesse espaço revirando o solo, cultivando-o para o crescimento, até que existam as condições perfeitas para o renascimento. Chamamos as nuvens e o clima para amadurecer as condições. Percorremos o caminho à medida que esculpimos novos sulcos em nosso pensamento e em nossas ações, renunciando àqueles que não são mais úteis ou nunca foram, para realizar uma mudança revolucionária.

Imagine tudo o que poderíamos curar, em um instante, apenas decidindo coletivamente que era hora de girar em direção a uma nova forma de ser, uma nova cultura de equidade, cuidado e, ouso dizer, amor. Imagine como seria abrir aquela carta.

Imagine, ainda mais, como seria ser aquela que a envia.

Imagine a sorte que você teria em ser o vento, o precursor, que exige essa mudança.

14.
Colocar tudo em risco

Nos meses que antecederam a eleição de 2016, escrevi muito — muitas páginas que postava no Facebook sobre lei, ética, política, feminismo e igualdade. Tornei-me tão prolífica *on-line*, tão determinada a compartilhar o que sabia e a soar o alarme de uma vitória iminente de Trump, que meu antigo papel como professora adjunta na Faculdade de Direito de Columbia parecia ter se tornado algo público. Apesar de eu estar apenas conversando com meus amigos, desconhecidos começaram a me seguir *on-line* em número cada vez maior enquanto eu escrevia. Perguntas eram postadas em meu feed rotineiramente, pedindo orientação, percepções e compreensão. Fiz o meu melhor para respondê-las com a maior frequência possível.

E então, é claro, perdemos.

Pouco depois disso, minha amiga Amanda Steinberg me enviou uma mensagem que dizia: "Ei, você já ouviu falar desse novo recurso chamado Facebook Live? Você pode simplesmente apertar o botão e começar a falar com todas nós sobre essas questões, nos organizando, nos motivando a agir e economizando toda essa escrita". *Humm*, pensei. Talvez.

Eu testei esse novo recurso alguns vezes — primeiro transmitindo ao vivo um protesto na frente do tribunal federal do Brooklyn na noite em que a proibição de viajar foi suspensa, e depois mais algumas vezes, respondendo perguntas ao vivo de amigos e outras pessoas.

Nas primeiras semanas de 2017, isso rapidamente se tornou uma ocorrência diária. Inicialmente, essa transmissão ao vivo não tinha nome — era apenas uma maneira de falar facilmente com meus amigos e alguns outros sobre o que estava acontecendo nos primeiros dias da administração Trump, para educar, capacitar e organizar. Na época, meu Facebook contava com cerca de 2.500 pessoas. A transmissão era simples, muito crua e criada na minha mesa da sala de jantar no meu iPhone todos os dias às 11h.

O que aconteceu depois não foi algo que imaginei, planejei ou pedi. Alguém, ainda desconhecido para mim, deixou cair uma de minhas transmissões no grupo Pantsuit Nation no Facebook, que tinha mais de 3,5 milhões de apoiadores de Hillary Clinton naquele momento. Em questão de dias, minha transmissão se tornou viral. Em poucos meses, estava atingindo cem mil espectadores por dia.

Assim nasceu o #ResistanceLive.

Naquela época, porém, eu havia passado a maior parte de seis anos construindo uma empresa de consultoria em liderança feminina, e liderança emocionalmente inteligente em geral, do zero. Entre nossos clientes estão alguns dos bancos de investimento mais conservadores do país, escritórios de advocacia, firmas de capital privado e fundos especulativos. E, no entanto, ali estava eu, de repente e muito inesperadamente, criticando todos os dias a administração Trump e suas políticas, defendendo o impeachment e, deve ser dito, *xingando muito*. Isso não foi nenhuma surpresa para meus amigos, mas para a minha COO? Que aceitou trabalhar para uma empresa dedicada a promover a liderança feminina em ambientes corporativos e estava rastreando as faturas e os contratos de nossos clientes? Bem, não foi tão fácil.

Como era de esperar, alguns meses depois de o #ResistanceLive se tornar viral, recebi um telefonema daquela COO. Ela foi direto ao assunto.

"Você precisa parar de fazer isso", ela disse. "Centenas de milhares de dólares em contratos estão em jogo." Eu era reconhecida em aeroportos, no supermercado, até nas ruas de Nova York só por passear com meus filhos, ela ressaltou. "O que faremos quando um de nossos clientes descobrir a transmissão e contestar, ou pior ainda, retirar seu negócio dos nossos cuidados?"

"Podemos perder tudo", disse ela.

Respirei fundo, fiz uma pausa e dei a única resposta que pude.

"Não me importo. Nós vamos continuar de qualquer maneira."

Tentei explicar por quê. A transmissão exercia uma atração, um gancho energético em meu plexo solar — *parecia ser um chamado*. Não parecia trabalho, nunca, e ainda não parece. Não parecia uma obrigação. Mas parecia um convite para algo muito maior do que eu, uma oferta que não poderia ser recusada, *um ato de serviço que me chamava*. Simplesmente, e com absoluta clareza, não poderia ser negado.

Aquele momento foi o mais perto que cheguei de sentir como se tivesse descoberto minha razão de ser, pelo menos até aquele ponto. E a transmissão foi, sem dúvida, um dos esforços mais críticos, um dos meios mais críticos para devolver meus dons ao uso coletivo.

Nunca tive qualquer dúvida, nem uma única vez, de que, se a transmissão custasse clientes, ou dinheiro, ou mesmo me obrigasse a voltar ao exercício diário da advocacia, valeria a pena. E isso se comprovou. Nos quase cinco anos desde então, milhares de ouvintes me disseram que o #ResistanceLive ensinou que eles podem fazer a diferença, que sua voz é importante, que eles podem criar mudanças, se tornar ativistas quando nunca o fizeram antes, organizar protestos e serviços bancários por telefone e cartões-postais, obter votos, concorrer a um cargo público, aprender como entrar em algo maior, viver em uma missão real e motivar outros a fazer o mesmo. Mudou vidas. Ele construiu um movimento (mais de um, na verdade). Ele transformou pessoas comuns em guerreiras da justiça e em heroínas na própria vida, comunidade e no mundo.

O público que me encontrou, de forma bastante orgânica, precisava disso, e eu precisava deles. O estranho caminho da minha carreira — do meu trabalho como ativista à minha experiência como advogada e litigante e professora de direito em Columbia, à minha capacidade de comunicar conhecimentos na linguagem de leigos de modo que aqueles que não são advogados pudessem entender, às minhas habilidades como *coach* executiva e líder de pensamento que levava as pessoas a limpar os escombros do silenciamento internalizado para que seus dons pudessem ser oferecidos de volta na forma de ação —, tudo o que sempre parecera tão desarticulado e fora do comum de repente fez todo o sentido. Tudo o que eu já fiz levou a este ponto.

Além disso, algo inexplicável às vezes acontecia na transmissão. A única maneira de descrever era que parecia se tornar outra coisa, algo sobrenatural às vezes, como se eu fosse um catalisador e um canal por meio do qual algo maior fluía. Foi muito *nada a ver comigo*. Às vezes eu entrava na transmissão com apenas uma lista de tópicos e, sem pensar muito, as palavras simplesmente saíam de mim. A experiência de desligar quaisquer limites internos que teriam me impedido de fazer isso, e apenas permitir que meus dons fossem usados dessa maneira, parecia a forma mais elevada de meu propósito e meu ser. Foi uma oportunidade pela qual fiquei profundamente grata. Isso curou algo em mim, uma visão de longa data de minhas inadequações e fracasso percebido por ter deixado um caminho mais tradicional, e tudo de repente se integrou em algo maior e me deu todos os porquês de que eu sempre precisei. Com a clareza mais épica e inegável, *não seria negado*.

Minha COO não gostou disso. E, de certo modo, não posso culpá-la. Ela não estava pronta para aquele caminho, o repentino perfil público ganhando aquele tamanho, a experiência inteiramente bizarra de eu me tornar uma celebridade na internet, a polêmica, os ataques que se direcionaram a nós, os perseguidores e, às vezes, *muitos* esforços escancarados para destruir a empresa que vieram com tudo isso. Ela não estava pronta para as flutuações que isso trouxe ao nosso modelo de negócios, ainda por cima. Preferia os aspectos mais calmos de trabalhar no controle, em vez do impulso revolucionário para a mudança.

E, embora seu trabalho tenha sido excelente e ela tenha ficado por mais alguns meses, não demorou muito para que decidíssemos seguir caminhos separados. E tudo bem. Eu segui adiante.

Nos anos que se seguiram, ironicamente, o que ela mais temia realmente aconteceu, e em mais de uma ocasião. Eu de fato tive clientes — principalmente mulheres — que encontraram o #ResistanceLive. Curiosamente, isso aumentou o interesse delas em nosso trabalho, em vez de diminuir, e levou a uma clareza ainda maior em termos do que tínhamos a oferecer. A transmissão criou um novo nível de ressonância com o que nós, como empresa, podíamos oferecer às mulheres que buscavam os meios e as habilidades para se tornarem agentes de mudança em seus próprios ambientes, para criar revoluções bem onde viviam.

E, apesar de nosso modelo de negócios certamente ter mudado de novo durante a pandemia e evoluído conforme eu evoluí, descobri que, a longo prazo, o custo de me mostrar, embora real, não era enorme na maioria dos casos. Além disso, foi contrabalançado pela tremenda alegria de viver em completa integridade com meus valores, em alinhamento com meu propósito e para o bem maior. Eu vivo diariamente em um espaço de esperança, honestidade, integridade e crescimento — nem sempre fácil, mas sempre gratificante — e em uma comunidade de ativistas e amigos que se beneficiam diariamente do que tenho a oferecer. Em troca, e mesmo em pontos-chave de crise, essa comunidade me ofereceu mais apoio do que eu poderia ter imaginado antes e muito amor do que jamais esperava encontrar em meu caminho.

Eu coloquei tudo em risco para fazer parte do trabalho de revolução em um momento crítico da história, para mim, para nossa comunidade e para o futuro. Eu faria tudo de novo em um piscar de olhos.

MOVIDA PELA FÉ

Isso não quer dizer que sempre foi fácil, ou que eu estava 100% certa de que fazia sentido. Na maioria das vezes, agi com base na fé.

O que quero dizer com isso? Quero dizer que durante muito tempo não tive a menor ideia do que a transmissão poderia trazer, nem se seria uma ajuda ou um obstáculo, nem o que significaria para mim profissionalmente. Eu não tinha ideia se isso algum dia me beneficiaria de acordo com as métricas tradicionais de sucesso, como dinheiro ou maiores oportunidades de crescimento profissional. Nos primeiros dois anos de transmissão fizemos tudo de graça, apesar da quantidade épica de trabalho e custo que tivemos que tirar da empresa para fazê-lo. Eu continuei mesmo assim. No meu íntimo, sabia que deveria haver um fim, mas não conseguia ver. Eu era movida com base na fé.

O estado de seguir movida pela fé pode ser familiar para você. É um parceiro para o momento que não pode ser recusado apesar do conselho que vai contra isso, para a oferta que você sabe que deve aceitar embora não saiba por quê, para o convite que você sabe que deve recusar porque coisas melhores o aguardam, embora você não saiba quais. É o lugar que o chama para adentrar o desconhecido, quando você não consegue visualizar o caminho. É *confiança*, da mais alta ordem, de que há uma razão para a bifurcação na estrada, mesmo quando você não consegue ver aonde o caminho pode levar.

E ajuda se você acredita, como eu, que não há escolhas erradas na jornada da heroína. Você está exatamente onde deveria estar neste momento. Não existe "atrasado" e não existe "atrás". Cada desafio que você pode enfrentar tem algo a lhe ensinar. Cada vitória empurra você ao caminho do crescimento.

Tudo o que você é a trouxe a este lugar de revolução, a este lugar no caminho onde as coisas mudarão e onde você será um agente da virada.

Saber quando e como se tornar esse agente de mudança, quando e como colocar tudo em risco, é uma questão de profundo conhecimento interior. A revolução, e a escolha de se envolver com ela e de assumir riscos para criar mudanças, requer o cultivo de sua fé em si mesma e em sua capacidade de fazer escolhas que a levem para a frente.

No melhor conselho que já recebi, meu pai certa vez caracterizou esse momento decisivo para mim como uma "obrigação sagrada de fazer escolhas que a levem para a frente". Eu acrescentaria, para fins desta discussão, que é *também* sua sagrada obrigação fazer escolhas que beneficiem a todos nós, e não apenas nós a mesmas ou a poucas privilegiadas.

É assim que a revolução começa: você assume a obrigação sagrada para você e sua comunidade de fazer escolhas que nos movam para a frente, no momento exato em que sabe que deveria.

INTUIÇÃO

Cultivar seu conhecimento interior é uma habilidade. Confiar em nosso conhecimento interior é algo que as estruturas de opressão querem treinar ou expulsar de nós, porque nossa intuição é uma ameaça. Na verdade, o conhecimento coletivo das mulheres em geral e nossa narração de histórias e conhecimento interior curam outras pessoas e o planeta. É tão perigoso para aqueles que estão no poder que, em certos momentos da história, nos levou à fogueira.

Sua intuição pode ser a faculdade mais essencial que você tem para decidir quando colocar tudo em risco. Se você trabalhar sua intuição, saberá onde sua voz é mais necessária; como e quando usá-la; e quando precisa se afastar, correr ou lutar. Se você acredita que sua intuição nunca lhe fará mal, terá a arma mais eficaz de que precisa para criar mudanças, onde quer que decida aplicá-las. Embora possa parecer esotérico, é o longo trabalho das heroínas de usar habilidades que são historicamente ignoradas ou rejeitadas para alcançar fins aparentemente intransponíveis. Em outras palavras, subestime-nos por sua conta e risco.

Meu trabalho abrange não apenas a liderança, mas também os domínios do mito, dos arquétipos e da prática espiritual exatamente por esse motivo. O trabalho revolucionário requer todas as habilidades imagináveis e a confiança para aplicar a habilidade certa no momento certo. Assim, encorajo você a fazer o trabalho de treinar sua intuição para que ela se torne um instrumento afinado.

Se esse trabalho for novo para você, sinta-se à vontade para começar aos poucos. Saia de casa para uma caminhada sem destino. Em cada cruzamento, pare e ouça aonde seu conhecimento interior quer levá-la. Ao longo do caminho, preste atenção aos sinais, objetos, mensagens que entram em seu campo de visão. Use isso como uma prática meditativa. Você descobrirá que nunca termina no lugar errado.

Com o tempo, você pode continuar essa prática começando uma caminhada ou meditação com uma pergunta para a qual precisa de uma resposta. Fiz isso uma vez na cidade de Nova York, e dobrei uma esquina após uma longa caminhada meditativa e me vi em frente ao New Museum, onde um HELL YEAH! pegando dois andares tinha sido instalado na frente do prédio. A resposta à pergunta com a qual comecei a caminhada era, portanto, óbvia, e você deve exigir *sinais muito óbvios* se entrar nessa prática pensando que pode perder algo. Acredite em mim, funciona, embora para alguns exija mais prática do que para outros.

A jornada das heroínas modernas exige lembrar que durante séculos estivemos em contato com os elementos, as estrelas, tendo a natureza como nossos guias. Perdemos essas habilidades com o tempo, mas elas estão latentes em nosso DNA. Ligue o botão certo e você descobrirá que, quando se trata de colocar tudo em risco, estará mais pronta do que pode ter pensado e mais armada para a batalha do que nossos opressores querem admitir.

Confie em si mesma. Você tem tudo de que precisa, agora e desde o início. Você está aqui com um grande propósito e como parte de uma missão coletiva. Você reconhecerá o momento do chamado quando se conhecer.

RISCO E SACRIFÍCIO

Mudança requer risco. Como já discutimos, se não estamos dispostas a arriscar algo, nada, para mudar, estamos de fato empenhadas em preservar a situação atual. Além disso, a revolução é incômoda. Quando pensamos em revoluções armadas, vidas são colocadas em risco por mudanças, e nem todos vencem. Nossa revolução pode ser não violenta, mas isso não significa que será fácil. Neste momento crucial da história, nosso desconforto e nosso medo diante dos antigos sistemas de opressão são um sinal de que estamos no caminho certo.

Particularmente no que diz respeito a minar o privilégio, devo lembrá-la de que a revolução, e colocar tudo em risco por mudança, pode parecer uma perda. Você pode ter que desistir da ideia de que não internalizou a supremacia branca, ou que seus privilégios vieram apenas de trabalho duro ou inteligência e não porque você tem o benefício de ser branca, heterossexual, cis e/ou sem deficiência, ou que suas realizações não são inerente e historicamente dependentes do trabalho de outras pessoas. Você pode ter que abandonar sua percepção de que é excepcional, ou de que o acesso ou o poder que lhe foi concedido não está condicionado à sua disposição de ser cúmplice mantendo a situação onde quer que esteja seu privilégio. E muito provavelmente você terá que abandonar alguma forma de poder que lhe tenha sido irracionalmente concedida em troca da disposição de permanecer em silêncio enquanto os outros são oprimidos. A mudança revolucionária exigirá seu desconforto, porque não podemos mudar as estruturas de opressão sem abandonar os benefícios seletivos que proporcionam a alguns, mas não a todos.

Mas gostaria de lembrá-la aqui para ter alguma perspectiva. Se você é uma mulher branca, por exemplo, seus sentimentos não são nada comparados com séculos de opressão sistêmica, escravidão e genocídio, e, além disso, para ser franca, centrar-se em seus sentimentos diante de discussões sobre raça e justiça é, na verdade, uma forma de viés internalizado. Centrar-nos em nossos sentimentos — ou, aproveitando o assunto, em nossa história ativista, ou em como estamos ocupadas ou oprimidas quando somos chamadas a parceria, responsabilidade ou necessidade de mudança revolucionária — é a opressão estrutural agindo por meio de nós para encerrar a conversa. Onde quer que você tenha se beneficiado pessoalmente em troca de opressão sistêmica agindo em outros, sua obrigação é mudar esses sistemas, o que *dá trabalho.*

À luz disso, eu a incentivo a passar algum tempo em particular ou em conversa com outras pessoas falando sobre seus privilégios, pensando em como vai evitar se concentrar em seu próprio desconforto e não em quem foi prejudicada, para que não cause mais danos no caminho para querer criar mudanças. Do que você está disposta a abrir mão para criar justiça e mudança para as pessoas a quem elas foram negadas? Como você vai segurar a porta aberta mesmo quando for desconfortável? Como você vai defender e trabalhar pela justiça, mesmo se e quando isso lhe custar conforto?

A mudança revolucionária em direção à liberdade e à equidade de todos exige que sejamos realmente iguais. É um trabalho árduo, mas estamos aqui para fazer coisas difíceis. Vamos lá.

MAS E SE EU FALHAR?

Bem na época em que eu estava terminando este livro, recebi um telefonema de um grande cliente corporativo. Eu havia trabalhado com essa empresa, um banco de Wall Street, durante quase quatro anos até aquele momento, incluindo vários anos consecutivos de seminários sobre diversidade e inclusão. Como de costume, quando chegou a hora do agendamento anual, entrei em contato para dizer que ainda estávamos no treinamento de diversidade e inclusão para as novas contratações naquele ano.

Desde que comecei a trabalhar com esse cliente, a diversidade e a inclusão foram um problema real. Apenas 14% de sua liderança sênior era formada por mulheres. Somente uma de suas diretoras de gestão em todo o mundo era uma pessoa racializada. Nenhum dos *líderes* seniores se identificava publicamente como LGBTQ+. E, apesar de uma presença mundial, parecia haver pouco reconhecimento do eventual impacto financeiro que o banco provavelmente experimentaria nos anos seguintes por não corrigir sua falta de inclusão, à medida que mais e mais clientes exigiam perfis de diversidade em seus prestadores de serviços, investidores e equipes de compra/venda.

Poucos dias depois de minha consulta anual, recebi um telefonema de uma das líderes seniores com quem trabalhei ao longo dos anos. Embora nove meses já tivessem se passado desde o último treinamento de diversidade que eu havia ministrado, ela tinha alguns comentários para me dar, além de notícias tristes: apesar de todo o tempo e dinheiro que eles já haviam investido e apesar de nossos relacionamentos profissionais de longa data, a empresa não me contrataria de novo.

O que aconteceu depois disso foi uma verdadeira lição sobre a natureza arraigada do racismo e do sexismo nas instituições.

Para contextualizar um pouco: Eu não me lembrava muito do seminário do ano anterior, além do fato de alguns jovens brancos terem se retraído. Particularmente, lembrei-me de um grupo deles em um canto da sala, fazendo comentários rindo de modo inadequado, que desde o início não parecia achar que algo como uma sessão de diversidade e inclusão fosse necessário. Estou acostumada com jovens assim... e cheguei preparada com minhas ferramentas para desarmá-los — humor, reconhecimento, atenção, responsabilidade e inteligência. Algo a notar é que, nessa sala com cerca de 110 pessoas, havia apenas um punhado de asiático-americanos, um punhado de mulheres e um homem negro. O restante era formado por jovens brancos recém-saídos da faculdade e destinados a uma carreira em finanças. E deve-se dizer que o conteúdo que cobri era idêntico ao que havia sido coberto nos anos anteriores, até a apresentação idêntica do PowerPoint, que costumava receber críticas positivas.

Aquele grupo específico de jovens brancos naquele dia chamava um pouco a atenção por seus comentários e suas risadas enquanto eu palestrava, e também pela maneira como ocupava espaço. Havia muita coisa esparramada nas cadeiras, eles se sentavam de pernas abertas e mascando chiclete enquanto eu repassava o material — material que muito lembrava o começo deste livro sobre questões de preconceito sistêmico, institucional, interpessoal e internalizado. Durante o treinamento, como sempre faço, e no contexto do racismo sistêmico, expliquei por que o racismo reverso é uma fabricação — que o racismo é sistêmico e institucional e sobre o poder, e que, se você entende isso, compreende por que não existem coisas como racismo reverso em nossa cultura, ou sexismo reverso.

Eu respondi a algumas perguntas curiosas naquele treinamento dos meninos do canto. Um desafiou a ideia de que a síndrome de impostor se baseava no patriarcado, porque ocasionalmente ele próprio se sentira inadequado. Eu respondi discutindo que há uma diferença entre uma curva de aprendizado básica que todos nós podemos enfrentar e sistemas de desigualdade que são projetados para minar seu sucesso comunicando desde a infância que você é insuficiente. Outro jovem desafiou explicitamente a ideia de que os brancos haviam internalizado o racismo, ponto-final, apesar de uma longa discussão sobre como todos somos produtos de nossa cultura.

No final do treinamento, no entanto, fui abordada pelo único homem negro que estava na sala e precisava da minha ajuda, e seu amigo branco que era um aliado, e pude intervir em seu nome para resolver uma questão (falo mais sobre isso adiante). Isso me deixou com a sensação de que, de modo geral, o treinamento abriu mentes e portas. Além disso, fundamentalmente, eu havia enfrentado ambientes muito mais hostis em outros treinamentos, e aquele não parecia tão incomum.

No dia seguinte, dirigi um programa de liderança feminina apenas para as jovens estagiárias que estavam na sala. Várias notaram que havia uma óbvia "cultura do irmão" sendo aplicada nos homens da classe de estagiários, e que já tinham ouvido alguns comentários bem sexistas que as assustaram sobre o que estava por vir. Foi feita uma referência pontual ao grupo no canto da sala no dia anterior, e como eles tinham intimidado outras pessoas. Elaborei uma estratégia com algumas das contratadas após o seminário daquele dia sobre como lidar com esses comentários interpessoalmente e dentro da instituição, relatei os resultados aos meus colegas — mais uma vez, nada incomum — e então peguei meu voo para casa me sentindo bem com nossa programação, sem feedback negativo.

Avance rapidamente para esta conversa, nove meses depois, sobre a renovação do programa. A líder sênior com quem trabalhei por tanto tempo começou a compartilhar o feedback que recebera. Enquanto ela falava, um conjunto chocante de fatos começou a se apresentar.

Dos quase 110 estagiários na sala, apenas cerca de um terço tinha preenchido uma avaliação. Dentre os que o fizeram, no entanto, havia uma consistência óbvia no comentário, coordenada demais para ser ignorada. Os comentários variaram de "é uma afirmação ousada de que todos os brancos são racistas" a "o racismo reverso é real", "ela rejeitou minha pergunta sobre a síndrome de impostor, que os homens também têm" e "foi uma abordagem ruim sobre tópicos importantes que fizeram parecer que todos os homens brancos são racistas" até "desdenhosa ao extremo com os homens que fizeram perguntas". As avaliações do meu programa, em oposição direta aos anos anteriores, variaram de "ruim" a "adequado" em sua maioria. Em outras palavras, os caras haviam executado um ataque coordenado.

Enquanto o feedback era lido para mim pelo telefone, suspirei. Respondi ao meu colega que o material era o mesmo de anos anteriores, que eu lidava com jovens brancos que se sentiam desconfortáveis com o material em outros ambientes e que ocasionalmente esse tipo de coisa acontecia e cabia à instituição decidir se ia endossá-lo e permitir que assim continuasse.

Infelizmente, e apesar de anos de trabalho de qualidade, aqueles jovens brancos usaram a própria voz para se opor à diversidade e à inclusão e foram validados pela resposta da liderança, e eu não voltaria à empresa para treinar novamente, apesar de nosso longo e positivo relacionamento nos últimos anos.

Portanto, a moral da história: não é nada fora do comum. Ainda mais nas profissões tradicionalmente masculinas, aqueles que desafiam a situação atual muitas vezes pagam um preço. O preconceito está entrincheirado, certas vozes são elevadas enquanto outras são silenciadas, e aqueles de poder e privilégio relutam em aceitar que a causa de seu sucesso seja algo diferente do excepcionalismo que lhes disseram que eles têm. De fato, em uma entrevista recente que conduzi com Marianne Cooper, uma socióloga do Laboratório de Inovação de Liderança Feminina da Stanford VMware, ela disse que, para iniciativas baseadas em gênero terem sucesso, é fundamental que líderes e instituições abordem o privilégio. Essas conversas são desafiadoras, explicou ela, porque, quando as pessoas são confrontadas com seus privilégios, muitas vezes reagem defensivamente, o que pode enfraquecer seu apoio aos esforços de diversidade, mesmo em face da evidência do custo mínimo.

Para esse fim, este é um bom momento para dizer que, em qualquer esforço para realinhar o poder e criar uma mudança revolucionária, você *vai* falhar em algum ponto, talvez até muito, e pagará um preço. Esse preço pode ser pequeno ou grande — na verdade, meus negócios anteriores com o cliente mencionado geraram centenas de milhares de dólares em receita para minha empresa durante um período de muitos anos. Outros que eu conheço tiveram o feedback usual "muito agressivo", "muito alto", que caiu em uma avaliação de desempenho quando lutaram por mudanças em seu local de trabalho. Nada disso deve ser uma surpresa, porque o poder não gosta de compartilhar, e a maioria dos que estão no poder lutará para mantê-lo, mesmo sem perceber seu preconceito inconsciente — o que, ciclicamente, é mais um motivo pelo qual devemos continuar abrindo corações e mentes, e resistindo.

Dito isso, há duas perguntas a fazer a si mesma quando um esforço para efetuar uma mudança falha:

1. O esforço valeu a pena?
2. O que vou fazer agora?

Quando faço essas perguntas sobre a circunstância em que meu cliente corporativo de longa data não renovou nosso treinamento de diversidade, eu não me pego pensando tanto naquele grupo de jovens brancos enraizados em seus privilégios quanto no jovem negro que se aproximou de mim com seu aliado branco depois que o seminário acabou. Você vê, a ajuda que ele precisava de mim foi na verdade o resultado de uma descoberta impressionante — ele descobrira na noite anterior que a empresa pagava a ele cinco mil dólares a menos por ano do que a todos os contratados na sala e, surpreendentemente, que havia sido submetido a um exame de qualificação que nenhum candidato branco precisou fazer. Por meio de minhas conexões com a liderança sênior da empresa, pude imediatamente defendê-lo e documentar a discriminação em seu processo de contratação e pagamento. No dia seguinte ele recebeu um aumento igualando seu salário, e eu tive uma conversa com a liderança sênior sobre o processo discriminatório que levou ao seu exame, com a promessa de que uma investigação seria feita.

Bem, eu não conto essa história para receber reconhecimento, nem pelas lentes do salvadorismo branco. Na verdade, não contei essa história *para ninguém* até ser demitida do trabalho nove meses depois. No entanto, na reflexão comigo mesma sobre perder o lugar pelo que eu disse no palco *versus* ajudar aquele jovem a obter remuneração igual e analisar o tratamento dado a ele, a resposta à pergunta "Valeu a pena?" é inquestionavelmente *sim*. Para aquele jovem e para outras pessoas na sala que não preencheram a pesquisa, a resposta é *sim*. Para as mulheres do seminário do dia seguinte preocupadas com o comportamento dos homens, a quem eu poderia dar algumas orientações, a resposta é *sim*. Para os desconhecidos efeitos propagadores do meu trabalho na instituição, mesmo considerando o resultado para mim pessoalmente, a resposta é *sim*. E não tenho a menor dúvida de que faria tudo da mesma forma novamente.

"O que vou fazer agora?" foi uma pergunta mais difícil. A perda do cliente chegou em um momento em que nosso modelo de negócios estava mudando, e eu queria saber se algum dia ganharíamos dinheiro no setor corporativo novamente, devido ao meu trabalho franco de política e direito, e como isso se refletia nos níveis mais altos do mundo corporativo. E, alguns meses depois, estávamos no meio de uma pandemia que teria mudado tudo de qualquer maneira.

O que fiz, no final, foi sentar-me para escrever este livro. E, conforme eu contava a história aqui, e a processava através dessas lentes, a resposta se tornava clara: o próximo passo seria atingir um público mais amplo, com a mesma mensagem, para efetuar mudanças ainda maiores.

Continuamos. Quando deparamos com um contratempo ou com o fracasso em realizar uma versão da mudança que esperávamos, encontramos novos caminhos, novos meios para criar a mudança e seguimos em frente.

Em certos momentos hoje em dia, eu me pego pensando muito sobre líderes dos direitos civis de gerações passadas e os líderes dos direitos civis do presente, e a luta contínua para efetuar mudanças que aqueles que a iniciaram não viveram para testemunhar. Podemos não ver a mudança que desejamos na próxima semana ou no próximo ano, nem mesmo em nenhum momento de nossa vida. Isso não torna a luta pela mudança menos digna, ou a revolução que cultivamos menos importante. E, embora o custo da batalha às vezes seja bastante alto, temos umas às outras, temos o chamado da justiça e temos a verdade. Como minha amiga LaTosha Brown canta regularmente e nas palavras da grande Ella Baker: "Nós que acreditamos na liberdade não podemos descansar enquanto ela não chegar".

Continue. Mesmo diante do fracasso, continue. Encontre o novo caminho, o novo caminhar, as novas ferramentas, porque você é — e, se você continuar, ainda será — uma catalisadora da mudança.

15.
Revolução engajada: regras e política

Trabalhamos muito até agora neste livro, preparando o cenário para este momento. Chegou a hora de tudo o que incubamos emergir para nos impulsionar para criar uma mudança revolucionária — ou para darmos um passo em direção ao que é mais importante e liderar.

A meu ver, a decisão de fazer isso não é opcional. Todas nós, e cada uma de nós, temos lugares onde podemos usar nossa voz para mudanças que beneficiam aos outros, e talvez a nós mesmas, no processo. Você está lendo este livro por um motivo. Seu chamado está esperando por você. Em algum ponto, um problema ou uma circunstância exigirá (ou exigiu) sua ação, e não será negada. Em algum momento você chegará a um ponto em que, nas palavras da autora Minda Harts, "a liberdade de alguém dependerá de você ativar sua voz".*

É muito provável que, se você leu o livro até aqui em vez de apenas abrir esta seção, já saiba o que precisa fazer. Mas, se não, agora é a hora de decidir onde deseja ver e criar uma mudança revolucionária. Considere sua

---

* Minda Harts (@MindaHarts), "A liberdade de alguém depende de você ativar sua voz... ", 7 dez. 2020. Disponível em: https://twitter.com/MindaHarts/status/1336053710108155914?s=20.

trajetória certa agora — pessoal, profissionalmente ou no mundo. Onde você sabe que poderia elevar sua voz ou a voz de outras pessoas para promover mudanças? Onde você não fez o suficiente? Onde você escolherá, agora, dedicar seu tempo e suas ações para criar uma mudança revolucionária? Como você será a catalisadora?

Para os milhares de mulheres que treinei na última década, esse processo é pessoal e político. Para algumas, significou concorrer a um cargo público. Para outras, levou a uma organização radical nas ruas em todo o país pela vida dos negros. Para outras ainda, significou ir a campos de detenção na fronteira para defender, testemunhar e alavancar a verdade para a justiça na política de imigração. Foram esforços enormes e históricos por parte dessas mulheres para colocar o próprio corpo, e às vezes a própria vida, em risco por uma mudança real.

Nem todas nós estamos prontas para algo tão grande como ponto de partida, e tudo bem. Todas nós somos necessárias para a construção de uma sociedade igualitária e justa, então não se preocupe se seus esforços nessa direção parecerem pequenos a princípio. Talvez o lugar em que você decida defender a mudança seja seu local de trabalho. Talvez você opte por soprar os ventos da mudança em direção à sindicalização em seu trabalho, ou em direção a uma nova política de licença familiar que beneficie os trabalhadores, ou em direção à paridade de gênero e raça em uma organização sem fins lucrativos onde você é voluntária. Talvez você dedique tempo ao conselho escolar local defendendo a proteção de crianças marginalizadas contra o bullying. Talvez participe de programas de organização em sua escola sobre igualdade de gênero, igualdade LGBTQ+ ou direitos das crianças trans. Talvez você incentive seu chefe para uma análise de remuneração igualitária na empresa. Talvez trabalhe com uma organização local de direitos dos deficientes para oferecer maior acessibilidade às pessoas da comunidade que precisam. As opções são infinitas.

E você não precisa escolher toda questão com a qual se identifica. Há muito tempo defendo a teoria de que devemos escolher de duas a três questões que realmente importam para nós, sobre as quais temos mais conhecimento ou que nos causam mais dor, para as quais dedicar nossas energias. Outras pessoas escolherão outras ações. Acredite que, no coletivo, todos nós levaremos oxigênio e todos levaremos a chuva para as causas que deles necessitem. Lembre-se de que cada uma de nós está aqui com um conjunto único de dons que terão um impacto de maneiras únicas. Escolher como, quando e onde aplicar esses dons requer nuances. E de particular valor nessa arena é a questão da ressonância: onde seus dons são mais necessários e onde o impacto de sua implantação terá o maior e mais recompensador efeito?

    A chave aqui é envolver sua paixão e seus talentos no esforço de mudança nas questões que mais importam para você, e onde você sabe que pode ter o maior impacto, e então não desistir. Por exemplo, toda a minha vida, de uma forma ou de outra, tem sido um caminho para a igualdade de gênero e a justiça racial. Desde aquele primeiro protesto anti-apartheid que organizei em Harvard, ao meu trabalho como advogada de direitos humanos, à empresa que agora dirijo, cada parte da minha vida voltou, diversas vezes, à luta por igualdade e justiça. Embora o foco imediato possa mudar, sei que a injustiça é um gatilho para que eu, implacavelmente, continue a lutar. De maneira crítica, não consegui ficar calada sobre essas questões, mesmo sabendo que o custo poderia ser alto. Você deve encontrar as questões que fazem com que você se sinta assim.

    Isso não significa que será capaz de causar um grande impacto na primeira tentativa e não significa que não precisará de pausas de vez em quando. Na verdade, resistência, consistência e foco são flechas essenciais para a aljava do agente de mudança. O campo de terror aparecerá para você várias vezes. Às vezes, você falhará. Às vezes, terá sucesso. Mas a chave aqui é nunca desistir, porque a única maneira pela qual a injustiça continuará a reinar é se desistirmos.

    Lembre-se também de nossa conversa anterior sobre movimentos de descoberta. Certifique-se de construir alianças com aquelas mulheres que não se parecem ou não amam como você, especialmente em torno de causas comuns. Entenda que a mudança mundial real, inovadora, exigirá que cada um de nós faça a sua parte carregando essa água vital. Esteja ciente de que temos muito a aprender umas com as outras e esteja aberta para aqueles que chamam a sua atenção para seus pontos cegos. Transforme a dor em ação, o medo em trabalho e o desafio em motivação. Continue. Todas nós vamos chegar lá, juntas.

FORTALECENDO O MÚSCULO DA CORAGEM

Desde a eleição de 2016, tenho trabalhado com mulheres que nunca, em um milhão de anos, teriam se considerado ativistas antes daquele momento. Tendo confrontado seu próprio fósforo aceso, no entanto elas estavam determinadas a criar uma mudança revolucionária, mesmo que isso as assustasse e que nunca tivessem se envolvido em qualquer trabalho como agentes de mudança anteriormente. Muitas delas começaram devagar — com um telefonema para seu supervisor para pedir uma análise, ou uma campanha para escrever um cartão-postal para a eleição de 2018, ou convocando seus vizinhos para votar em um candidato. Gradualmente, seu conforto cresceu. Agora, algumas dessas mulheres organizaram protestos em toda a cidade, administraram campanhas inteiras ou até concorreram a cargos públicos. A transformação foi uma bênção absoluta de ver em todos os casos.

Como essas mulheres fizeram, a cada passo ao longo do caminho para a revolução você encontrará seu próprio campo de terror. Às vezes, sua raiva ou indignação podem dominar o medo, mas estarão lá, espreitando por baixo. Por essa razão, inicie o caminho de seu próprio trabalho a esse respeito fora de sua zona de conforto, tanto quanto lhe pareça tolerável, mas não mais. Costumo fazer uma analogia a respeito com trabalhar para conseguir um alongamento profundo, mas não uma lesão no tendão da coxa. Você quer ultrapassar os limites do possível, porque nenhum crescimento vem sem isso, mas não a ponto de perder sua capacidade de criar estratégias.

Cada pessoa que conheci que lutou por uma mudança revolucionária ficou apavorada ao longo do caminho. Sim, viver de fé ajuda. Sim, saber que você está em um caminho com propósito ajuda. Isso não significa que você não sinta medo algumas vezes. Novamente, voltamos à lição de que devemos sentir o medo e fazer o que precisa ser feito de qualquer maneira. Tal como acontece com a vulnerabilidade e a voz, ficará cada vez mais fácil. Talvez hoje você esteja lutando por uma maior diversidade em sua empresa. Talvez, no próximo mês, você esteja em um palco dizendo a todo o setor por que a representação é tão importante. Talvez no próximo ano você esteja abrindo sua própria empresa, onde patrimônio e inclusão sejam construídos a partir do zero. A cada passo do caminho, giramos mais em direção à justiça e nos distanciamos do que não serve ao todo.

Agora, uma lição importante para nós com privilégios: flexionar o músculo da coragem nem sempre significa falar alto. Lembre-se das lições sobre como segurar a porta: às vezes, sua função é ouvir e deixar que outras pessoas (principalmente mulheres negras, pardas e indígenas) liderem. Às vezes, a coragem reside em elevar os outros. Às vezes, a coragem não está centrada em nós mesmos. Às vezes, a coragem está em ficar em segundo plano quando sempre atacamos, pensando que sabíamos melhor como resolver as coisas.

E, para todas nós que somos historicamente marginalizadas, a prática de usar nossa voz para a mudança é progressiva. A cada vez, o músculo da coragem fica mais forte. Cada vez nossa voz fica mais confiante. Cada vez olhamos para as pessoas e sistemas inteiros projetados para nos manter caladas e dizemos: "Hoje não, Satanás". Cada vez que fazemos isso, reivindicamos poder daqueles que procuram nos negar nosso direito de caminhar livremente.

Novamente, como o caminho da heroína, esse processo dura a vida toda. Entenda o jogo. Compreenda verdadeiramente que, nas palavras da famosa citação de Martin Luther King, "O arco do universo moral é longo, mas se curva em direção à justiça". Você faz parte da força que está aqui para dobrá-lo, e sua capacidade de fazer isso cresce exponencialmente quanto mais corajosa você se torna.

Se você realmente fez o trabalho de descobrir seus próprios preconceitos e lutar por uma mudança revolucionária que beneficie a todas nós, também se verá como um canal e o chamado se tornará inegável. Faça a mudança onde for necessário. Use sua voz, seus dons, sua energia e seu tempo nas questões que mais tocam você. Entenda que, uma vez que esteja no caminho, você nunca sai dele, e cada ciclo, cada revolução, traz outra chance de mudança.

Continue. A liberdade de outra pessoa e, na verdade, sistemas inteiros projetados para evitá-la dependem de você ativar sua voz.

UMA PALAVRA SOBRE DESCANSO REVOLUCIONÁRIO

No início do outono de 2019, encontrei-me em um ponto de ruptura. Naquele verão, no espaço de um mês, eu havia trabalhado em colaboração com um grande grupo internacional de ativistas, defensores e líderes em questões de imigração para organizar uma mobilização contra o encarceramento de migrantes em campos de detenção humana. Cerca de seis semanas após o término, eu simplesmente desmaiei. Eu estava exausta emocional, física e psicologicamente. E foi então que LaTosha Brown, sentindo que eu estava com dificuldade, estendeu a mão para mim.

Foi uma mensagem muito simples: "Você está bem?".

Eu não estava bem. Eu não queria sobrecarregá-la, mas expliquei rapidamente o que estava acontecendo — que eu estava exausta, que vários fatores estavam pesando naquele momento, que eu tinha sido completamente desgastada pelo evento e suas consequências e que eu tinha trabalho a fazer em mim e pelos outros, mas me sentia completamente arrasada.

O que ela escreveu em seguida foi revolucionário por si só: "Você pode reservar um tempo para se curar? Estamos em uma luta prolongada. Devemos permanecer saudáveis e focadas".

Respondi que sabia que precisava de uma pausa, mas não sabia como fazer isso — que estava profundamente engajada no trabalho, mas também queria fugir da esfera pública, que estava sofrendo, mas também sabia que não poderia desistir e, no entanto, não conseguia continuar assim.

LaTosha respondeu com isto: "Meu povo vem de uma longa história de opressão. Alguns sabiam que a escravidão acabaria. Você tem que preservar e proteger seu espírito; você tem que acreditar que o amor vai vencer. Estamos desenraizando anos de ódio, mas vamos vencer".

Ela é uma boa amiga e uma mulher muito sábia, a LaTosha Brown. E ela me ofereceu um convite para respirar através do trabalho revolucionário, para fazer uma pausa para me curar quando eu soubesse que precisava, trabalhar para preservar e proteger meu espírito e ajudar outros a fazer o mesmo.

Quando estamos envolvidos na agonia de um trabalho revolucionário, de mudar o mundo, não podemos continuar para sempre com toda a potência. O trabalho de derrubar a opressão sistêmica e institucional é uma maratona. Para alguns de nós, isso remonta a séculos. E temos muito o que aprender sobre a força, a coragem, o tempo que leva para vencer, especialmente para aqueles que estão engajados na luta por gerações.

Na filosofia iogue, existe um conceito chamado *spanda* — a ideia de que todas as coisas, desde as batidas do seu coração até a respiração, os músculos e a natureza do universo, são de expansão, contração e expansão novamente. Às vezes, quando estamos engajados na rápida expansão do trabalho revolucionário, colocando nossa vida, nossa mente, nosso corpo ou nossa voz em risco, devemos suportar a contração necessária do outro lado, ou não seremos capazes de expandir novamente. Essa dualidade é real. Para cada avanço no caminho em direção à mudança, devemos fazer uma pausa semelhante para descansar e curar. É assim que continuamos.

O trabalho de derrubar sistemas e séculos de opressão é um trabalho sujo. Embora possamos ser capazes de liderar através dele, como faz LaTosha, com alegria e fé, nós nos sujeitamos a desafios ao longo do caminho que são planejados para nos derrubar. Estruturas opressivas contam com nosso esgotamento. Os agentes dessas estruturas tendem a revidar e a nos desgastar.

Descansar quando precisamos, quando sabemos que precisamos, também é revolucionário. Nutrir nosso espírito e nossa alma com descanso, amor, cuidado e compaixão por nós mesmas é uma forma de trazer a chuva para nossa própria experiência.

E então, quando nos levantamos novamente para saudar o próximo ciclo no caminho, estamos mais fortes, mais sábias, mais corajosas e ainda mais suaves, comprometidas com o desenraizamento do ódio e vivendo mais plenamente com a consciência de que o amor vencerá.

16.
Revolução engajada: coconspiradoras pela justiça

Ano passado, fui convidada a prestar consultoria em uma grande empresa de software. Fui recebida por uma mulher indígena da América do Sul que havia sofrido com a experiência de trabalhar com a única mulher branca na liderança sênior da empresa. Particularmente, a mulher que me recebeu havia experimentado os tipos de abuso direto de sua supervisora branca que descrevi nos capítulos anteriores, a ponto de prejudicar abertamente sua trajetória de carreira. No entanto, em um esforço para criar maior igualdade de gênero na empresa, ela me convidou para uma reunião com ela e sua chefe para discutir um programa de liderança feminina em potencial, que a chefe havia expressado interesse em implementar.

Naquela sala, no entanto, vi em primeira mão a dinâmica entre as duas mulheres. Quando minha amiga indígena sugeriu estratégias de combate ao racismo e ao sexismo na empresa, sua supervisora branca desprezou ou diminuiu seus comentários. Quando minha amiga sugeria tópicos para um *workshop* comigo, sua supervisora afirmava que a liderança sênior seria uma "venda difícil" se eu não oferecesse algo mais neutro em termos de gênero. E então, quando a reunião estava terminando, a supervisora começou a dizer que ela havia sido tão insistente em fazer um nome para si mesma na empresa como mulher que talvez só precisasse de um *coach* para si mesma, enquanto ignorava e descartava as formas muito reais pelas quais sua equipe feminina, e particularmente sua equipe racializada, precisava de apoio.

Saí decepcionada com o resultado, sabendo que não seria contratada e preocupada com a dinâmica de poder em jogo que minimizava e dividia as mulheres na empresa, graças à falta de vontade da supervisora em ouvir ou considerar como ela estava agindo contra os interesses das diversas mulheres da empresa. Infelizmente, essa não foi a primeira nem a última vez que vi essa dinâmica em operação.

Na busca por uma mudança revolucionária real, devemos estar atentas às maneiras como os sistemas de poder atuam para nos dividir e nos manter oprimidas. É por essa razão que sempre desconfio da competição e da separação entre mulheres, particularmente em questões de raça, e da necessidade absoluta de ir além da dita parceria das mulheres brancas e de nos tornarmos coconspiradoras por justiça além das linhas raciais.

Precisamos deixar claro que qualquer coisa que funcione para nos separar e dividir nos impede de trabalharmos juntas para criar uma mudança revolucionária. É por essa razão que cuidar de nossos próprios preconceitos e traumas internalizados é um trabalho necessário. Quando atacamos umas às outras na linguagem do patriarcado, votamos contra nossos próprios interesses ou a favor de servas da supremacia branca, ou, se somos brancas, nos alinhamos com a branquitude em vez de com mulheres de cor, somos cúmplices no trabalho de opressão. Notadamente, como disse a ativista e escritora negra Brittany Packnett Cunningham, "sua branquitude não vai salvá-la de fato do que o patriarcado tem reservado para você".*

---

* Pod Save America (@podsaveamerica), "Para os 53% das mulheres brancas que votaram em

Elizabeth Warren descreveu este trabalho da seguinte forma: "Você não pode consertar o que não analisa... Eu estrago as coisas, mas ouço, aprendo e conserto. É por isso que é tão importante ir além de ser uma aliada e se tornar uma antirracista, coconspiradora por justiça. Porque isso é feito na esperança de que realmente possamos construir um país melhor, não apenas para alguns, mas para todos".

Devemos transformar intencionalmente uma mentalidade-chave que aprendemos desde o nascimento, ou seja, de que, quando uma mulher ganha, outra perde, e de que há muito poder, dinheiro, acesso e conquistas para todos. Devemos estar sempre desfazendo nossos preconceitos inconscientes que se esforçam para nos dividir e manter as estruturas opressivas no poder. Quando não trabalhamos juntas, todas falhamos, mas, quando o fazemos, todas ganhamos. Na verdade, quando uma de nós tem sucesso, e quando as mulheres negras, pardas e indígenas em particular têm sucesso, todas nós ganhamos.

Assim, ser uma coconspiradora pela justiça é, em minha opinião, absolutamente obrigatório. Então, como é isso na prática?

LIDERAR *VERSUS* SER LIDERADO

Sou a primeira pessoa a admitir que gosto de estar no comando. Eu me rebelo contra qualquer coisa que tenha o objetivo de limitar meu controle sobre minha própria vida e fujo de ouvir o que devo fazer. Em certos momentos da minha vida, também tive uma fé cega de que poderia descobrir as coisas sem a ajuda de ninguém e de que geralmente era a melhor pessoa para qualquer trabalho que surgisse.

Donald Trump: sua branquitude não vai salvá-la de fato do que o patriarcado tem reservado para você... Pare de nos vender." — @ MsPackyetti #PodSaveAmerica HBO, 19 out. 2018. Disponível em: https:// twitter.com/ PodSaveAmerica/status/1053484501643472896?s=20.

O que aprendi ao longo do tempo, no entanto, é que não só a recusa em ser liderado torna a vida mais difícil — mas também permite que meu privilégio prospere quando outras pessoas que são mais adequadas para liderar em determinado momento ou em determinada questão são abafadas por minha voz.

Fiquei muito melhor nisso nos últimos anos, mas isso exigiu uma atenção concentrada ao meu impulso inicial de privilégio. Uma boa dose de humildade ajuda. A disposição de dizer "Não sei o que estou fazendo", quando realmente é verdade, também pode levar ao crescimento.

Mais significativamente, se você é uma mulher branca, não posso deixar de reforçar o quanto é importante agora seguir o exemplo das mulheres racializadas, ampliar seu trabalho, para apoiá-las no que for possível (incluindo com sua carteira), calar-se e ouvir. Se você estiver envolvida e cercada por mulheres negras fenomenais e continuar a fazer seu próprio trabalho sobre racismo e preconceito inconsciente, e perguntar o que pode fazer para ajudar ou apoiar e levar esses pedidos a sério, você começará a se tornar uma verdadeira coconspiradora.

Permita-se ser conduzido. E lembre-se de segurar a porta onde quer que esteja seu privilégio.

GESTOS DE PERFORMAÇÃO *VERSUS* O QUE VOCÊ FAZ QUANDO NINGUÉM ESTÁ OLHANDO

Notadamente, seu trabalho como coconspiradora por justiça com outras mulheres deve se estender a lugares onde ninguém está olhando. Não é suficiente alegar estar trabalhando por uma mudança revolucionária, mas não se expor conforme necessário. É pior ainda reivindicar ser uma aliada e se recusar a cumprir esse compromisso a portas fechadas. Seu compromisso com a revolução deve ir além de se expor e se sentir bem aos olhos dos outros, e também de se colocar em ação pelo bem coletivo. Nenhuma mudança revolucionária ocorre dentro de nossas zonas de conforto, e, como diz o velho ditado, falar é fácil. O falar também não tem sentido se não for seguido por ação.

Embora eu possa falar um pouco sobre como aproveitar e enfraquecer privilégios, também aproveito todas as oportunidades para chamar as pessoas quando tenho a chance. Tive muitos, muitos casos nos últimos anos, por exemplo, em que tentei chamar homens brancos, mulheres brancas e clientes corporativos como um todo para apontar seus preconceitos raciais e de gênero óbvios nos processos de contratação, promoção e pagamento. Fiz isso em conversas privadas, algumas das quais foram muito desconfortáveis, e em ambientes mais públicos, como palestras ou treinamentos de liderança, e também fiz diretamente para pessoas com muito acesso, privilégio e poder quando elas estão vivendo em seus pontos cegos e prejudicando as outras.

Em alguns casos, fui atacada ou imediatamente dispensada. Em outros, porém, a experiência foi como jogar uma pedra em um lago, criando ondas de mudança. No meu trabalho corporativo, quando as conversas sobre equidade partem daqueles que atuam em certa empresa e fazem um trabalho coletivo nos bastidores para promover uma mudança, elas podem ser mais eficazes quando vindas de uma observadora externa como eu e, então, ser apoiadas pelo trabalho interno de agentes de mudança na organização.

As formas de mudança mais bem-sucedidas que vi, no entanto, para beneficiar a vida de mulheres e pessoas marginalizadas vêm dos esforços para construir alianças duradouras que sejam estruturadas para aplicar pressão em várias frentes. Considere nossa conversa anterior sobre movimentos de descoberta. Os esforços para construir alianças para criar mudanças revolucionárias não precisam acontecer apenas em escala nacional ou global. Eles também devem ocorrer em microcosmos — em cada comunidade, organização, empresa, partidos políticos e corpo de governo —, se quisermos um progresso real em direção à liberdade e à equidade, e devem ser cultivados a longo prazo e construídos para durar, pelo tempo que for necessário.

Você deve começar consigo mesma. Não é suficiente dizer que deseja mudança; você deve realmente trabalhar para isso. E isso significa trabalhar entre e com outras mulheres e pessoas marginalizadas, em segredo ou em voz alta, por um longo tempo. Significa chamar aqueles que continuam a perpetrar danos e aqueles que podem estar abertos à mudança. Significa trabalhar pela melhoria e pela liberdade de todos. Você deve fazer o trabalho, e continuar a fazê-lo, e aproveitar e minar qualquer privilégio que tenha, sempre que tiver oportunidade. Você deve estar sempre atenta para desmantelar seus próprios preconceitos internalizados e seus próprios privilégios. E deve usar sua voz para mudanças sempre que puder.

UMA PALAVRA SOBRE TRABALHO, EMOCIONAL OU OUTRO

Falando em aproveitar o privilégio, é importante reconhecer que há uma grande diferença, para as mulheres brancas, entre recusar o salvadorismo branco, por um lado, e forçar as mulheres negras a fazer todo o trabalho de educar as pessoas sobre o porquê de o racismo e os sistemas opressivos precisarem terminar, por outro. Eu vi executivos brancos tentarem forçar seus poucos funcionários negros a fazer trabalho não remunerado em comitês de interesse especial, sem entender que esse trabalho desvaloriza o esforço necessário para que esses mesmos funcionários realizem e progridam. Da mesma forma, vi homens exigirem que funcionárias explicassem a eles muitas vezes, com um número cada vez maior de apresentações em PowerPoint, como suas políticas são discriminatórias, descartando recomendações de mudança por meses ou anos, ou para sempre.

É de grande importância que os privilegiados não exijam que as pessoas sem privilégios eduquem aquelas que os possuem sobre seus preconceitos, suas falhas ou sobre como alavancar ou enfraquecer os privilégios que possuem. Não peça àqueles que são prejudicados pela ignorância que assumam o seu fardo. Faça o trabalho sozinha e em conjunto com outras pessoas envolvidas que estejam trabalhando nos mesmos problemas.

E, acima de tudo, pergunte como você pode ser útil. Pergunte como pode apoiar quem está lutando pela própria liberdade. Pergunte onde você é necessária. Às vezes, a resposta será que você não é; nesse caso, faça a coisa certa: cale-se e fique em casa. Às vezes, a resposta será que você precisa colocar sua carreira, seu dinheiro ou seu corpo em risco pelas pessoas que não podem fazê-lo; nesse caso, faça a coisa certa e faça isso.

Nós subimos ou caímos juntas. Quando uma de nós ganha, todas nós ganhamos. Quando pessoas marginalizadas e oprimidas vencem, todas nós vencemos. Divididas, perdemos.

POR FIM: PARA OS HOMENS

Se você é um homem que está lendo este livro, seja bem-vindo! Estou feliz por você estar aqui e por ter chegado até aqui. Espero que tenha aprendido muito e esteja empenhado em encontrar sua heroína interior.

Preciso dizer a você, porém, que seu trabalho em segurar a porta aberta é necessário agora mais do que nunca. Você deve se afastar, segurar a porta e limpar o caminho para que mulheres — e particularmente mulheres racializadas — liderem. Você deve ser a barreira entre nós e aqueles que procuram nos derrubar e nos negar o poder e impedir nossa liberdade. Precisamos da sua ajuda e do seu apoio.

Vou lembrá-lo também de nossa discussão anterior sobre como abrir mão de privilégios para um bem maior parece uma perda. A qualquer momento em que você se pegar pensando: "Por que tenho que renunciar a isso? Por que ela e não eu?", também o encorajaria a trabalhar em seus próprios preconceitos inconscientes, bem como no fato de que todo o seu sucesso, suas experiências, sua vida — seja cheia de sofrimento, seja cheia de alegria — se tornaram exponencialmente mais fáceis a cada passo do patriarcado.

No entanto, o patriarcado também o confinou em sua caixa. Limitou sua expressão emocional, sua capacidade de pedir apoio, sua capacidade de ser um ser completo. Trouxe consigo vergonha, constrangimento e dano.

Você também merece ser completamente humano. A maneira de chegar lá é trabalhar por igualdade, poder e liberdade de todas as outras pessoas, e enfraquecer seus próprios privilégios sempre que puder.

A maneira como chegamos à revolução é através da colaboração uns com os outros, em direção à liberdade de todos. Você também tem um papel fundamental a desempenhar. Coconspirar com os outros requer sua humildade, sua influência, sua bondade e sua compreensão de que todos nós fomos impactados pelo patriarcado da supremacia branca e todos nós nos beneficiaremos quando ele terminar.

Pois esta é a questão das heroínas: nós não regamos a terra para alguns, mas para todos. A chuva não cai apenas sobre alguns. Quando percorremos o caminho, nós o fazemos para o coletivo, e os despojos que devolvemos para compartilhar beneficiam toda a humanidade.

17.
Revolução engajada: revolução para si

O slogan "o pessoal é político" já existe há décadas, remontando aos movimentos estudantis e feministas radicais dos anos 1960 e, em particular, ao trabalho feminista negro radical que impulsiona este tópico.

Embora seja uma frase da qual você deve estar ciente, em nosso momento atual da história, vejo-a como um catalisador para a autoanálise que não pode ser negada.

Nunca deixei de me surpreender ao ver quantas de nós acreditamos que nossa vida mais íntima não conta de modo geral, que de alguma forma *nós também* não contamos no caminho para a mudança.

Agora é um bom momento para se fazer algumas perguntas: O que você está tolerando em sua vida que não gostaria que outras tolerassem? O que você está permitindo que permaneça em sua vida que vai contra suas crenças e o trabalho que está fazendo no mundo? Como você pode estar colocando em segundo plano seus maiores ideais pelos quais está trabalhando no mundo, quando se trata de você mesma? E, de forma mais ampla, o que estamos tolerando em nossos espaços mais íntimos que não toleraríamos em nenhum outro, e *por quê*?

Verdade seja dita, nunca tive de enfrentar isso de forma mais direta do que quando escolhi terminar meu casamento.

Olhando para trás, parece que o último dia do meu casamento veio silenciosamente, embora a onda que eu estava pegando já estivesse forte quando quebrou no verão de 2016. Depois de uma primeira separação, meu marido e eu tínhamos feito terapia de casal durante quase todo o nosso casamento, em grande parte devido à raiva dele e à minha reação cada vez mais traumatizada a isso. Suas explosões eram repentinas e assustadoras, para mim e, mais tarde, para nossos filhos.

Entre as fotos de meu telefone ao longo dos oito anos de relacionamento e algumas de nosso casamento e separação, há fotos de quase todos os lugares em que vivemos mostrando buracos nas paredes, placas de proteção arrancadas de tomadas elétricas, cabos de lava-louças quebrados, latas de lixo de metal que ele esmagou num acesso de raiva na sala de lixo do nosso prédio, um para-brisa de carro que ele quebrou por dentro com a mão quando não conseguiu encontrar uma vaga para estacionar ou – na imagem que ainda acaba comigo – um portão de proteção para o bebê que ele destruiu com os pés no meio de uma discussão sobre cuidados infantis.

Porém, sua violência não se limitava a objetos. Assim que nosso primeiro filho nasceu, ele se voltou contra mim. O pior desses eventos não foi, lamento dizer, o que me fez ir embora. Ele aconteceu dezoito meses antes, quando de madrugada, com duas crianças menores de dois anos dormindo a três metros de distância, ele bateu as mãos contra os dois lados da minha cabeça, me ergueu do chão e me sacudiu com tanta força que pensei que meu pescoço se quebraria. Fiz uma ligação para o 911 e eles me ligaram de volta porque meu ex desligou o telefone enquanto eu corria para me esconder no quarto da minha filha, onde, a essa altura, ela estava chorando.

No final, recusei que a polícia fosse ao nosso apartamento. A resignação na voz da operadora, a pontada de decepção e derrota que veio com um suspiro e uma única palavra dela, "OK", enquanto eu embalava minha filha no chão do quarto com o telefone ao meu ouvido, chorando, é algo que nunca esquecerei enquanto viver. Ela queria mostrar que sabia. Ela queria que eu soubesse que ela tinha ouvido. Ela queria que eu soubesse que ela sabia que eu estava desistindo e que provavelmente não era a primeira vez.

Por quê? Por que eu fiz isso? Por que permiti que continuasse? Por que aquela noite não bastou para eu encerrar o casamento de uma vez por todas? Essas foram as perguntas que eu me fiz naquela noite e nos dezoito meses seguintes, todos os dias.

O fim de nosso casamento chegou em uma manhã em que eu estava preparando nossos filhos para a escola. Naquele ponto, eu havia deixado claro na terapia de casal que, se ele colocasse as mãos em mim novamente, com raiva, tudo estaria acabado. Naquela manhã, ele segurava uma xícara de café e eu estava saindo de casa com as crianças. Meu filho estava nas costas do meu ex-marido e minha filha caminhava aos pés dele. Peguei o café para ajudá-lo com as crianças, e do nada ele gritou: "Tire suas mãos de mim!". E, com toda a força de seu um metro e oitenta, meteu a mão livre no meio do meu peito e me empurrou para trás contra o espelho do corredor.

O espelho não se estilhaçou, mas algo dentro de mim sim. O que me lembro no momento seguinte não é da dor que deixou hematomas nas minhas costas e nos braços, nem do choque em meu corpo que sei que devo ter sentido. O que me lembro com mais clareza foi a expressão de medo e horror no rosto de minha filha de quatro anos ao ficar aos pés de meu marido segundos depois de tudo ter acontecido e de meu filho chorando nas costas dele.

Esse momento foi uma revolução interna. Algo mudou, em uma fração de segundo, e para sempre. Em um instante, soube que tinha acabado, que tudo estava acabado e que não queria, nunca mais, que meus filhos testemunhassem algo assim e pensassem que era normal.

Estava terminado. Eu estava acabada.

Nas semanas seguintes, passei muito tempo ao telefone com amigas — ativistas, advogadas, colegas especialistas em violência doméstica. Falei da minha vergonha e tentei descobrir por que havia ficado por tanto tempo, apesar do que sabia ser errado dentro de minha própria casa. Meu amigo Robin Runge, que é um estudioso da Fulbright sobre o tema da violência doméstica, me disse da melhor maneira: "A violência doméstica atinge a todos em todos os níveis de nossa cultura. É uma função do patriarcado. Ninguém está imune e não se trata de você. Trata-se de *nós*".

Nos anos que se seguiram, tenho pensado muito nisso — nos porquês e nos comos, na profundidade de nosso viés internalizado, na crença necessária que vem com ele de que, de alguma forma, nós, como mulheres e outras pessoas prejudicadas por formas de opressão, não merecemos melhor, mesmo quando sabemos conscientemente que o coletivo merece muito mais.

Esse é um dos motivos pelos quais quero deixar claro que a revolução não pode se estender apenas ao que você faz fora de sua casa. Você *deve* se engajar na revolução sozinha também. Devemos nos recusar a tolerar em nossa vida o que sabemos que não é bom para o coletivo como um todo — caso contrário, qual seria o motivo? Embora deixar um relacionamento abusivo possa ser um excelente exemplo disso, pergunte-se também: Você está tolerando pequenas ou grandes desigualdades para "manter a paz" em sua própria casa ou em sua própria vida?

Certamente, devemos construir as estruturas sociais e culturais que permitem às mulheres abandonar relacionamentos abusivos, ou mesmo injustos. Certamente devemos valorizar a vida das mulheres e de qualquer pessoa marginalizada o suficiente para criar os meios para vivermos com segurança em todos os aspectos de nossa vida. Devemos nos comprometer com isso pelo tempo que for necessário. E também devemos nos posicionar para abrir um caminho melhor para nossos filhos e as gerações futuras. Sempre que possível, devemos nos recusar a continuar permitindo que a opressão ganhe o dia em todas as partes de nosso cotidiano. Devemos encontrar a coragem de fazer diferente, de desfazer os legados culturais em que nascemos, de virar, de nos afastar, de nos revoltar contra os velhos modos de ser. *Devemos lutar por nossa própria liberdade com tanta bravura quanto lutamos pela liberdade de todas as outras.*

Mas sejamos claros: a escolha de deixar um relacionamento que não lhe serve, ou a escolha de se colocar em um lugar de merecimento que você nunca ocupou antes é o *começo*, não o fim, de uma revolução para você. Na verdade, a decisão de colocar o seu merecimento acima do valor daqueles que não a valorizam é um caminho tênue e frágil no início. Quando fui embora com as crianças, por exemplo, arrasada e empacotando nossas coisas, enquanto desmontava as camas de bebês dos meus filhos e as carregava três lances de escada abaixo em Nova York, sozinha, para enfiá-las na parte de trás de um Volkswagen Jetta, eu teria dito a você que ainda estava apaixonada por meu marido e acreditava que tinha falhado. Foi a coisa mais real que já senti, e tinha o gosto irresistível de vergonha, porque eu acreditava que era minha culpa ter sido incapaz de controlar as explosões dele, parar sua violência e acabar com sua raiva. Sim, eu o odiava por isso tanto quanto o amava, mas me odiava ainda mais.

A escolha da revolução pode ocorrer em um instante, mas o trabalho para chegar lá leva tempo.

Por quê? Porque, quando se trata de relacionamento com homens, o patriarcado quer que as mulheres sejam treinadas como cuidadoras e reparadoras. É conveniente essa cumplicidade, que está enraizada nas estruturas opressivas interpessoais e sistêmicas em que vivemos. Quando os homens estão arrasados e imperfeitos, em vez de deixá-los fazer seu próprio trabalho, *ou reconhecer que sua situação vulnerável é inerente ao seu poder sobre qualquer pessoa considerada menos valiosa*, temos que assumir suas falhas como se fossem nossas e corrigi-las.

A propósito, isso não é verdade apenas nas relações íntimas ou pessoais. Isso também é verdade no trabalho e no mundo. Já treinei inúmeras mulheres que toleraram abusos horríveis no local de trabalho e, no entanto, quando tentaram deixar esses empregos ou chefes, sentiram-se envergonhadas por não se esforçarem mais, revidarem ou, de alguma forma, "curarem" os chefes abusadores — muitas vezes, apesar do fato de haver um rastro de outras vítimas anteriores. Tenho visto a mesma dinâmica em organizações religiosas, organizações sem fins lucrativos e grupos de bem-estar, com os mesmos fins.

E também é verdade em aspectos menores: como toleramos a distribuição injusta de trabalho em nossa casa, em creches e sobre quem deve se sacrificar por isso; nas maneiras como toleramos microagressões diariamente; nas formas como supõem, ainda, que somos responsáveis pelo trabalho emocional de educar homens e outros privilegiados, um trabalho que não é nosso. Na maioria das vezes, simplesmente vivemos com isso, porque é isso que aprendemos a fazer.

Diante dessa mensagem de que somos de alguma forma responsáveis pela violência e pelas falhas dos homens e de outras pessoas em nossa vida que carregam a marca do privilégio, internalizamos a ideia de que nosso próprio valor é menor — é importante notar que essa internalização não é simples, estúpida ou instantânea, mas reforçada implacavelmente em nossa cultura e em nossa família. No meio do meu casamento, por exemplo, quando as coisas já haviam evoluído a ponto de outras pessoas terem testemunhado a violência do meu ex-marido, um familiar me mandou um cartão, com, o que tenho certeza, a melhor das intenções. Nele constava a seguinte citação: "A vida não é esperar que a tempestade passe. É aprender a dançar na chuva". Esta foi apenas uma das muitas mensagens que recebi ao longo desse tempo — principalmente de outras mulheres, devo dizer — de que a coisa mais importante era que eu — *não meu marido, mas eu* — precisava aprender como lidar com as dificuldades em nosso casamento, sua violência e seu abuso, ter compaixão por suas falhas e obedecer, porque era minha responsabilidade fazê-lo.

REVOLUÇÃO ENGAJADA: REVOLUÇÃO PARA SI

O outro lado disso é que, quando finalmente decidimos que nosso próprio valor deve vir em primeiro lugar, que nossa revolução deve pertencer a nós não apenas na política e não apenas nas regras, mas também nos lugares mais íntimos e dos modos mais emotivos, muitas vezes acabamos percorrendo esse caminho sozinhas. Até hoje, ainda tenho pessoas da família que ficam incomodadas com a menção do fim do meu casamento, que vão oferecer compaixão não a mim, mas a ele. Várias vezes, tenho visto isso refletido em outras pessoas também, seja em respostas a mulheres que abandonam os caminhos tradicionais de carreira para abrir um negócio próprio, ou optam por não ter filhos, ou saem do armário depois de anos tentando ser heterossexuais, ou simplesmente decidem, em algum lugar, de alguma forma, que elas *se cansaram* de ouvir como, quando ou onde fazer qualquer coisa com a vida delas que não pareça funcionar, em vez de assumir os papéis que a cultura exige que ocupem.

Então, o que significa trilhar esse caminho sozinha, ou com o mínimo de apoio, enquanto tenta seguir por um caminho diferente? Bem, inicialmente, vou lhe dizer que requer muita bravura. A boa notícia sobre a bravura, no entanto, é que ela cresce coletivamente. Encontre uma pessoa que a vê, a abraça, sabe que você é capaz e incrível, que vai lhe dizer qual é seu valor repetidamente, para começar daí. Encontre duas ou três e terá um exército às suas costas.

Esse exército não vai diminuir a dor, isso deve ser dito. Uma das maiores lutas que enfrentei em todas as minhas escolhas de me defender primeiro foi o abandono daqueles que "deveriam" ter me amado — um pai, por exemplo, ou um irmão. Dito isso, esse trabalho é o lugar onde o desdobramento da cultura e o desdobramento da família devem estar juntos na missão de cura. Seja por meio de terapia, seja por outra metodologia de resposta ao trauma, como o trabalho corporal ou o processo espiritual, nós (e nosso exército) devemos nos comprometer a transmutar nossa dor mais pessoal em uma força para a mudança e para o bem.

Porque é o seguinte: todos temos direito à alegria, à felicidade, à segurança, à liberdade. Não importa quem você seja ou onde nasceu, sua identidade de gênero, sua orientação, a cor de sua pele ou o valor relativo que a sociedade atribui a qualquer aspecto de seu ser, você nasceu digna. É a estrutura da opressão que nos ensina o contrário, essa grande propaganda de hierarquia e valor. Nos caminhos que percorremos para nos tornarmos heroínas, devemos processar nossa dor para nós mesmas como indivíduos e também coletivamente, afastar-nos dessas grandes mentiras que nos contam e avançar em direção a uma integração completa de nosso valor inerente.

Não há revolução, a meu ver, a menos que levemos nossa revolução aos espaços mais silenciosos e íntimos, e realmente à essência de quem somos. Na base e no final de todo esse trabalho, está o fato de que todas nós merecemos nos sentir completas, seguras, amadas, valorizadas e felizes. Se não formos livres para sermos nós mesmas, para viver na expressão completa de nossa singularidade, para assumir nosso próprio valor inerente e nos colocar no mundo com o conhecimento de que somos tão valiosas, igual e equitativamente valiosas quanto todas e quaisquer pessoas, o que estamos fazendo? Além disso, se não confrontarmos o funcionamento da opressão em nossa vida, não estaremos tolerando sua continuação em outro lugar?

Minha revolução não é apenas uma revolução para as massas, embora seja absolutamente isso. É também, claramente, uma revolução para si mesma.

Então, se acontecer de você se encontrar, como eu fiz em várias ocasiões, em um lugar onde está tolerando coisas em sua vida que nunca toleraria no lugar das suas amigas, suas aliadas, seus filhos ou seus entes queridos, imploro que investigue o porquê. Se você está destruída pela vergonha, se não consegue entender como chegou aonde está, se tem medo de falar em voz alta, se está surpresa com o que está passando, apesar do que acredita ser verdade, não está sozinha. Somos ensinadas a tolerar a violência. Somos ensinadas a tolerar a opressão. Somos ensinadas que é apenas uma parte de nascer como somos e não como homens brancos, heterossexuais, cisgêneros, sem deficiências.

No momento em que você reconhece por si mesma que não o provocou, que não o mereceu e que não era devido, no momento em que recolhe tudo e recomeça, quando carrega a cama da criança para baixo por três lances de escada sozinha e sai com apenas as coisas que você pode levantar com seus próprios braços e com duas crianças pequenas ao seu lado, no momento em que *você vê como está* e sabe que *merece mais do que isso* e *caminha em direção ao que merece* mesmo que esteja apavorada, bem, minha querida, *esse momento é uma revolução.*

Que a alegria a encontre e caminhe com você todos os seus dias. Que você caminhe entre grandes seres que estão derrubando cada estrutura de nossa cultura e sociedade para lhe dar a rede de segurança para sempre escolher seu próprio valor diversas vezes. Que você encontre esperança. Que encontre prazer. Que você conheça a paz. Que conheça a liberdade. Que você viva na presença da alegria. E que todos nós possamos criá-la, agora e para sempre, para todos nós.

Se confiarmos que estamos todos conectados, então cada ato que altera o equilíbrio de poder é um ato revolucionário. Cada gesto que muda o *status quo* tem um efeito cascata. Cada escolha que fazemos que nos impulsiona em direção à justiça se junta a todas as outras escolhas coletivas até que o que soa como um pequeno apelo por liberdade se torne um rugido.

Pois nas cinzas de nosso sofrimento jazem as sementes de nosso renascimento.

E você tem dentro de você a capacidade de trazer a chuva, eu prometo, mesmo que seja apenas na forma de suas próprias lágrimas até que encontre uma forma de sair.

Parte 4

Renascimento

18.
Em direção à libertação e à nova liderança

Este é o lugar na jornada em que chegamos ao ponto da transformação: responsabilizando tanto a nossa visão quanto a nossa conduta, o lugar onde somos informadas pelo passado, mudando o presente e vivendo no futuro, e onde trazemos a chuva.

Nenhuma de nós jamais teve o benefício de viver em uma época em que a libertação e a liberdade para todos são uma realidade. Temos que ocupar esse espaço conscientemente, agora, para criá-lo. Temos que regá-lo diariamente para mantê-lo vivo, monitorando constantemente o seu crescimento.

Uma maneira de fazer isso é vivendo na plenitude do tempo.

Há cerca de quinze anos, tive a sorte de assistir a uma palestra sobre como viver na plenitude do tempo, ministrada pelo dr. Douglas Brooks, um professor de religião com um profundo conhecimento do hinduísmo baseado nos quase vinte anos que morou na casa de um professor no sul da Índia. Viver na plenitude do tempo significa que estamos conscientes do fato de que somos ao mesmo tempo passado, presente e futuro. O lugar onde você está sentado agora lendo esta frase será o passado quando terminar de lê-la. O futuro existe enquanto lê esta frase, porque você pode ver a próxima palavra. Se você optar por pensar nisso, é óbvio que estamos vivendo na plenitude do tempo a cada momento.

Da mesma forma, tudo o que você aprendeu anteriormente cria o que vem a seguir. Tudo no futuro depende do presente e do passado. Somos sempre quem fomos e quem somos e quem seremos ao mesmo tempo.

Por que abrir uma seção sobre renascimento com um toque tão metafísico? Não é tudo uma questão de ação?

Bem, é fundamental começar qualquer discussão sobre renascimento entendendo que todas as experiências que você já teve a trouxeram até este ponto. Você é, no presente, a soma do seu passado, e a totalidade de quem você é hoje cria o futuro. Digo isso porque uma parte crítica de minha própria cura, do ponto de vista do trauma e do ponto de vista da revolução, exigiu que eu integrasse todas as experiências horríveis de minha vida em quem eu sou e transmutasse cada uma delas em poder.

E vou lhe pedir agora que dê um salto de fé comigo: o que escrevi é tão verdadeiro para as nações como para cada ser humano.

Temos a obrigação de aproveitar todas as experiências que tivemos como uma nação — bem como planeta — e integrá-las em quem somos avançando, a fim de transmutar nosso trauma compartilhado em poder.

Como fazemos isso? Escolhemos todos os dias, em cada ação, criar novas estruturas e novos sistemas de igualdade. Escolhemos todos os dias, em cada ação, permanecer vigilantes das manchas da história — escravidão, genocídio, racismo, sexismo, homofobia, capacitação, violência, guerra, até mesmo capitalismo de trabalho assalariado (um tópico muito além do escopo deste livro) — para ter certeza de que estamos constantemente transmutando o trauma que elas causaram em poder real para pessoas reais que nunca o tiveram.

O que isso significa na prática? Significa que temos que dar à luz a libertação e um novo modelo de liderança que torne cada pessoa verdadeiramente livre.

Se acreditarmos que vivemos na plenitude do tempo, o futuro é agora. Se bastam 3,5% da população para dar à luz a mudança, podemos, pelo menos em teoria, fazer isso instantaneamente.

Então, vamos pensar em como é a libertação.

EM DIREÇÃO À LIBERTAÇÃO E À NOVA LIDERANÇA

Imagine se todas nós fôssemos livres. Livres para andar pelas ruas quando quisermos. Livres da opressão patrocinada pelo Estado, do estado carcerário e da via direta escola-prisão. Livres de xenofobia e linhas artificiais na areia. Livres para nos mover e viajar como quisermos. Livres de violência. Livres de estupro. Livres de danos na forma de nossas necessidades básicas nunca serem satisfeitas sem um trabalho que nos exija até os ossos. Livres para amar a quem amamos e ser quem somos. Livres de discriminação, racismo, sexismo, alteridade. Imagine o que significaria para nossos filhos serem criados em uma sociedade sem tudo o que internalizamos e todos os males que vivemos. Imagine todas as possibilidades voltadas para isso.

Isso levaria a um lugar onde cada uma de nós pudesse viver com seus maiores dons. Qualquer educação que você quisesse para refinar esses dons estaria disponível. Seus dons se tornariam um ato de serviço ao coletivo. Seu mundo seria um lugar de cultivo exponencial. *Você* seria a semente a ser plantada e para quem todos levaríamos a chuva.

Mágico, não? E não impossível. Veja como.

NOVOS MODELOS DE LIDERANÇA

Portanto, deixe-me dizer primeiro que a ideia de "liderança" pode parecer antitética em um mundo onde cada dom é valorizado. Este é um bom momento para reconhecer que, quando os únicos modelos de liderança que vimos verdadeiramente valorizados são aqueles que se parecem com o de Maquiavel ou sua versão feminina, a própria noção de liderança está impregnada de qualidades tóxicas. A liderança atua como hierarquia, e essa impõe sistemas de opressão.

Vou pedir que você saia dessa caixa de pensamento.

A liderança pode ser algo totalmente diferente, em especial quando passamos à noção de que todos no coletivo têm valor.

Considere a ideia da cadeira do professor. Em modelos coletivos de liderança, todos têm algo a oferecer em troca. Assim, quem assume o lugar do professor é aquele que tem algo a oferecer. Todos, por sua vez, tomam o lugar do professor por seu dom. Todos são simultaneamente professor e aluno. Ninguém é dono da cadeira o tempo todo.

Este é um modelo profundamente diferente daquele que estamos acostumados a ver em todos os lugares. Hierarquias, com níveis cada vez mais altos, e chefes replicam ou representam sistemas de opressão. Tradicionalmente, os modelos masculinos de liderança pressupõem que uma pessoa sabe o que é melhor em cada nível e que todos os que estão abaixo dela têm menos valor e menos a contribuir. Nem é preciso dizer que a mudança não pode ocorrer quando apenas uma pessoa ou algumas pessoas pensam que sabem tudo.

Não surpreendentemente, não sou a primeira pessoa a imaginar alterar modelos nativos de liderança baseados no valor comunitário ou coletivo. Estudos inteiros foram conduzidos em torno de modelos que desconstroem a liderança hierárquica tradicional, incluindo aqueles que têm aplicação prática *hoje*.

A governança colaborativa, por exemplo, que foi estudada e testada por uma série de acadêmicos de Berkeley a Syracuse, é baseada na ideia de que os sistemas que funcionaram com desequilíbrios de poder podem ser transformados em modelos colaborativos. Em um artigo publicado no *Journal of Public Administration Research and Theory* em 2008, por exemplo, os professores Chris Ansell e Alison Gash propuseram uma reforma radical do modo como modelos de liderança historicamente assimétricos (eu diria estruturalmente opressivos) poderiam ser reformados para ser colaborativos e inclusivos.[*]

---

[*] ANSELL, Chris; GASH, Alison. Collaborative Governance in Theory and Practice. *Journal of Public Administration Research and Theory* 18, n. 4, out. 2008, p. 543-71. Disponível em: https://doi.org/10.1093/jopart/mum032.

EM DIREÇÃO À LIBERTAÇÃO E À NOVA LIDERANÇA

Para avançar em direção à liderança colaborativa, as instituições devem, por design, criar inclusão participativa, regras básicas claras e transparência. Além disso, o próprio processo colaborativo requer confiança; compromisso com o reconhecimento mútuo da interdependência; propriedade compartilhada do processo de liderança; abertura para explorar ganhos mútuos; entendimentos compartilhados de missão, problemas comuns e valores comuns; levando para resultados intermediários para impulsionar adiante, incluindo pequenas vitórias, planos estratégicos e descoberta conjunta de fatos; e diálogo cara a cara que inclui negociação de boa-fé. (Vou dizer aqui, para aqueles de vocês que têm prestado atenção, que isso se parece muito com o conjunto de habilidades que trabalhamos para construir nos capítulos anteriores deste livro.)

Em vez de líderes tradicionais no modelo masculino de domínio na liderança com a qual estamos todos familiarizados, Ansell e Gash sugerem um modelo facilitador de liderança que inclui o empoderamento de todos, em que o papel do facilitador é "garantir a integridade do próprio processo de construção de consenso".* Isso inclui a promoção da participação ampla e ativa de todos, influência e controle ampliados e dinâmicas de grupo produtivas.

Por último, o papel de facilitador não é ocupado por apenas uma pessoa, mas por vários "líderes", formal e informalmente, que zelam pela segurança do processo. Em um artigo posterior, Ansell e Gash descreveram a liderança em governança colaborativa da seguinte forma:

> Neste mundo de poder voluntário e compartilhado, é claro que os líderes não "comandam" da mesma forma que fariam em uma organização hierárquica. Os líderes podem ter a responsabilidade de orientar os colaboradores para uma entrega de serviço eficiente, consenso

---

* Ibid, p. 594.

ou solução criativa de problemas, mas devem trabalhar dentro das restrições impostas pela ação voluntária e pelo poder compartilhado.*

Eles continuam identificando três modelos de liderança em colaboração: administrador, mediador e catalisador, cada um maximizando conjuntos de habilidades exclusivas para proteger o processo.†

Agora, se tudo isso parece um monte de jargões corporativos, deixe-me traduzir: o que Ansell, Gash e outros propuseram é uma revolução estrutural fundamental na liderança onde todos têm valor e todos têm poder. Cada participante está investido no processo de tomada de decisão, e todos têm poder sobre o resultado. "Líderes", em vez de dominadores irredutíveis, devem ser administradores, mediadores, catalisadores para a tomada de decisão — pessoas que assumem a responsabilidade de tornar o processo equitativo e íntegro para todos e alternam dentro e fora dessa função com os outros. Mais importante ainda, o sistema está sempre aprendendo consigo mesmo, informando, girando e se desenvolvendo à medida que continua.

É um ciclo. É um caminho. Nunca para de crescer. Uma vez escolhido, continua sendo uma evolução para todos os envolvidos. Neste ponto do livro, isso pode soar um pouco familiar.

Agora, posso ouvir alguns de vocês já rejeitando esse modelo de liderança na vida real. "É muito demorado", pode ser uma crítica, por exemplo. "Nem todo mundo sabe o suficiente para participar." "Não precisamos de hierarquia para ser eficientes?" e "Mas sempre fizemos assim." Esses poderiam ser alguns outros argumentos que passam por sua mente, que apenas observarei se tratar, mais uma vez, de preconceitos internalizados que justificam sistemas de opressão que não servem a todos nós.

---

* ANSELL, Chris; GASH, Alison. Stewards, Mediators, and Catalysts: Toward a Model of Collaborative Leadership. *The Innovation Journal* 17, n. 1, artigo 7, 2012, p. 5. Disponível em: http://innovation.cc/scholarlytyle/2012_17_1_7_ ansell_ gash_ innovate-eadrship.pdf.

† Ibid, p. 8.

EM DIREÇÃO À LIBERTAÇÃO E À NOVA LIDERANÇA

Se você está pensando assim, gostaria que considerasse quão profundamente arraigada em nossas sinapses está a ideia de que só existe uma maneira de liderar. As heroínas fazem isso de forma diferente. Sempre fizemos.

Tenho alguma experiência prática com isso. Embora tenhamos passado por algumas tentativas e erros sérios a esse respeito, esse modelo de governança colaborativa é mais ou menos como procurei administrar minha empresa. Não tomamos decisões importantes sobre o que fazemos que não sejam alcançadas em colaboração. Eu atuo como facilitadora na maior parte do tempo — embora nem sempre, já que Megan era uma profissional nisso em tempos de conflito. Buscamos a opinião de cada parte envolvida, mas não apenas isso — compartilhamos a responsabilidade coletiva por tomar essas decisões, e o poder não é apenas meu. Na verdade, muitas vezes Megan chamou minha atenção para descobrir meus pontos cegos ou o que estava faltando ou simplesmente não estava aderindo aos nossos valores vividos de gentileza e escuta proativa, e ela fez isso por anos. Ela descartou ideias que não faziam sentido e ofereceu novas que eu nunca teria considerado. Ela me chamou a responder pelo processo. Tento viver de acordo com o jeito com que ela vê as coisas a esse respeito todos os dias com nossa equipe atual, inclusive por meio de resultados financeiros compartilhados.

Voltemos por um momento à ideia do templo — onde encontramos anteriormente nossas guardiãs que seguravam a porta aberta. Imagine ali, no tablado, um conselho de mulheres, *femmes* e não iniciantes, tomadoras de decisão importantes para a cultura e o governo. Cada pessoa no conselho tem um conjunto diferente de dons e habilidades. Toda diversidade imaginável é representada e, mais do que simbolizada, existe uma representação ampla. Todos têm igual participação na tomada de decisões. Todas as vozes são ouvidas e valorizadas. A cadeira do facilitador gira, mantendo a integridade no processo. A resolução de conflitos, a empatia e a comunicação não violenta são parte integrante do processo. Qualquer pessoa ou grupo impactado por uma decisão tem poder no processo de tomada de decisão.

Os mais afetados saem do assento. As decisões são tomadas em colaboração coletiva, para o bem de todos.

Agora, quero deixar claro que, embora eu ache esse modelo de liderança revolucionário, renascendo e cheio de esperança, alegria e amor, não é irreal. Na prática, você pode começar a viver nisso agora mesmo.

Em qualquer organização em que você trabalhe, as pessoas mais afetadas por uma decisão têm poder de controlar essa decisão? Para dar um exemplo hipercorporativo, vamos lá: os mais afetados pelos salários pagos aos trabalhadores da linha de frente têm poder sobre a tomada de decisão de quanto eles recebem? Isso vai além de simplesmente consultar esses trabalhadores; visa capacitar àqueles que historicamente não têm poder para ter tantos votos em seu futuro quanto os executivos seniores com mais títulos. Além disso, você pode assumir o papel de facilitadora, permitindo conversas e tomadas de decisão sobre o futuro de sua organização que levantem todas as vozes e capacitem todos os envolvidos, apesar dos desequilíbrios de poder históricos que podem ter impedido isso?

Você está disposta a abandonar o poder do privilégio, onde quer que você o tenha, *e se* você o tem, que suporta tanto dano e dor para liderar de um assento que poderia e deveria ser ocupado por todas nós, para que todas nós compartilhemos o poder igualmente e assim possamos viver plenamente com nossos melhores dons?

Pense em como você pode aplicar o que estou propondo aqui agora. E, acima de tudo, quero que você viva na plenitude das possibilidades. Onde quer que você tenha privilégios, há espaço para capacitar aquelas que nunca os tiveram. Onde quer que você tenha comandado uma sala, há espaço para todas nós liderarmos juntas. Onde quer que você tenha se inclinado para o modelo de liderança ditatorial, você pode decidir abraçar a colaboração. Onde quer que tenha sido negado o poder ou você veja que foi negado a outras, você pode reivindicar um futuro diferente plantando as sementes do que estou sugerindo dentro de sua organização e em sua vida, e cuidando dessas sementes, regando-as diariamente, para que possam germinar em modelos melhores para todas nós.

Não tem que ser da maneira que sempre fizemos. E, de fato, se somos heroínas, já sabemos que nem sempre foi assim, e que outro mito que precisa morrer é o de que a liderança coletiva seria de alguma forma pior do que um grupo ou um gênero dominando o resto de nós.

As Filhas de Danaus são um coletivo de mulheres, conduzindo juntas em direção à irrigação do futuro, filtrando individual e coletivamente o que falhou, o que não funciona e por quê, e permitindo que tudo que é bom e digno flua em liberação, para o crescimento futuro de todas.

UMA PALAVRA SOBRE RECURSOS COMPARTILHADOS, INCLUINDO TRABALHO EMOCIONAL

Eu cresci em uma pequena cidade na Pensilvânia, a cem quilômetros de Nova York, povoada por artistas e atores da Broadway e hippies durante os anos 1970 e 1980. Um lugar que foi fundamental para o meu senso de como uma comunidade poderia ser. Jim Henson tinha uma casa a menos de um quilômetro da minha que ele envolvia em um enorme laço vermelho na época do Natal. O Bucks County Playhouse recebeu estrelas das produções da Broadway em pequenos shows que lotaram a casa. Clubes gays como The Cartwheel e New Prelude ficavam lotados todas as sextas e sábados à noite. Era diversificado, criativo, habitado por grupos com interesses em comum, hippies, famílias jovens e uma próspera comunidade gay.

Eu cresci cercada por homens gays que não sobreviveriam à década de 1980. A aids dizimou nossa comunidade local e eu vi em primeira mão, e não pela última vez, como a negligência maciça do governo pode matar pessoas em uma escala enorme, mas também o que o ativismo coletivo em uma comunidade pode significar para nossa sobrevivência comum. Eu vi meu pai, um homem cisgênero, branco e heterossexual, convencer outras pessoas em nossa comunidade de que um hospital para tratamento da aids era necessário e falar contra o medo. Vi médicos gays em minha comunidade contrabalançar o medo da infecção com gentileza e cuidado. Eu nos vi cobri-los com amor e ministrar oficinas seguras para proteger os sobreviventes.

Durante minha infância e adolescência naquela pequena cidade da Pensilvânia, houve um evento regular que marcava a virada das estações e que cresceu em importância para mim à medida que envelhecia: a migração dos gansos canadenses. Nossa cidade era uma parada no caminho dessa migração do norte para o sul. Durante algumas semanas, a cada primavera e outono, o grasnar dos gansos no céu marcava a virada de mais um ano.

Não havia como crescer naquela cidade e não saber muito sobre gansos. Não consigo me lembrar de como aprendi tanto do que sei sobre eles, à medida que isso se refletia em nossas experiências a cada ano de minha infância. Posso dizer imediatamente que a formação em V dos gansos no céu tem o objetivo de cortar os ventos contrários à medida que voam. O próprio V reduz a resistência do vento para cada ganso, não importa onde eles estejam posicionados ao longo da formação. Além disso, à medida que cada ganso bate as asas, cria uma corrente ascendente na qual todos os que estão atrás são balizados. Ao voar nessa formação, eles aumentam muito a distância que podem alcançar voando — um aumento em torno de 70%.

Sabe-se que cada ganso se reveza na ponta do V, de modo que, quando um está exausto, outro assume a liderança. Além disso, seus grasnados são destinados a encorajar aqueles que estão à frente a continuar. E se um ganso sair da formação? Dois outros gansos param para ficar com o ganso caído, oferecendo proteção e companhia até que esteja bem o suficiente para continuar ou pronto para morrer.

Por muito tempo, considerei essa formação uma metáfora para a liderança em comunidade e como ela era praticada dentro da minha. Acontece que não sou a primeira a fazer isso. Como o dr. Harry Clark Noyes observou em 1992:

> Pessoas que compartilham uma direção comum e um senso de comunidade podem chegar aonde estão indo mais rápida e facilmente porque estão viajando sob o impulso uma da outra. Quando um ganso sai da formação, de repente sente o arrasto e a resistência de tentar seguir sozinho e rapidamente volta à formação para aproveitar o poder de elevação do pássaro à frente. Se tivermos tanto bom senso quanto um ganso, ficaremos em formação com aqueles que estão indo da mesma maneira que nós.*

Na minha vida adulta, com o tempo, os gansos se tornaram uma metáfora para liderar em comunidade, no fluxo da natureza e nas estações, e na expansão e contração do esforço individual. À medida que nos esforçamos para criar novos modelos para liderar juntos de forma inovadora, devemos estar cientes de que ascendemos ou caímos juntos também. Em cada grupo marginalizado e em cada comunidade, devemos nos revezar na liderança, às vezes temos de ser os únicos a cortar o caminho, experimentamos o benefício daqueles que cortam os ventos contrários, levantamos aqueles que vêm atrás de nós e recebemos encorajamento de suas vozes para seguir adiante.

Agora devo lembrar vocês que as mulheres racializadas vêm cortando sozinhas os ventos contrários da mudança há muito tempo. A expressão "seguir mulheres negras" não é uma ordem para explorar seu trabalho, emocional ou outro, o que espero que qualquer pessoa branca que leia este livro reconheça a esta altura como uma repetição de estruturas de opressão. Em vez disso, para mim, seguir mulheres negras significa *me centrar* nas experiências de mulheres negras (e outras pessoas racializadas); ouvir mu-

---

* NOYES, Harry Clark. The Goose Story. ARCS NEWS 7, n. 1, jan. 1992.

lheres negras como líderes; seguir sua liderança; e internalizar essas lições à medida que construímos um futuro melhor.

Isso significa que as mulheres brancas devem assumir a ponta do V ao chamar as nossas semelhantes e nos educar para cortar os ventos contrários do racismo que exauriram as mulheres negras por tanto tempo. Devemos perguntar como podemos fazer melhor, ser melhores aliadas, elevar e centrar de forma mais eficaz, *e então devemos agir* na colaboração e no apoio. Isso começa com a educação de nós mesmas, incluindo a leitura das obras dos autores mencionados nos capítulos anteriores, unindo-nos a organizações que trabalham para enfraquecer o patriarcado da supremacia branca onde quer que ele viva e perguntando como podemos servir e ser melhores aliadas.

O nascimento é um processo exaustivo. O renascimento requer que não exijamos mais daquelas que já deram tanto, pois todas temos a capacidade de desmantelar o privilégio e os sistemas que o toleram e promovem. Quanto mais fizermos esse trabalho, mais rápido será o processo que faz com que todas nos beneficiemos da elevação, que todas nós compartilhemos o poder e o trabalho, que todas cuidemos daqueles que mais precisam e que todas nós cheguem bem mais longe nas asas compartilhadas umas das outras. No processo, toda aquela distração de racismo e sexismo e outras formas de opressão, todo aquele impacto maligno que nos afasta do trabalho real acabará e seremos capazes, juntas, de nos concentrar no que realmente importa: a liberdade, a igualdade, a libertação.

Juntas, nos ventos da mudança, nós ascendemos.

VIGILÂNCIA NA REVOLUÇÃO E RENASCIMENTO

Agora, devo lembrá-la de um pequeno fato sobre as Filhas de Danaus: seu trabalho é infindável. Para sempre, elas são filtros, regadoras, fazedoras de chuva, e esse trabalho nunca para. Assim também é o trabalho para todas nós que nos preocupamos com a libertação e o renascimento.

Devemos estar constantemente vigilantes de nossos próprios vieses internalizados, da mancha de séculos de barbárie, violência e desigualdade, e como isso vive em nós. *Esse trabalho nunca vai acabar*, e isso é uma coisa boa. Não é um fardo, mas uma honra, estar vivo em uma época em que somos agraciadas com a chance de mudar *tudo*. Não devemos desperdiçar essa oportunidade, baixando a guarda sobre o trabalho constante que precisa ser feito para reparar aquilo de onde viemos.

A cada curva da estrada, nossa autoanálise e o exame de nossas ações em relação aos outros devem ser constantes. Isso é particularmente verdadeiro em qualquer organização que precise de revisão cultural ou institucional. Devemos sempre estar atentas para não voltar às velhas maneiras de fazer as coisas e às velhas maneiras de pensar e ser que causam danos. Nossa revolução deve ser implacável, porque a opressão foi implacável por muito tempo.

Vou lembrá-la novamente que o perfeccionismo é uma ferramenta de opressão e todas *nós* podemos esperar, em algum lugar ao longo do caminho, errar. Tudo bem. Seja responsável por seus pontos cegos e pelos de outras mulheres. Ouça, aprenda e se comprometa a fazer melhor. Cada uma de nós está mergulhada na desigualdade desde o nascimento, e devemos nos fortalecer diariamente contra ela, à medida que a desaprendemos.

Você consegue! Nós podemos fazer isso. Estamos aqui porque estamos na jornada da heroína. Podemos fazer coisas difíceis. Temos *sorte* por estarmos vivas para fazer coisas difíceis. E, se as fizermos juntas, enquanto estivermos aqui, aquelas que vierem depois de nós poderão achar muito mais fácil estar aqui do que nós.

19.
Em direção à alegria

Endêmica para a libertação é a *alegria*. Esta, aliás, é outra lição que aprendi muito claramente com LaTosha Brown. Em seu trabalho como cofundadora da Black Voters Matter, eu a observei mobilizar jovens que achavam que seus votos não contavam, anciãos que foram impedidos de acessar as urnas e cidades inteiras de pessoas que se sentiram abandonadas à ação e à mudança.

Sua ferramenta mais poderosa nesse processo? Alegria. LaTosha dança e canta através da organização, celebra o poder negro e a libertação, alimenta e nutre todos aquelas que encontra e cria uma revolução com o sorriso mais brilhante que se possa imaginar. Eu a adoro por isso. Ela me ensinou muito.

E se a alegria é endêmica para a libertação, preciso lembrá-la de outra coisa: você não pode sentir alegria no renascimento se não conseguir sentir nada. Um dos efeitos de sobreviver a séculos de opressão sistêmica é que a maioria de nós que temos sido sujeitados a ela de uma forma ou de outra desenvolveu mecanismos de enfrentamento bastante sérios para anestesiar a dor.

Pessoalmente, decidi parar de beber em meados de 2020, cinco meses depois do início do lockdown, em parte porque estava cansada de sentir tão pouco além de raiva. Não cheguei ao fundo do poço, não me identificava como alcoólatra (e ainda não me identifico) e, embora certamente bebesse muito, não bebia a ponto de não conseguir atuar em nenhum aspecto da minha vida. Não entrei para o AA, embora tenha entrado para um grupo de reabilitação *on-line*, cheio de pessoas incríveis de todo o mundo que achavam hostil o modelo de AA, criado por dois homens brancos na década de 1930 que eram cristãos radicais, mas ainda queriam um grupo de apoio.

Eu parei porque simplesmente comecei a me assustar com a rapidez com que me sentia com raiva, quão pouco eu sentia *algo mais* e quão raramente fui capaz de identificar, de alguma forma, o que poderia me trazer alegria.

Nos meses que se seguiram, ao explorar pela primeira vez na minha vida adulta o que significa viver totalmente presente, o tempo todo, em todas as lutas e celebrações da vida, considerei um pouco como tudo o que foi comercializado para nos entorpecer — fumo, álcool, compras, celebridades, mídia social, tudo isso — foi planejado para nos distrair não apenas da possibilidade de criar um mundo melhor, mas também da alegria revolucionária. Quanto melhor nos sentimos, mais experimentamos a totalidade de nossa humanidade e mais fácil é para nós encontrar um espaço comum em paisagens interseccionais. A alegria *é* revolucionária.

Nosso renascimento coletivo deve incluir nos regar com esperança e risos e alegria real, verdadeira. Se você não sente isso há um tempo, deve procurar essa alegria. Agora mesmo, escreva três coisas que você sabe que lhe trazem alegria e vá realizá-las (com segurança, é claro, e com o devido respeito pelos outros seres humanos). Para mim, no momento em que estou escrevendo isto, essas três coisas incluem danças com meus filhos, brincar com nosso cachorro que adotamos na pandemia e passar horas lendo um ótimo livro.

Não há subidas sem descidas, nem sol sem chuva, e você deve estar disposta a navegar pelo rio de sua vida em todos os seus magníficos ciclos e lições para integrar as razões pelas quais você está aqui. Coletivamente, devemos nos comprometer a estar presentes, talvez mais agora do que nunca, nas mudanças que precisamos fazer. Oportunidades como as atuais não surgem com frequência, e a onda de necessidade e consciência exige nossa presença consciente para o trabalho que é necessário.

Observe o que você está entorpecendo. Analise. Pergunte a si mesma se suas escolhas estão baseadas na consciência ou em mecanismos de enfrentamento que não servem mais a você.

Prepare-se para tudo de bom que pode advir ao escolher sentir tudo. Alegria é libertação, e essa revolução está chamando seu nome.

UMA PALAVRA SOBRE A REALIZAÇÃO E SUAS RECOMPENSAS

Em certos momentos da minha vida, trabalhei tanto que me esqueci de comer, beber água ou me levantar e caminhar horas seguidas. As consequências disso são graves, pois, quando não estamos em contato com nosso corpo, não estamos em contato com nossa intuição, nossos dons e ser completo. Particularmente nas últimas semanas que antecederam as eleições de 2020, nas quais trabalhei sem parar por quatro anos e quase vinte horas por dia nas últimas doze semanas, lutei para ficar conectada comigo mesma. Eu sabia que, se não mantivesse as práticas regulares, sofreria com o tempo, por isso reservava um período todos os dias para exercícios e meditação. Também me esforcei muito para encontrar tempo para passear com meus filhos e monitorar minha respiração.

A boa notícia é que, assim que a eleição foi realizada, estive presente o suficiente para reconhecer que o alívio e a esperança vinham em ondas. O medo também estava presente, assim como a raiva, e o auge da pandemia de covid ainda não havia chegado, mesmo quando as vacinas começaram a sair dos depósitos em Michigan. Mas, no início de dezembro, sentei-me para mapear meu trabalho para 2021, e sensações que eu não conseguia nomear começaram a tomar conta de mim.

Elas começaram como uma sensação de ser capaz de respirar novamente, como se o terror imediato estivesse diminuindo e meu sistema nervoso central pudesse parar de disparar impulsos de luta ou fuga o tempo todo. Meu corpo físico começou a ficar mais na realidade, minha respiração se aliviou. Então, gradualmente, nos sonhos, as coisas começaram a se abrir de maneiras estranhas e interessantes. Em vez de ter terror noturno de ser perseguida por capangas do Trump, eu estava sonhando com amigos, ex-namorados, aliados na luta, e estávamos rindo, sorrindo, indo para coisas melhores. Corrigi erros em relacionamentos anteriores, criei mundos de serviço e visão, tive jantares com bruxas e feiticeiros modernos, tudo na paisagem dos sonhos. Foi uma partida fascinante do inferno imediato em que todos vivíamos havia quase cinco anos naquele ponto, e de todos os traumas resultantes disso.

Uma noite, cerca de três semanas após a eleição, me peguei me preparando para ir para a cama, quando um vídeo apareceu no meu feed do Twitter com muita indignação forçada e desconforto no comentário anexo. Uma mulher, uma pessoa que trabalhava com o corpo com foco em empoderamento feminino, estava dançando com seu parceiro. Era lento e sensual, bonito, mas seus comentários sobre "fluxo feminino" estavam atraindo desprezo. Eu pausei. Assisti novamente. Parecia familiar. Eu vi no desconforto dos comentários um desconforto com essa versão de feminilidade, com a sombra e a luz dela, e mais significativamente com sua *liberdade* na presença de seu parceiro. Eu pausei novamente.

E então voltei por um momento no passado, a 2003, para um certo parceiro, um homem que era tão conectado consigo mesmo e comigo que foi a primeira vez na vida em que pude me entregar completamente à experiência do sexo. Não sou uma pessoa que acredita em Deus no sentido tradicional, mas aquilo foi o mais perto que cheguei de algo que considero divino. Nunca confiei em ninguém na cama como confiava nele, e a experiência de transar com ele ainda é, quase vinte anos depois, tão perfeita na memória quanto na prática. Ele era de tirar o fôlego em sua presença e em seu foco na mutualidade do momento, absolutamente comprometido em torná-lo uma experiência tão rica para nós quanto fosse humanamente possível. Nunca me senti tão segura com outro ser humano como me senti com ele. Estávamos conectados, éramos sensuais mesmo com as roupas, no fluir de tudo juntos, protegidos e, acima de tudo, sabíamos que, juntos, valia a pena gastar nosso tempo. Foi o tipo de amor e sexo que a acorda em todos os níveis e a lembra de por que está aqui.

Levei três anos para superá-lo quando acabou, mas o começo? Uau. Demorei uns bons seis meses. Eu fui livre, me abri, fui completamente eu mesma, estive com alguém que me conheceu exatamente como eu era, e fui extremamente feliz.

E agora ali estava eu, nos últimos dias da era Trump, na cama assistindo a um vídeo no Twitter, meus filhos dormindo no quarto e os cachorros dormindo a meus pés. O que era isso, pensar em momentos e conversas e corpos em que não pensava há muito tempo? A que estava voltando, renascendo e trazendo do passado para o presente e talvez para o futuro? O que era aquilo?

Um sorriso tomou meu rosto. Ah, aquilo.

Desejo. Anseio. Alegria. Ansiedade. A integridade de nossa humanidade. Bem-vinda de volta, dizia, à vida.

Este é o seu lembrete de que sua presença é uma parte da razão pela qual você está aqui. Um dos meus professores de longa data de filosofia e ioga fala que todo ponto da incorporação é o desejo — que o divino deseja atuar em e através de nós, e esse desejo é sua expressão. Nascemos do desejo, criamos por meio do desejo, renascemos de nós mesmos, continuamente, por meio do desejo de algo melhor, mais significativo, mais justo, mais livre.

O desejo é o que nos leva ao renascimento em todas as coisas. Ansiamos por um mundo melhor. Ansiamos por conexão com outras pessoas e com a terra em que vivemos. Ansiamos por liberdade para viver e amar no mais alto alinhamento com quem somos. Ansiamos por construir um futuro que funcione para todos nós. Nós *queremos isso*. E podemos escolher isso, ou não, a cada passo que dermos.

Não faz muito tempo, vi aquele homem novamente. Fui convidada para uma festa em família com meus filhos, logo depois que me divorciei, e acabamos sentados não muito longe um do outro, conversando como velhos amigos enquanto meus filhos corriam em círculos pela sala. No final do evento, saímos juntos e ele se virou para mim, me abraçou e olhou para meus filhos e de novo para mim. "Elizabeth", disse ele, com um pouco de afeto, "você fez tudo certo". Aquilo disse tanto enquanto dizia apenas o suficiente, porque ele estava certo, e ele sabia, e viu, em anos passados, distância e muito amor. Tudo o que existira entre nós ainda estava ali, vivendo no presente e nos guiando em direção ao futuro.

O que é passado é presente, e o que é presente gera o futuro. Quando você vive naquilo que mais deseja para si mesma e para o mundo, e está alinhada com o que há de melhor em quem você pode ser, cria esperança, propósito, liberdade e alegria em cada passo que dá.

20.
Em direção ao futuro

Parte da magia de ser humano é que nem sempre sabemos o que está por vir. Quando eu estava no meu quintal enquanto Megan morria, eu não sabia ao certo se poderia trazer a chuva, mas, de repente, lá estava ela. Cada vez que iniciamos um novo ciclo da jornada da heroína, não sabemos onde vamos parar, mas devemos confiar na nossa intuição, caminhar na fé e, acima de tudo, seguir em frente.

Enquanto estou aqui sentada escrevendo as palavras finais deste livro em dezembro de 2020, não sei aonde o caminho pode ter nos levado enquanto você estiver lendo isto. O que é passado é presente agora e será levado adiante para o futuro, onde você está sentada enquanto lê estas frases. Talvez o seu presente já seja melhor do que aquele em que estou sentada. Hoje, enquanto digito isto, a primeira dose da vacina contra a covid foi administrada nos Estados Unidos. Provavelmente, é um presente muito mais seguro em que você está agora. A plenitude do tempo em que me encontro certamente espera que sim.

No círculo da bússola, muito parecido com o círculo da jornada da heroína, o norte é o lugar do desconhecido. É onde começamos a viagem — o lugar para onde sabemos que estamos sendo chamadas, mas não sabemos para quê — e é o lugar para onde voltamos no final da jornada, com os despojos de nossas histórias e as lições aprendidas e por um momento de paz e calma, antes que o ciclo recomece e a jornada nos chame.

Enquanto estamos aqui nos abrindo ao futuro, muitas coisas acontecem em nosso rastro. Nossos filhos estão crescendo muito rápido. Gerações de heroínas que vêm atrás de nós estão contando conosco, que estamos à frente para criar mudança, de modo que sua tarefa seja mais leve, seus dons mais frutíferos, seu trabalho mais recompensador, seu mundo mais justo e livre. Elas estão nos encorajando com música. Estão nos observando, a cada passo, nos aproximarmos do futuro que queremos construir. Nós, que somos heroínas, somos pontes do presente para o futuro, e todas as gerações futuras precisam de nós para ser a luz que guia o caminho através das trevas deste tempo.

Vivemos coisas extraordinárias e comoventes, cada uma de nós. Cada geração de heroínas que veio antes de nós também. Nós nos apoiamos nos ombros de gigantes e iluminamos o caminho para aquelas que virão a seguir.

Aqui, neste momento, estamos em um portal: Será que vamos mudar na velocidade da luz agora que temos a chance? Vamos liberar o que não serve, curar as feridas na base de nossa nação, abrir caminho para um futuro que ainda não podemos ver? Vamos escolher nos tornar heroínas de verdade para sempre?

Assim espero. Pela primeira vez na vida, acredito que temos uma chance real.

Devemos seguir em frente, sempre reconhecendo e nos reconciliando com nossa história, revolvendo tudo o que não podemos suportar, renascendo a nós mesmas e ao nosso mundo continuamente para um futuro melhor.

O trabalho é árduo. O caminho é para sempre. Mas há alegria, comunidade e esperança, e lembranças de lições difíceis e todas as bênçãos de sermos irmãs na jornada, de braços dados.

Eu acredito em nós, minhas irmãs, nós, as portadoras da água, nós, as filhas que sobreviveram a tudo para trazer a chuva.

Estávamos aqui para testemunhar como tudo se incendiou, estamos aqui para dançar no campo das cinzas e para redirecionar as águas do nosso renascimento.

Todo esse poder está dentro de nós.

Pelo bem do futuro que conta com cada uma de nós se tornando heroína: tome posse desse poder.

EPÍLOGO

Sete dias após a eleição de 2016, exausta e já traçando um caminho em direção ao que seria necessário para sobreviver e resistir pelos próximos quatro anos, e com pouca ideia do que o futuro poderia trazer, eu me arrastava para a cama em meu apartamento no Brooklyn. Sabia que uma nova etapa de minha própria jornada, e nossa jornada coletiva, estava apenas começando. Eu não tinha ideia do que o futuro traria, mas sabia que o caminho estava chamando e estávamos a caminho.

Naquela noite, tive um sonho que poderia ser mais bem descrito como uma visão. Quando acordei na manhã seguinte, uma força para escrevê-lo passou por mim, e ela não poderia ser negada. Isto foi o que surgiu.

Elizabeth Cronise McLaughlin atualizou seu status.
17 de novembro de 2016

Nos meus sonhos na noite passada, eu estava em um campo enorme com outras mulheres — algumas eram desconhecidas, outras eram irmãs com quem conversei nesta vida, outras são amigas de longa data, como Sianna Sherman, Laura Tulumbas Juell, Becky Rygg, outras eram compatriotas mais jovens, como Julianne Hausler, Vanessa Couto, Lindsay Pera, Claire Hayes, Tereska Haman James, Molly Knight Forde... muitas de nós, conhecidas e desconhecidas para mim.

E, no campo, estávamos no meio da iniciação.

Desde a noite até o amanhecer, iniciamos umas às outras. Dançamos ao redor de cada mulher uma por uma, enquanto nossas famílias e amigos ficavam assistindo à beira do campo. Demos as mãos e abençoamos umas às outras, e purificamos umas às outras com lágrimas e risos, pousamos as mãos umas nas outras, e nos seguramos quando foi preciso.

Cada uma de nós entrou no círculo, e círculos e mais círculos, toda a noite nesse campo, uma a uma, mulher por mulher, centenas de nós.

E apesar de a chuva cair e de o vento uivar, e de as árvores ao nosso redor soltarem as folhas e de os céus se abrirem e os raios chegarem, e apesar de as pessoas observando pensarem que não conseguiríamos, continuamos. Não tivemos medo.

E, quando chegou minha vez, eu entrei no círculo e senti as mãos e braços e a força de centenas de mulheres ao meu redor. Fui segurada, amada, dancei e fui vista.

A noite ficou mais e mais escura, e eu fechei os olhos e me permiti ser segurada, vista e tocada. E, quando abri os olhos, o sol estava nascendo.

E, conforme o sol nasceu com toda a força, estávamos juntas naquele campo como irmãs — todas nós —, com flores nos cabelos, riso e comemoração e alegria, e olhávamos umas para as outras como se nos víssemos pela primeira vez, como sempre tínhamos feito, e estávamos felizes. Poderosas, conectadas, alinhadas, intocáveis e tão destemidas quanto a terra, quanto a natureza, quanto os círculos do tempo, e honramos umas às outras.

E então, acordei.

Assim, deixe-me dizer a vocês, hoje, minhas irmãs: estarei com vocês durante a tempestade, e vou testemunhar sua luta, abraçarei vocês quando precisarem, e honrarei sua força quando não precisarem.

E, ainda que as tempestades venham e o céu se abra e o mundo pareça estar acabando, vou seguir em frente.

Porque do outro lado de onde estamos agora pode estar a felicidade. E não tenho medo da escuridão. Sou mais forte do que ela pode ser. E vocês também são.

Mandando amor a todas hoje. Amor a todas.

~E

 100

 Curtir  Comentários

EPÍLOGO

Em tudo o que você faz, em cada passo que dá no caminho da jornada de sua heroína, ateie fogo àquilo que não serve mais, integre-se à terra e às cinzas, plante as sementes da possibilidade, seja balizada pelos ventos da mudança e, acima de tudo, traga a chuva.

Porque do outro lado de onde estamos agora pode muito bem haver liberdade. Ainda não chegamos lá, mas estamos percorrendo o caminho para isso, juntas.

Eu não tenho medo da escuridão. Estou mais poderosa do que nunca.

E você, minha amiga, também está.

AGRADECIMENTOS

Em primeiro lugar, devo agradecer à minha extraordinária agente, Wendy Sherman. Você me procurou com uma proposta de livro por dois anos e estava convencida de que eu tinha algo a oferecer que era desesperadamente necessário neste momento da história, mesmo quando eu duvidava disso. Você tem sido uma advogada incrível e uma grande amiga.

Minha editora, Leah Trouwborst, mostrou muita paciência e gentileza comigo durante todo esse processo, oferecendo feedback crítico, sabedoria e sendo uma fortaleza silenciosa durante o tempo que levei para escrever este trabalho. Obrigada por acreditar. Obrigada também a Adrian Zackheim, que acreditou neste livro desde o início, e a toda a equipe da Portfolio por seu trabalho para trazê-lo à vida.

Da mesma forma, minha assessora Kathleen Carter trouxe sua magia especial para esse processo para todos nós, e Sarah C. B. Guthrie contribuiu com sua arte para a capa. Obrigada a vocês duas.

Carole DeSanti foi uma irmã nesse caminho, uma colaboradora em conceitos de alto nível e uma catalisadora para o processo de transformação que levou ao resultado final deste livro. Sempre serei grata por nossas conversas ao longo do caminho.

AGRADECIMENTOS

Meu pai, Ron Cronise, sempre acreditou que, no fundo, sou uma escritora. Obrigada por sempre ser meu campeão, por sua curiosidade e seu compromisso sem fim ao longo da vida com o aprendizado, por quebrar as cadeias de legados e por mostrar à nossa família o significado do amor incondicional. Obrigada também à minha amada madrasta, Judy Cronise, que é a heroína absoluta de nossa família e a guardiã dos belos corações e mentes de meus filhos; você nos salvou e construiu uma nova família do zero. Agradeço também às minhas irmãs e ao meu irmão por me aguentarem. Eu amo muito todos vocês, não importa o que aconteça, sempre e para sempre.

Meus foras da lei, Sharron Coleman e John Vitek, são minha torcida dos bastidores que também cuida do meu carro, do jardim e alimenta as crianças com pipoca na cama quando estou viajando em épocas não pandêmicas. Não posso acreditar que tive sorte por conseguir a guarda de vocês no divórcio.

Nos círculos em que me relaciono, existem muitas heroínas extraordinárias que mudaram minha vida, às vezes em um instante, e me ensinaram muito. Incluem-se, não só, Claire Hayes, Kris Goodfellow, Vanessa Couto, Midwin Charles, Samantha Brody, Deni Luna, Keisha Shields, Lindsey Pera, Sarah Love, Donna Helete, Celia Ward-Wallace, Brenda Villa, Sianna Sherman, Susanna Harwood Rubin, Kimberly Kyle Hall, Susan Knape, Rosie O'Donnell, Susana Crespo, Karen Lautanen, Elsie Escobar, Cindy Gallop, Charlotte Clymer, Melanie Campbell, Avis DeWeever, Robin Runge, Collette Flanagan, Mutale Nkonde, Tara McMullin, Tricia Nelson, Cathy Harris, Heather McCabe, Kira Hudson Banks, Rikke Brogaard, Tracy Silver, Tolu Olubumni, Eliza Orlins, Amy Lesko, Samantha Ronson, Maya Wiley, Marsha Levyarren, Rachel McDavid, Alyssa Milano, Amy Miller, Kaji Dousa, Debra Messing, Sarah Kendzior, Heather Cox Richardson, Jessica Pennington, Melissa Smith Conway, Denise Duffield-Thomas, Abby Tucker, Pam Keith e Selina Davis, que contribuíram com seu ânimo, seu trabalho, seu apoio e sua amizade nos momentos críticos do caminho. Obrigada.

Joanna Pena-Bickley, Kat Gordon, Bethany Williamson, Melanie Majerus, Heather Odendaal e várias outras mulheres que estão sob acordos de confidencialidade não têm medo de mostrar meu trabalho no mundo, inclusive em lugares como Amazon, Google e PwC. Obrigada pelo apoio.

Para Toby Gialluca e Claiborne Yarborough: eu me sinto como alguém que anda no fogo. Obrigada por sua disposição, sua paciência, sua criatividade, seu compromisso e por continuarem a falar. Da mesma forma, Toby me ajudou a resolver algumas coisas realmente difíceis nas edições finais deste livro; obrigada por me deixar ser vulnerável.

Tanya Selvaratnam contou minha história como ela contou a própria. A clareza que veio ao ver minha história impressa anonimamente no *New York Times* como parte de seu artigo sobre violência doméstica foi um presente profundo, chocante e indelével. Obrigada por toda a sua bravura e por me dizer em um momento crítico que era obrigatório que eu parasse de me diminuir e começasse a andar com pessoas prontas para jogar. Essa conversa fez toda a diferença, para tudo.

Amanda Steinberg: garota, olhe para nós.

Connie Vasquez é minha amiga, minha colega e minha aliada, e me deu a chance de contar minha história como uma sobrevivente no #MeToo RallyNYC em dezembro de 2017. Ou vai ou racha, senhora. Sou tão orgulhosa por chamá-la de minha amiga.

Melody Biringer e Cordila Jochim caminharam comigo por um verão torturante em Seattle, e Ana Scolari e Anastasia Walker são amigas queridas na vida diária no sul da Califórnia. Obrigada.

LaTosha Brown, você me ensinou o significado da alegria na revolução e me incentivou a lembrar de curar. Você modelou uma liderança melhor para todas nós, e seu espírito é a base deste livro. Eu sou muito grata a você.

Mary Trump e eu temos um encontro num pub. Você me inspirou, e sou muito grata por ter escolhido trilhar o caminho da heroína. Joy Reid e Glennon Doyle, obrigada por sua gentileza, sua generosidade e seu incentivo nos momentos em que você não poderia ter dito nada. Realmente, realmente importou, e sou muito grata por sua graça.

A Sara Bareilles, pela música que me acompanhou por todo este livro, faço uma reverência a você e ao seu coração de meteorologista.

Tereska James, Jamie Leonhart, Julianne Hausler, Laura Tulumbas, Julie Anna Potts, Audrey Berland, Michelle Ross Daniels e Elizabeth Meadows: vocês são minhas irmãs de alma na vida, através de muitos quilômetros e muitos anos e muitas existências, e eu não estaria aqui sem vocês. Vocês são meu apoio em tempos de dificuldade e fontes enormes de celebração em tempos de alegria. Vocês me perdoam, me amam, falam comigo francamente, me lembram que não posso consertar tudo (pelo menos não de uma vez), e vocês estão presentes, sempre, aconteça o que acontecer. Vocês me deixam ser real e completa, mesmo quando parece que não há nenhum outro lugar onde eu possa ser isso. Eu amo muito vocês.

Aos homens que foram amigos e aliados ao longo de muitos anos, a quem sempre posso pedir apoio e lembretes de quem sou: Douglas Brooks, Dave Stine, Greg Collett, Alex Barnett, Noah Maze, Kevin Hoover, Micah Meryman, David Gross, Jeff Ragovin, Christo Braun, Steven Popper e Jamie Bernard, obrigada por me receber. Obrigada também a Elie Mystal, por sempre me fazer rir enquanto checava rigorosamente minha análise jurídica no Twitter; a Fred Guttenberg, por sua coragem e por modelar o poder transformador do luto em ação; a Joaquin Castro, por seu compromisso implacável com a justiça mesmo quando ninguém está olhando; a Eric Swalwell, pela clareza encorajadora de sua liderança; e a Malcolm Kenyatta, pela profundidade e pelo brilho do caminho que você percorre em direção a um futuro melhor para todos nós.

Para Brittany Zeman, Chelle Weech, Zsofi Koller, Brandi Bernoskie, Vanessa Couto e toda a equipe do Projeto Gaia para Liderança Feminina nos últimos dez anos: nada disso seria possível sem vocês. A Brittany especialmente, obrigada por caminhar comigo pelo vale da sombra da morte. Poucos entendem tão bem quanto nós o que perdemos quando a perdemos.

Ao público do #ResistanceLive, obrigada por me ajudar a manter a fé nos momentos mais sombrios e por me lembrar de sempre me impulsionar em direção à esperança, como espero ter feito também por vocês. A todos aqueles que me inspiraram, desafiaram e mudaram ao longo do caminho, obrigada. Para os RISE OGs: sim, vocês também, especialmente.

Para Deborah Gibbon e Megan Baker e todos os ancestrais com seus olhos em mim: estou sobre os ombros de gigantes e espero estar fazendo justiça ao seu espírito.

E por último à minha filha e ao meu filho, que são a razão, o propósito e o significado de tudo: eu amo vocês até o sol, a lua, as estrelas e de volta, para todo o sempre. Obrigada por me escolherem para ser sua mãe. Vocês são os seres humanos mais maravilhosos que conheço, e é a maior honra da minha vida compartilhar esta existência confusa, barulhenta e linda com vocês. Somos pacificadores, atravessadores de pontes e super-heróis, meus amores, e estamos nisso juntos, para sempre.

Índice remissivo

3% Conference, 102, 219

abuso, xxiii, 10, 37, 68, 69, 70, 77, 90, 94, 169, 182
   de chefes, 182, 192
   de crenças limitantes, 34, 43
   em um relacionamento, 37, 77, 182
   no ambiente de trabalho, 101, 169, 182
   Veja também sexual: abuso
advogados, 4, 20, 52, 59, 60, 148
   direitos humanos, 5, 54, 112, 126, 163
   e derrubar outras mulheres, 114
   e habilidades de escrita/narrativa, 54
   e políticas discriminatórias, 3-9, 25
   silenciamento de, 60, 61
África do Sul, 22, 219
africanos, 130, 219
aids, 197, 198
alegria, ix, 15, 17, 39, 47, 51, 149, 168, 176, 184, 185, 196, 202, 203, 207, 209, 216, 217
   em seus dons/talentos, 49
Alison Gash, 192
Amanda Steinberg, 145, 216
América do Sul, 169
amor-próprio, 45
análises de performance, 60
ancestrais, x, 20, 93, 218
Angela Davis, 109
antirracismo, ix, 121
arte/artistas, 20

ativistas/ativismo, 20, 24, 49, 52, 106, 108, 120, 121, 147, 149, 164, 166, 180
   bootcamp, 49
   e construção de coalizão, 107
   e #ResistanceLive, 146-147, 218
   e tendências internalizados, 108
   movimentos revolucionários de, 106-107, 130, 144
   mulheres negras e, 118-121, 132, 165, 171, 199-200
   Veja também protestos
autoaceitação, 55
autoagressão, 13, 36
autoanálise, 115, 124, 177, 201
autocríticas, 50, 55
   Veja também crenças limitantes; vozes na sua cabeça
autoestima, 50, 55, 87
autorreflexão, 78, 80
autorrespeito, 45, 46

Bancos/sistemas bancários, 134, 146
BBC, 143
Black Lives Matter, 106
Black Voters Matter, x, xi, 202
Black Women's Roundtable, ix, 120
Brené Brown, 42
Brittany Packnett Cunningham, 170
Brooklyn, 21, 145, 211
bullying, 62, 162

campo de terror, 50, 56, 71, 163, 164
   e falando a verdade, 50
   e o caminho para a revolução, 163-164
   explicação de, 26-29
   mensagem negativa e, 50, 56
campo dos negócios, 23, 56, 64, 102, 158
capacitação, 190
carreira, 4, 5, 8, 43, 44, 47, 54, 55, 57, 59, 65, 94, 111, 112, 113, 147, 155, 169, 175, 183
   abandonando o caminho tradicional de, 148
   aja como um homem, 10
   como foco dominante, 16, 27
   enfraquecendo a, 110-111, 169
   momentos cruciais em, 153
   mudanças em, 158
casamento, xviii, xix, xxii, 18, 34, 94, 177, 178, 179, 182, 183
Caste, 101
CEO, 11, 61, 77
Chris Ansell, 192
cisgênero, 105, 198
Clarissa Pinkola Estés, xxv
classe, xxviii, 99, 100, 101, 156
Coalizão Nacional sobre Participação Cívica Negra, 120
compaixão, 20, 86, 101, 103, 104, 105, 107, 168, 182, 183
competitividade, 112-113
comunicação, xiii, 61, 68, 76, 77, 116, 195, 220
   com habilidade e valor, 61, 68
   da perspectiva baseada em valores, 61, 74
   e tendências internalizados, 77
   e uso da linguagem "eu", 74
   não violenta, 74, 195
   silenciamento de, 60-61, 64
   ter habilidades de, 50, 52, 61, 149
Comunicação Não Violenta (CNV), 74
comunidade, x, xiii, 28, 31, 43, 44, 58, 80, 92, 104, 105, 107, 120, 124, 147, 149, 151, 162, 173, 197, 198, 199, 209
   compromisso com, 80, 172, 193
   crescer em, 105, 121
   de mulheres, ix, xiv, xv, xvi, xxiii, xxviii, 10, 18, 23, 25, 43, 65, 67, 70, 95, 99, 100, 111, 113, 126, 155, 162, 173, 195, 197, 199
   diversidade e, 52, 78, 107, 132, 134, 142, 154, 155, 157
   e cura de traumas, 20, 28

gay, 43, 197,
   liderando, 171-172
   onde falamos o que pensamos, 72
   trabalho colaborativo em, 107
conhecimento interno, xxiv, 150-152
Connie Vasquez, 69, 216
conselhos escolares, 162
construção de alianças, ix, 4, 19, 121, 163, 173
"contar",
coragem, 18, 20, 68, 69, 70, 74, 80, 98, 122, 165, 167, 181, 217
corpo, xv, xx, 10, 34, 55, 65, 71, 85, 89, 91, 93, 109, 114, 124, 136, 142, 143, 162, 167, 173, 175, 179, 204, 205
   colocá-lo em risco, 124, 136, 162, 167
   crítica ao, 124
   dano/trauma a, 89, 91
   e falar a verdade em voz alta, 71
   estar em contato com, 204
   questões relacionadas ao, 55
   trabalho, ix, x, xi, xvii, xxiii, xxiv, xxv, xxvi, xxvii, xxviii, xxix, 3, 4, 5, 6, 7, 8, 11, 14, 15, 18, 19, 20, 25, 26, 28, 31, 34, 35, 36, 37, 40, 41, 42, 43, 44, 46, 47, 49, 50, 51, 52, 54, 55, 56, 60, 61, 64, 65, 67, 74, 76, 77, 78, 79, 87, 89, 91, 92, 93, 94, 95, 96, 97, 99, 103, 104, 107, 109, 110, 112, 114, 115, 116, 117, 119, 120, 121, 122, 124, 127, 128, 129, 130, 131, 132, 133, 134, 135, 136, 147, 148, 149, 150, 151, 152, 153, 154, 157, 158, 159, 160, 162, 163, 164, 166, 167, 168, 170, 171, 172, 173, 174, 175, 177, 181, 182, 183, 184, 190, 191, 199, 200, 201, 202, 204, 209, 214, 215, 216
covid-19
   Veja também pandemia
crenças limitantes, 31, 32, 33, 34, 35, 36, 37, 38, 39, 42, 43, 44, 45, 46, 49, 50, 62, 90
   a maioria é objetivamente falsa, 31, 34, 42
   confrontá-las, 43, 45
   e chegando à verdade, 44, 49
   e "viés de confirmação", 35
   exercícios para, 45
   explicação de, 35-37
   impedir-nos, 34
   internalizado, xxviii, 62, 109, 111, 116, 117, 119, 123, 128, 129, 148, 153, 156, 180
   manter-nos seguros, 34

ÍNDICE REMISSIVO

minerando uma memória de, 44
opressão e, 37-38
origens de, 33, 41
sobre nossas habilidades, 50
substituir por mantra positivo,46
crítica, 65, 95, 163, 190, 194
   cultural, 31, 39, 74, 95, 130, 201
   mensagem, xiii, 13, 26, 37, 38, 42, 46, 50, 51, 57, 60, 63, 113, 123, 145, 160, 166, 182
   mudança/revisão, 102-103, 132
   opressão, x, xxiv, xxv, xxviii, 10, 12, 13, 14, 15, 16, 17, 18, 19, 24, 28, 30, 31, 36, 38, 39, 40, 41, 61, 62, 72, 73, 74, 77, 78, 79, 86, 87, 89, 90, 95, 96, 99, 100, 103, 113, 114, 120, 124, 128, 129, 130, 134, 136, 151, 153, 154, 167, 168, 170, 180, 184, 191, 192, 194, 199, 200, 201, 202
   viés, 35, 39, 42, 44, 45, 46, 78, 79, 109, 111, 114, 115, 116, 117, 120, 122, 123, 129, 153, 180
cuidados com a saúde, xvii
cuidados infantis, 178
cuidar, 54, 59, 64, 76, 119, 121, 170
cura, 14, 16, 28, 88, 89, 90, 91, 95, 96, 129, 131, 183, 190
   coletiva, x, xvi, xxviii, 15, 142, 152, 195, 196, 197, 211
   de gerações de danos,16, 19
   de trauma, 37, 89, 94
   importância de, 64
   reconciliação e, 127
   uma jornada para a vida toda, 88

deficiências, xxviii, 12, 100, 113, 185
DEI, 132, 133
Demarginalizing the Intersection of Race and Sex, 99
desconforto, 14, 25, 26, 28, 66, 74, 108, 123, 124, 125, 129, 153, 154, 205
   e criar mudança, 11, 28, 58, 66
   e falar a verdade ao poder, 66
   ficar confortável com, 25-26, 28, 108, 123, 205
desigualdades, 17, 25, 142, 180
   em todos os aspectos da cultura, 142
   longa história de, xx, 167
   reconciliar-se com, 123
deusas, 51
dinheiro, 34, 36, 37, 39, 117, 133, 141, 147, 150, 155, 160, 171, 175
   como métrica de sucesso, 5
   mulheres são "ruins com", 37
   vieses internalizados e,
   Veja também sucesso financeiro; pagar
direitos humanos, 5, 54, 112, 126, 163
discriminação, x, 8, 9, 30, 38, 60, 78, 80, 99, 102, 104, 127, 136, 159, 191
   combater a, 102, 103
   e crenças limitantes, 31, 38, 127
   e mulheres negras, 99
   empresa de advocacia processada por, 60
   e sua identidade, 102
   formas exageradas de, 9, 30
diversidade, xxix, 52, 77, 78, 99, 102, 104, 105, 107, 132, 134, 142, 154, 155, 157, 158, 159, 165, 195
   beneficia a todos nós, 145
   e construir relacionamentos,
   e salas de poder, 111
   falta de, 8, 13, 35, 56, 60, 77, 78, 95, 103, 118, 122, 127, 155, 170
   governança colaborativa e, 192
   mundo corporativo e, 132
   no ambiente de trabalho, 79
   seminários/treinamento em, 154
divórcio, 91, 215
DNA, xv, 65, 95, 141, 152
doença mental,
   misoginia, 39, 85, 95
   movimento #MeToo, 69
   tratamento ruim, no ambiente de trabalho, 25, 28
Donald Trump, 21, 22, 171
   eleição de, xix, 21, 23, 29, 106, 145, 164, 211
   e nascimento da #ResistanceLive, 146-147
   mulheres brancas que votaram em, 170
   regime de, 106
   supremacia branca / fragilidade e, 109
dons, 11, 14, 17, 18, 39, 40, 51, 52, 68, 92, 93, 97, 117, 147, 148, 163, 166, 191, 195, 196, 204, 209
   abandoná-los, 40, 51
   celebrá-los, 148
   como ferramentas para mudança, 11, 14, 17, 93
   e governança colaborativa, 196
   e modelos de liderança, 195

fazer listas, 51
identificá-los, 51, 163
inerentes, 50, 52, 54, 56
levar à nossa missão/propósito, 39, 51, 209
negá-los, 117
oferecê-los de volta, 51-52, 92, 97, 147-148, 191
suprimidos, 18
verdade de, 7, 44, 47, 78
dor, 5, 24, 28, 32, 50, 55, 87, 97, 128, 129, 163, 164, 179, 183, 184, 196, 202
e caminho para o crescimento, 26
e crenças limitantes, 31
fazendo reparações e, 127
mecanismos de enfrentamento para, 202
riscar o fósforo, 21
transformá-lo em ação, 24
Douglas Brooks, 189, 217

educação, xvii, 77, 101, 103, 109, 136, 191, 200
eleição de 2016, 21, 23, 29, 145, 164, 211
eleição de 2020, xix, 106
  Urban Campfire, 69
Elizabeth Warren, 108, 171
emocional, 23, 26, 27, 54, 72, 87, 88, 104, 122, 166, 176, 182, 199
  dano, 15, 18, 66, 103, 120, 123, 128, 129, 130, 131, 176, 196
  experiências, xxiii, xxv, xxviii, 7, 30, 31, 32, 33, 35, 36, 39, 53, 61, 65, 69, 86, 87, 88, 89, 90, 95, 97, 98, 99, 100, 101, 102, 103, 104, 107, 120, 176, 190, 198, 199
  realizações, 153
  segurança, xvii, 3, 27, 32, 72, 73, 90, 119, 125, 142, 180, 184, 185, 193, 203
  trabalho, ix, x, xi, xvii, xxiii, xxiv, xxv, xxvi, xxvii, xxviii, xxix, 3, 4, 5, 6, 7, 8, 11, 14, 15, 18, 19, 20, 25, 26, 28, 31, 34, 35, 36, 37, 40, 41, 42, 43, 44, 46, 47, 49, 50, 51, 52, 54, 55, 56, 60, 61, 64, 65, 67, 74, 76, 77, 78, 79, 87, 89, 91, 92, 93, 94, 95, 96, 97, 99, 103, 104, 107, 109, 110, 112, 114, 115, 116, 117, 119, 120, 121, 122, 124, 127, 128, 129, 130, 131, 132, 133, 134, 135, 136, 147, 148, 149, 150, 151, 152, 153, 154, 157, 158, 159, 160, 162, 163, 164, 166, 167, 168, 170, 171, 172, 173, 174, 175, 177, 181, 182, 183, 184, 190, 191, 199, 200, 201, 202, 204, 209, 214, 215, 216
empatia, 103, 104, 111, 195
empreendedora, 55
empresa de consultoria, 146
empresa de software, 169
empresas, 5, 12, 23, 74, 77, 102
  desigualdade salarial em, 67
  diversidade/inclusão em, 102
  mulheres e, x, 11, 13, 14, 39, 111, 155, 173, 174, 180
  programas de treinamento para, 154
empresas de tecnologia, 102,
escolha reprodutiva, 151
escravidão, 126, 127, 153, 167, 190
estereótipos, 116
estupro, xix, xxii, 70, 191
excepcionalismo, xvii, 111, 130, 142, 158

Facebook, 118, 120, 145, 146
Faculdade de Direito de Columbia, 145
falando com poder, 58
  comunicar-se com habilidade/valor, 52
  coragem necessária para, 18, 70-71
  exemplos de, 43, 46, 78
  impacto de, 76, 77, 80, 119, 163
  lugares seguros para, 72
  uma ferramenta para mudança, 69
falar o que pensa, 60
felicidade, 4, 184
  Veja também alegria
feministas/feminismo, xxv, 121, 145, 177
Filhas de Danaus, xviii, xix, xxii, 87, 130, 197, 201
filhos, xiii, xiv, xv, xvii, xviii, xx, xxi, 15, 21, 22, 36, 64, 65, 72, 77, 78, 79, 92, 94, 95, 101, 105, 115, 119, 136, 141, 142, 147, 178, 179, 180, 181, 183, 184, 191, 203, 204, 206, 207, 209, 215
  migrante, 52, 66
  silenciamento de, 60-61
  trauma passado a, 33
  treinamento de não conformidade de gênero e, 77
  um futuro melhor para, 217
fósforo, 21, 23, 24, 26, 27, 28, 29, 30, 164
  em sua própria vida, 13, 136, 180
  e o "campo de terror", 50, 163
fracasso, xxv, 5, 11, 17, 32, 39, 61, 112, 148, 160
  e crenças limitantes, 35-36
  e estruturas de poder/opressão, 36

ÍNDICE REMISSIVO

fé, movida pela, 150
    para criar mudança, ix, 67, 80, 90, 209
    preserva o *status quo*, 11, 39
    silenciamento e, 63
fragilidade branca, 119, 120, 122
Frederick Joseph, 109

gênero, iv, xxvii, 7, 25, 38, 77, 99, 101, 158, 162, 163, 169, 173, 184, 197
    e contratação / promoção / pagamento,
    e crenças limitantes, 110
    identidade, xxvii, 37, 100, 101, 102, 106, 142, 184
    igualdade, x, 14, 15, 77, 78, 100, 116, 120, 121, 131, 132, 133, 134, 142, 145, 162, 163, 169, 176, 190, 200
    iniciativas baseadas, 158
    iniquidade, 105, 136
genocídio, 126, 130, 153, 190
George Floyd, xvii, 106
governança, colaborativa, 192
Grupo Nation Pantsuit, 146
guerreiros, da mitologia, xxiii

habilidades, xv, 4, 19, 49, 50, 52, 54, 55, 57, 58, 61, 71, 74, 78, 93, 103, 111, 117, 148, 149, 151, 152, 193, 194, 195
    como ferramentas para a mudança, 17
    crenças limitantes sobre, 45
    de nossos ancestrais, 20
    e tendência internalizada, 14, 77
    inerentes, 50, 52, 54, 56,
    pergunte aos entes queridos sobre,
Harry Clark Noyes, 199
Healing the Heroine, 94
Heather McGhee, 109
hierarquias, discriminatórias, 103
Hillary Clinton, 146
hinduísmo, 189
Hipermestra, xviii, xix
hipervigilância, 94, 95
histórias, contar, 53
    com aliados / amigos, xxiv
    curar-se de, 53-54
    e falar a verdade, 70
    ter o dom de, 69
homens, xx, xxviii, 5, 7, 9, 11, 12, 16, 34, 60, 64, 65, 67, 102, 110, 111, 113, 134, 135, 156, 157, 159, 173, 174, 181, 182, 185, 197, 203, 217

educando-os, 182, 200
    e políticas discriminatórias, 174
    e treinamento em diversidade / inclusão, 154
    facilidade de ascensão, 5
    instituições administradas exclusivamente por, 113
    não leve as mulheres a sério, 110
    silenciando por, 69
    Veja também patriarcado
homofobia, 40, 62, 190

Ibram X. Kendi, 109
identidade, xxvii, 37, 100, 101, 102, 106, 142, 184
    coletiva, x, xvi, xxviii, 15, 142, 152, 195, 196, 197, 211
    diversos aspectos de, 33
    Veja também interseccionalidade
igrejas negras, 106
igualdade, x, 14, 15, 77, 78, 100, 116, 120, 121, 131, 132, 133, 134, 142, 145, 162, 163, 169, 176, 190, 200
    compromisso com, 80, 172, 193
    conversas sobre, 173
    criando, 21, 44, 53, 73, 78, 97, 101, 173
    e modelos de liderança,
    falta de, 8, 13, 35, 56, 60, 77, 78, 95, 103, 118, 122, 127, 155, 170
    novos sistemas de, 190
    trabalhando em direção a,
    Veja também pagar: equidade; reparações
Ijeoma Oluo, 109
impacto *versus* intenção, 119
incêndio em Cânion Silverado, xix
inclusão, xxvii, 18, 100, 102, 103, 107, 121, 132, 133, 134, 154, 155, 157, 165, 193
    beneficia a todos nós, xxvii
    e mundo corporativo, 132, 160
    e sua vida diária, 135
    falta de, 8, 13, 35, 56, 60, 77, 78, 95, 103, 118, 122, 127, 155, 170
    no ambiente de trabalho, 25, 28, 77, 79
    políticas de melhores práticas para, 18
    princípio de, 102
individualismo, 142
indivíduos com deficiência, 100
indivíduos LGBTQ+, 105, 113, 135
indústria do bem-estar, 55

indústria publicitária, 102
infância, 18, 33, 53, 69, 70, 89, 156, 198
injustiça, xvii, 33, 95, 143, 163
interseccionalidade, 99
intuição, 151, 152, 204, 208
ira, 18, 24, 70, 94, 95, 96, 97, 112

jornada da heroína, vii, xxiii, xxiv, xxv, 14,
    26, 56, 78, 89, 103, 144, 150, 201, 208
    com elementos / estrelas / natureza
        como guia, 152
    despertar da, 3
    natureza cíclica da, 117
jornada da heroína: quatro estágios da, xxv, 13
    explicação da, xxv
    reconciliação, xxv, 14, 78, 86, 89, 127,
        129, 130
    reconhecimento, 13, 14, 77, 78, 80, 111,
        120, 155, 159, 193
    renascimento, xxi, xxii, 15, 16, 144, 185,
        190, 200, 201, 202, 203, 206, 210
    revolução, xxii, 15, 16, 69, 103, 135, 136,
        142, 143, 149, 150, 151, 153, 160, 164,
        166, 173, 176, 177, 179, 180, 181, 183,
        184, 185, 190, 194, 201, 202, 204, 216
jornada do herói, xxiii, xxiv
*Journal of Public Administration Research
    and Theory*, 192
justiça, ix, xvii, xxvi, xxix, 12, 14, 15, 20, 28,
    54, 57, 59, 70, 103, 105, 106, 119, 120,
    121, 123, 124, 126, 127, 131, 147, 153,
    154, 160, 162, 163, 165, 166, 169, 170,
    171, 172, 185, 217, 218
    alavancar a verdade para, 162
    compromisso com, 80, 172, 193
    igrejas negras por, 106
    realização total de, 204

Kat Gordon, 102, 216
Kimberlé Crenshaw, 99

Laboratório de Inovação de Liderança
    Feminina da Stanford VMware, 158
LaTosha Brown, iv, xi, 160, 166, 167, 202, 216
lei, 12, 59, 99, 112, 127, 145, 215
Leonard, 3, 4, 5, 6, 7, 96
Leonard Cohen, 96
licença-maternidade, 7
liderança, ix, x, xxv, xxviii, 4, 7, 9, 10, 11, 13,
    14, 16, 17, 25, 27, 59, 61, 109, 110, 120,
    134, 135, 146, 152, 154, 156, 157, 159,
    169, 173, 189, 190, 191, 192, 193, 194,
    196, 197, 198, 199, 200, 216, 217
    criando modelos de, 199
    e metáfora dos gansos, 198
    e papel de facilitador, 193
    modelos colaborativos / inclusivos de,
    modelos masculinos de, 61, 109, 192
    mulheres negras e, 100, 106, 121
    novos modelos de, 99
    Veja também mulheres: na liderança
        sênior; liderança feminina
líderes de pensamento,
líderes dos direitos civis, 160
limitações, 13, 26, 28, 30
limites, 20, 26, 33, 40, 53, 63, 68, 112, 148, 165
limites/limitações, 26
    confrontá-las, 13, 28
    impostos pelo patriarcado / supremacia
        branca, 13
    internas, xxiii, 28, 30, 39, 121, 144
livre expressão, 63

mantras, 46,
Manuel Oliver, 20
Marianne Cooper, 158
Marie Forleo, 56
marketing, 55, 56, 121
Marshall Rosenberg, 74
Martin Luther King, 166
massacre de Parkland, 20
maternidade, 7, 8, 64, 101
mecanismos de enfrentamento, 202, 204
meditação, 46, 152, 204
medo, 7, 24, 27, 28, 29, 34, 37, 43, 61, 62, 66,
    71, 72, 73, 91, 96, 97, 110, 119, 123, 124,
    136, 142, 153, 164, 165, 179, 184, 198,
    204, 213, 216
    de falar a verdade, 74
    de falar o que pensa, 72, 73
    de mudança, xxii, xxvi, 19, 27, 28, 49, 77,
        105, 125, 149, 150, 154, 163, 164, 166,
        173, 174
    de sistemas de opressão, 224
    e crenças limitantes, 221, 222, 224, 225,
        227, 228, 229
    enfrentá-lo / ultrapassá-lo, 45
    Veja também campo de terror,
Megan, v, xiii, xiv, xvi, xvii, xviii, 125, 195,
    208, 218

ÍNDICE REMISSIVO

Melody Biringer, 69, 216
mídia social, xiii, 203
 Veja também Facebook
Minda Harts, 161
missão, xxv, 51, 52, 147, 152, 183, 193
mitologia, xvii, xxiii
mudança, ix, xvi, xvii, xxii, xxvi, xxviii, 8, 9, 10, 11, 14, 15, 17, 18, 19, 20, 26, 27, 28, 29, 49, 51, 52, 53, 54, 58, 62, 63, 64, 65, 66, 67, 68, 69, 70, 71, 73, 74, 77, 78, 79, 80, 81, 90, 93, 96, 97, 103, 105, 106, 107, 122, 123, 125, 130, 133, 143, 144, 148, 149, 150, 153, 154, 158, 160, 161, 162, 163, 164, 165, 166, 168, 170, 172, 173, 174, 177, 183, 190, 192, 199, 200, 202, 209, 213
 3,5% necessários para, 143, 190
 agentes de, xxii, 49, 149, 164, 173
 como criá-la, ix, 11, 19, 20, 28, 66, 71, 80, 90
 do você interno / externo, xxii, 15, 49
 e seu risco / segurança, 153
 espaços práticos para, 80,
 falha em criá-la, 24, 28, 58
 ferramentas para, 17, 105, 155
 revolucionária, 107, 158, 164, 172
 social, 53, 106
 trabalho coletivo / ativo em direção a, 73
 Veja também mudança revolucionária
mudança revolucionária, 106, 107, 130, 144, 153, 154, 158, 161, 162, 164, 165, 166, 170, 172, 173
 construindo alianças para, 173
 exemplos de, 43, 46, 78
 na liderança, x, 11, 169, 193, 194, 199
 poder / opressão nos impede de, 170
 risco para, 136, 149,
mudança social, 53, 106
mulheres brancas, x, xxviii, 100, 109, 119, 120, 122, 132, 170, 173, 174, 200
 cúmplices da opressão sistêmica, xxviii, 100
 viés de, 35, 42, 44, 45, 46
mulheres indígenas, 171
 ativistas, 20, 24, 49, 52, 106, 108, 120, 121, 147, 149, 164, 166, 180
 e enfrentando a discriminação, 130
 e poder / opressão, xx, 12, 100
 papel crítico de, xxviii
 permitindo-lhes liderar, ix
mulheres negras, ix, x, 77, 99, 100, 106, 114, 118, 119, 120, 121, 122, 132, 133, 135, 165, 171, 172, 174, 199, 200
 ativistas, 20, 24, 49, 52, 106, 108, 120, 121, 147, 149, 164, 166, 180
 confrontar discriminação, 38, 80
 e mundo corporativo, 102
 encarar discriminação, 30, 60
 permitindo-lhes liderar, 159
 sucesso de, 17, 109, 115
mulheres racializadas, xxviii, 100, 118, 123, 124, 172, 175, 199
 ativistas, 20, 24, 49, 52, 106, 108, 120, 121, 147, 149, 164, 166, 180
 papel crítico de, 120, 123
 permitindo-lhes liderar, 175
música, xv, 20, 51, 52, 125, 209, 217

networking, 10
Nova York, xvi, 4, 69, 92, 93, 147, 152, 181, 197

opressão, x, xxiv, xxv, xxviii, 10, 12, 13, 14, 15, 16, 17, 18, 19, 24, 28, 30, 31, 36, 38, 39, 40, 41, 61, 62, 72, 73, 74, 77, 78, 79, 86, 87, 89, 90, 95, 96, 99, 100, 103, 113, 114, 120, 124, 128, 129, 130, 134, 136, 151, 153, 154, 167, 168, 170, 180, 184, 191, 192, 194, 199, 200, 201, 202
 ameaças para, 65
 aqueles que se beneficiam de, 100, 114, 133, 149
 combatê-la, 18, 87
 confrontando-a, 90
 cúmplice com, 129, 170
 dano causado por, 95
 ensinado a tolerar isso, 40
 ferramentas de, 39, 128, 201
 institucional, 15, 72, 114
 internalizado, xxviii, 62, 109, 111, 116, 117, 119, 123, 128, 129, 148, 153, 156, 180
 interpessoal, 14
 longa história de, xx, 103, 167
 reconciliando com, 136, 209
 reforçadoras, 12, 14
 reforçar a, 15, 78, 86
 sistêmica, 12, 13, 16, 30, 39, 40, 72, 73, 78, 87, 96, 97, 99, 100, 101, 103, 113, 120, 124, 129, 134, 136, 153, 154, 167, 202
 ouvir, 14, 31, 32, 70, 73, 74, 78, 86, 88, 104, 110, 112, 118, 120, 123, 129, 134, 165, 170, 171, 172, 183, 194, 199

225

ativa, 103, 116, 118, 129, 193
falhar, 158
importância de, 64
para mulheres racializadas, ix, xxviii, 100, 118, 123, 124, 172, 175, 199

pandemia, xx, 80, 149, 160, 203, 204
parcerias, 116
paternidade, 21, 32
Veja também maternidade, 7, 8, 64, 101
patriarcado, xix, xxii, xxvii, 12, 14, 18, 21, 25, 39, 40, 41, 61, 87, 100, 105, 109, 111, 114, 115, 124, 128, 142, 156, 170, 171, 176, 180, 181, 200
  agentes de, xxii, 49, 149, 164, 173
  aqueles que se beneficiam de, 114, 176
  doutrinação de, 25, 181
  e crenças limitantes, 176
  e mulheres brancas, 12, 14
  e o papel das mulheres,
  e opressão internalizada, xxvii
  ferramentas para lutar contra, 41
  heroínas se revoltam contra,
  perpetuando-o, 109, 115
  síndrome do impostor em, 156
  violência doméstica e, 180
patriarcado da supremacia branca, 11, 40, 128, 142, 176, 200
  agentes de, xxii, 49, 149, 164, 173
  como funciona, 12, 14, 40, 109, 111, 124
  confrontá-lo, 18, 39, 40, 61
  desmantelá-lo, 21, 128, 200
  e crenças limitantes, 176
  em todos os aspectos da cultura, 142
  e opressão internalizada, 87, 176, 124
  ferramentas para, 17, 105, 155
  impacto de, 76, 77, 80, 119, 163
  mulheres brancas cúmplices em, 100, 114, 170
Pensilvânia, 197, 198
perda, 13, 15, 17, 18, 24, 30, 39, 133, 134, 153, 159, 176
  acende o fósforo, 28
  confrontá-la, 15, 24
  e crenças limitantes, 39
  e criando igualdade, 39, 133
  imposta pelo patriarcado / supremacia, 13
  transforma-se em ação / mudança, ix, 176

perfeccionismo, xxv, 4, 79, 128, 201
perfeição, 55, 96
perfeição / perfeccionismo, xxv, 4, 79, 128, 201
perspectiva baseada em valores, 74
pesar, xiii, xvi, xviii, xxi, 17, 18, 24, 70, 95, 97
  transformá-lo em ação, xxi, 17, 97
  transformar fósforo em uma chama, 24
pessoas marginalizadas, 20, 103, 107, 173, 174, 175
  e conselhos escolares, 107
  elevando a voz de, 132, 165
  e novos modelos de liderança, 173
  e poder / opressão, 109
  impulso para a mudança social, 106
  oferecendo oportunidades para, 114
  seguindo o exemplo de, 174
  valorizando a vida de, 175
pessoas não binárias, xxvii, xxviii, 11
pessoas negras, 12, 109, 110, 120, 123, 127
  encaram discriminação/racismo, 127
  no mundo corporativo, 110
pessoas racializadas, 102, 113, 123, 199
pessoas trans, xxvii
pobreza, 100, 142
poder, iii, iv, ix, x, xv, xvi, xvii, xxiv, xxv, 8, 10, 11, 12, 13, 14, 15, 17, 18, 19, 24, 34, 40, 54, 56, 58, 62, 63, 66, 69, 77, 87, 88, 89, 90, 91, 92, 93, 95, 96, 97, 98, 100, 101, 102, 103, 109, 110, 111, 112, 114, 116, 121, 123, 124, 133, 135, 136, 137, 151, 153, 156, 158, 165, 170, 171, 173, 175, 176, 181, 185, 190, 192, 193, 194, 195, 196, 199, 200, 202, 210, 217
  abusos sistêmicos de, 95
  acesso negado a, 101, 110, 111, 133
  a intuição é uma ameaça a, 151
  a luta para mantê-lo, 12, 17
  confrontar as pessoas a respeito do, de opressores, 87
  desequilíbrios históricos de, 102, 112
  e governança colaborativa, 192
  estruturas de, xxiv, xxv, 10, 14, 18, 19, 33, 36, 41, 45, 59, 78, 87, 90, 96, 109, 111, 151, 153, 199
  e trauma, 15, 88, 89, 90, 95, 96, 97, 98, 190
  falar com poder a, 58, 63, 90
  ganhar acesso a, 101
  igualdade em, 14, 78, 133
  impede as mulheres de avançar, 90
  nos silenciar, 10, 69, 93, 124

ÍNDICE REMISSIVO

reconciliar-se com, 123, 124
status quo de, 40, 114
polícia, 27, 72, 136, 178
política, x, xvii, 24, 34, 78, 108, 145, 160, 161, 162, 183
   e feminismo branco, 121
políticas de licença familiar, 162
pontos cegos, xxv, xxix, 111, 119, 129, 164, 173, 195, 201
   como lidar com, 9, 157, 182
   reforçar estruturas de poder, 111
   ser responsável por, 127
povos indígenas, xx, 130
   genocídio de, 126, 130
   impacto da supremacia branca em, 12
prática espiritual, 105, 152
privilégio, x, xiii, xxviii, 14, 72, 73, 101, 102, 104, 105, 107, 116, 122, 123, 124, 126, 128, 131, 132, 133, 134, 135, 153, 158, 172, 173, 174, 182, 196, 200
   abandoná-lo, x
   alavancando-o para a mudança, 73, 136, 154
   alavancar / minar, 133, 175
   aqueles que não o têm, 73
   como / onde ele vive em você, 105
   confrontá-lo, 20
   desmantelá-lo, 135
   e falar com poder, 165
   e mulheres negras,
   e sua identidade, 101
   reconciliando com, 136, 209
processo de contratação, 159
Projeto Gaia para Liderança Feminina, 49, 217
propósito / missão, xiv, xxv, 18, 24, 32, 51, 52, 56, 61, 147, 148, 149, 152, 165, 181, 183, 193, 207, 218
   coletivo, xi, xiv, xv, xxii, xxiii, xxiv, xxvi, 15, 17, 20, 26, 127, 130, 143, 147, 151, 163, 173, 176, 180, 191, 192, 197, 203
   e mudança revolucionária, 106, 107, 130, 144, 153, 154, 158, 161, 164, 165, 166, 170, 172, 173
   nossos dons nos levam a, 11, 14, 40, 51, 68, 97, 204
protestos, 5, 22, 106, 143, 147, 164
   anti-apartheid, 163
   antiestupro, 22
   não violenta, 76, 153, 195
   representação diversa em, 106

questões de imigração, 166

raça, 38, 77, 99, 101, 121, 122, 153, 162, 170
   discussões sobre, 153
   igualdade, x, 14, 15, 77, 78, 100, 116, 120, 121, 131, 132, 133, 134, 142, 145, 162, 163, 169, 176, 190, 200
   justiça, ix, xvii, xxvi, xxix, 12, 14, 15, 20, 28, 54, 57, 59, 70, 103, 105, 106, 119, 120, 121, 123, 124, 126, 127, 131, 147, 153, 154, 160, 162, 163, 165, 166, 169, 170, 171, 172, 185, 217, 218
   viés, 35, 39, 42, 44, 45, 46, 78, 79, 109, 111, 114, 115, 116, 117, 120, 122, 123, 129, 153, 180
Rachel Ricketts, 109
racismo, xvii, xxviii, 24, 25, 62, 109, 119, 120, 123, 127, 155, 156, 157, 169, 172, 174, 190, 191, 200
   combatê-lo,
   e mulheres brancas, 119
   estruturas de opressão e, xxiv, 18, 199
   internalizado, xxviii, 62, 109, 111, 116, 117, 119, 123, 128, 129, 148, 153, 156, 180
   publicidade e, 184
   silenciando e, 69
   sistêmico, xvii, 39, 100, 116, 127, 130, 156
reconciliação, xxv, 14, 78, 86, 89, 127, 129, 130
   e nossa programação interna, 78
   e nossos próprios vieses, 116, 201
   exige honestidade, 125
relacionamentos, xxiii, xxiv, 18, 33, 43, 63, 104, 121, 129, 132, 155, 180, 205
   abusivos, 24, 90, 118, 180
   construindo / cultivando-os, ix
   mais livres, mais solidários, 19
   saudáveis, 167
renascimento, xxi, xxii, 15, 16, 144, 185, 190, 200, 201, 202, 203, 206, 210
   alegria em, 51, 207
   coletivo, xi, xiv, xv, xxii, xxiii, xxiv, xxvi, 15, 17, 20, 26, 127, 130, 143, 147, 151, 163, 173, 176, 180, 191, 192, 197, 203
   condições perfeitas para, 144
   e Filhas de Danaus, 197
   e novos modelos de liderança, ix, x, 190, 191
   e trauma, 15
   nas cinzas do nosso sofrimento, 185
reparações, 127, 128, 129, 130, 142

por danos históricos, 130
por meio de melhorias, 128
Resistance Revival Chorus, 20
    transmissão do #ResistanceLive, 146-147
resistência, xxiv, 163, 198, 199
responsabilidade, xxviii, 78, 112, 115, 116, 117, 120, 121, 122, 124, 125, 128, 129, 131, 154, 155, 182, 193, 194, 195
    compromisso com, 80, 172, 193
    Elizabeth Warren e, 108, 171
    e opressão estrutural, 40, 154
    e viés inconsciente, 39, 78, 79, 115, 120, 122, 123
revolução, xxii, 15, 16, 69, 103, 135, 136, 142, 143, 149, 150, 151, 153, 160, 164, 166, 173, 176, 177, 179, 180, 181, 183, 184, 185, 190, 194, 201, 202, 204, 216
    alegria em, 51, 207
    compromisso com, 80, 172, 193
    ferramentas para, 17, 105, 155
    o seu próprio, 164
    o significado de, 218
    pode parecer uma perda, 153
RH, 110, 113
rio Hudson, 92, 93
riqueza, 127, 227
RISE: An Activist/Leadership Bootcamp, 49
Robin Runge, 180, 215
Ruth Bader Ginsburg, xvii, 113

"Saint Honesty", xvi, 125
salário, 4, 7, 23, 110, 159
    desigualdade, 9, 67, 127, 131, 136, 156, 201
    equidade, x, xix, xxvi, 103, 105, 132, 133, 134, 135, 136, 144, 154, 173, 174
salvadorismo branco, 121, 159, 174
Sara Bareilles, xvi, 125, 217
Seattle, 69, 216
segurança, xvii, 3, 27, 32, 72, 73, 90, 119, 125, 142, 180, 184, 185, 193, 203
    criando-a para outros,
    e falando sobre trauma, 94
separação familiar, 130
sexismo, xxviii, 24, 30, 36, 38, 62, 155, 156, 169, 190, 191, 200
    institucionalizado, 30, 116
    internalizado, xxviii, 62, 109, 111, 116, 117, 119, 123, 128, 129, 148, 153, 156, 180
    uma ferramenta de opressão, xxv, 61, 62, 79, 128, 201

sexo, 60, 70, 99, 102, 110, 141, 205, 206
sexual, xxviii, 10, 13, 60, 69, 90, 99
    abuso, xxiii, 10, 37, 68, 69, 70, 77, 90, 94, 169, 182
    agressão, 23, 31
    escravidão, 126, 127, 153, 167, 190
    orientação, xxviii, 38, 62, 99, 101, 145, 184
    violência, x, 13, 20, 22, 36, 37, 62, 73, 90, 94, 97, 104, 109, 130, 136, 143, 178, 180, 181, 182, 184, 190, 191, 201, 216
Shaili Jain, 94
Shirley Chisholm, 67
Showing Up for Racial Justice, 105
silenciamento, 15, 60, 61, 62, 63, 64, 148
    de trauma, 15, 37, 89, 94
    e falando o que pensa, 63
    em sua própria vida, 13, 136, 180
    e os odiadores, 64
    e tendência internalizada, 62
    exemplos de, 43, 46, 78
    internalizando-o, 62, 148
    por colegas homens, 60
    uma ferramenta de opressão, xxv, 61, 62, 79, 128, 201
síndrome do impostor, 156-157
sistema de casta, 101
sistemas de desigualdade, 156
sonhos, xiv, 205
status quo, 11, 13, 17, 39, 40, 114, 185
    desafiá-lo, 11
    preservá-lo, 11, 40
sua voz, ix, 18, 59, 63, 64, 66, 67, 73, 79, 80, 81, 98, 116, 135, 147, 151, 161, 162, 166, 174
    ameaçadora para alguns, 69
    duvidar dela, 31, 61
    espaço para, xix, xxi, 73, 78, 91, 103, 113, 116, 131, 134, 196
    e viés internalizado, 109, 111, 116, 117, 129, 153, 180
    impacto da, 12
    orientada a não usá-la, 32
    retomá-la, 63, 66
    usá-la para a mudança, ix, 18, 19, 29, 62, 63, 64, 65, 67, 70, 79, 80
    Veja também silenciamento
sucesso, x, xi, xx, xxiv, 5, 9, 10, 13, 16, 17, 27, 29, 31, 47, 50, 51, 56, 101, 103, 109, 113, 114, 115, 143, 150, 156, 158, 163, 171, 176
    celebrá-lo, 114
    coletivo, xi, xiv, xv, xxii, xxiii, xxiv, xxvi,

15, 17, 20, 26, 127, 130, 143, 147, 151, 163, 173, 176, 180, 191, 192, 197, 203
encontrando a chave mágica para, 10
enfraquecer o, 107, 115, 200
e tendências internalizadas, 14, 77, 108
métrica de, 5, 17
supremacia branca, 12, 14, 40, 109, 115, 118, 120, 121, 122, 124, 126, 128, 131, 134, 135, 142, 153, 170, 176, 200
aqueles que se beneficiam de, 12, 126, 134
cumplicidade na, 120, 170
endossado pela fragilidade branca, 109
falar contra, 198
internalizado, xxviii, 62, 109, 111, 116, 117, 119, 123, 128, 129, 148, 153, 156, 180
salvadorismo branco uma parte de, 121

Ta-Nehisi Coates, 126
terapia, 89, 178, 179, 183
The Atlantic, 126
"The Case for Reparations", 126
Tiffany Jewell, 109
tomada de decisão, 194, 195, 196
transfóbicos, 104
trauma, xiv, xx, 14, 15, 22, 23, 28, 37, 44, 68, 69, 86, 87, 88, 89, 90, 91, 92, 93, 94, 95, 96, 97, 98, 103, 119, 136, 141, 183, 190
confrontando-o, 22
contar histórias de, 69, 87
curar-se de, 28
e autojulgamento, 88
e raiva incontrolável, 95
exercícios para, 87, 91, 92
integrando nossas experiências de, 97
intencional, 89, 90
intergeracional, 95
opressão e, 201
o que é seu e o que não é, 89
reconciliação com, 86, 89, 130
riscar o fósforo, 23
superá-lo, 68, 206
transmutando-o em poder, 93
trazer a chuva, xv, xxii, xxiii, 13, 137, 168, 185, 208, 209
Twitter, 205, 206, 217

Unspeakable Mind: Stories of Trauma and Healing from the Frontlines of PTSD,

Valor, 10, 13, 14, 31, 40, 44, 49, 50, 52, 54, 56, 57, 63, 74, 76, 78, 86, 101, 107, 134, 142, 163, 181, 182, 183, 184, 185, 192
a vida das mulheres, 180
com base na aparência, 101
de todos os seres humanos, 142
e raça, 162
inerente, xvi, 39, 49, 56, 57, 72, 79, 90, 153, 181, 184
o seu próprio, 185
verdade, comprometa-se com a, 125, 131
vergonha, 13, 32, 42, 51, 68, 69, 70, 71, 74, 87, 90, 91, 97, 120, 122, 123, 176, 180, 181, 184
como força para a mudança, 14, 70
cura de, 96
e trauma, 15
e violência doméstica, 180, 216
opressão interpessoal e, 13, 14
viés, 35, 39, 42, 44, 45, 46, 78, 79, 109, 111, 114, 115, 116, 117, 120, 122, 123, 129, 153, 180
dano causado por,
em profissões tradicionalmente masculinas, 158
enfraquecendo-o, 114, 115
inconsciente, 13, 39, 78, 79, 115, 120, 122, 123, 158, 172
institucional, 12, 13, 15, 72, 100, 113, 114, 130, 156, 167, 201
internalizado, xxviii, 62, 109, 111, 116, 117, 119, 123, 128, 129, 148, 153, 156, 180
interpessoal, 13, 14, 72, 124, 127, 156
reconciliando o nosso próprio,
sistêmico, xvii, 39, 100, 116, 127, 130, 156
violência, x, 13, 20, 22, 36, 37, 62, 73, 90, 94, 97, 104, 109, 130, 136, 143, 178, 180, 181, 182, 184, 190, 191, 201, 216
arma, 102, 111, 116, 151
doméstica, 67, 180, 216
e estruturas de poder / opressão, 10, 14, 18, 18, 19, 33, 36, 41, 45, 87, 90, 96, 109, 151, 153, 199
e falar com poder, 58, 63, 90
longa história de, xx, 167
sistêmica, 12, 13, 16, 30, 39, 40, 72, 73, 78, 87, 96, 97, 99, 100, 101, 103, 113, 120, 124, 129, 134, 136, 153, 154, 167, 202
viver, ix, x, xxv, 16, 19, 23, 47, 85, 109, 119, 130, 133, 147, 149, 165, 178, 184, 189, 191, 195, 196, 203, 206

    na plenitude do tempo, 189, 190
    totalmente presente, 203
vozes na sua cabeça, 34
    e chegando à verdade, 41
    origens de, 33, 41
    Veja também crenças limitantes,
vulnerabilidade, 65, 74, 86, 142, 165

xamãs, 20

SUA OPINIÃO É MUITO IMPORTANTE

Mande um e-mail para **opiniao@vreditoras.com.br**
com o título deste livro no campo "Assunto".

1ª edição, jan. 2022

FONTE Acherus Grotesque Light 20/24pt;
       Mercury Text G2 Regular 10/16,3pt
PAPEL Ivory Cold 65g/m²
IMPRESSÃO Geográfica
LOTE GEO231221